文明重构与金融崛起

张可亮　黄小庭　著

光明日报出版社

图书在版编目（CIP）数据

文明重构与金融崛起 / 张可亮，黄小庭著．-- 北京：光明日报出版社，2025. 1. -- ISBN 978-7-5194-8256-5

Ⅰ．F0

中国国家版本馆 CIP 数据核字第 2024H9V576 号

文明重构与金融崛起

WENMING CHONGGOU YU JINRONG JUEQI

作　　者：张可亮　黄小庭

责任编辑：舒　心　胡慧红　　　　责任校对：许黛如
封面设计：海　云　　　　　　　　责任印制：董建臣

出版发行：光明日报出版社
地　　址：北京市西城区永安路 106 号，100050
电　　话：010-63169890（咨询），010-63131930（邮购）
传　　真：010-63131930
网　　址：http://book.gmw.cn
E － mail：gmrbcbs@gmw.cn
法律顾问：北京市兰台律师事务所龚柳方律师

印　　刷：三河市华润印刷有限公司
装　　订：三河市华润印刷有限公司
本书如有破损、缺页、装订错误，请与本社联系调换，电话：010-63131930

开　　本：170mm × 230mm
字　　数：302 千字　　　　　　印　　张：20.5
版　　次：2025 年 1 月第 1 版　　印　　次：2025 年 1 月第 1 次印刷
书　　号：ISBN 978-7-5194-8256-5

定　　价：88.00 元

前　言

文明的演化和历史的走向

此书缘起于 2017 年。

2017 年，出版社将我的新三板文章结集出版，希望增补一些内容，我就索性把这些年自己研究新三板的底层逻辑和盘托出，写了《文化政治经济学：一个新的理论框架》一文。这篇文章展现了我看待社会的角度和方法，也给出了我对一些重大问题的初步思考，几乎集中体现了我当时思想所能达到的广度和深度。限于书的篇幅，压缩成 2 万字，放到《新三板改变中国》一书的末尾。

自此之后，自己已经没有动力再去写分析资本市场改革的文章，而全身心投入了对文化政治经济学的理论构建之上。那篇文章可以说是个简要的大纲，本书是对文章中所述观点的理论化和系统化。本书由内篇和外篇两部分构成，内篇主要是构建了文化政治经济学的理论体系，并将其用于解读中华文明的演变和重构过程，侧重于文化领域。外篇主要是指出了金融的本质是生产关系，金融才是现代经济崛起的秘密，社会主义要实现对西方资本主义的超越，必须实现社会主义金融体系对资本主义金融体系的超越，这也是本书名为《文明重构与金融崛起》的原因。中华文明如果在理念价值上实现对传统文化的回归，在实用价值上实现对资本主义金融体系的超越，就可以成为人类文明之光。

本书涉及的内容确实过于宏大和庞杂，写此书，对于以投行、投资为职业的我来说，是一场自不量力的挑战，也是一场旷日持久的修行。我犹如蜀鄙之僧，欲之南海，而所恃者，唯一瓶一钵。我也自知昏与庸，不具敏而聪，所恃者，唯力学不倦。这 4 年间，我几乎隔绝了人间烟火，除了工作就是写书。为了写书，几乎每个周末都是妻子独自出门遛娃；为了写书，这几年的法定假期也几乎都是妻子独自带孩子出门旅游；为了写书，这几年放弃了太多与远方家人团聚以及与身边朋友喝酒、侃大山的机会。这 4 年的执着，已经让文化政治经济学和新三板一样，成为我生命中不可或缺的意义。

自己的知识储备

我爱读书，虽然毕业后投行的工作比较忙，但是读书却从未间断。我读书读得比较杂，囫囵吞枣，来者不拒。在写上一本书自序的时候，我觉得应该好好梳理一下，于是梳理归纳了自己读书的三条线：经济、政治和中国传统文化。序言中也讲了自己在每个领域里切入的机缘和随后读书的路径。比如，如何用 1 块钱开启了自学制度经济学之路，之后发现科斯 (Ronald H.Coase) 的制度变迁理论脱胎于马克思，于是回头再读马克思。读马克思就不能不读他的反对者哈耶克，读哈耶克就不得不去了解西方的理性主义和休谟的不可知论，这就从经济学又读到了西方哲学。再比如，我关心国际时事政治，就去读了布热津斯基的《大棋局》，读后才知道有地缘政治学，就再向前去读地缘政治学的开山之作《历史的地利枢纽》，再接着就是读亨廷顿、福山、约瑟夫·奈等现代政治理论家的书，当然还有亲华的贝淡宁（Daniel A. Bell）、马丁·雅克（Martin Jacques）等人的书。这类书主要是西方人写的，正当我感慨找不到国内此类学者的时候，我发现了郑永年，于是又把他的书读了一遍。经济、政治、中国传统文化这三个领域自成体系，在目前中国的学术界中，三者各不相干、壁垒分明。但因为我从上学期间就抛弃了西方经济学，一直自学制度经济学，读马克思主义政治经济学，已经有了将政治和经济关联起来的视角。自 2012 年读了钱穆先生的《中国历代政治得失》之后，解除了对中国传统文化的偏见，也开始进入这个领域的学习，尤其是认识了我的爱人黄小庭之后，中国文史哲的很多知识，就有了交流和分享的人，尤其是万经之首的《易经》，之前对我来说是一个不敢轻易碰触的领域，也在黄小庭的带领下，知道了个大概。但中华文明这个领域的内容，一是中国的，二是传统的，而当前中国关于政治和经济的研究，大部分都是现代的和西方的，所以我也一直没能将中国传统文化与读到的这些政治和经济理论有机地结合起来——直到我读到苏国勋先生的《社会理论与当代现实》一书。

苏国勋的文化价值体系

苏国勋先生在书中介绍文化是一套社会价值体系，它由最高层次的理念价值（ideal values）、中间层次的规范价值 (normative values) 和最低层次的实用价值 (pragmatic values) 三个层次组成，这三种价值分别对应实践中的道德理想、典章制度、器物行为三方面。[1] 这让我豁然开朗，我发现这个解释可以跟通常所说的精神文明、制度文明（或政治文明）和物质文明来对应，文化、政治、经济三者被统合到了文化价值体系这一个框架之内。于是我开始按照文化价值体系的分析框架来重新盘点、思考我读过的这些书、接触过的这些理论，发现文化价值体系的分析框架，不仅完全可以容纳马克思主义政治经济学，而且如果再加入文化的维度，可以让马克思主义政治经济学更加完善，更富有解释力。

文化价值体系的这三个层次，正好可以与文化、政治、经济三者相对应：最低一层的实用价值，指导的是经济活动——一个社会经济的各种发展方式，用马克思主义政治经济学的语言就是对应

1 苏国勋:《社会理论与当代现实》，北京大学出版社 2005 年版，第 198 页。

> 着“经济基础”层面的问题；中间一层的规范价值，指导的是政治层面，一个社会国家、政治组织方式、法律规章制度，对应的就是“上层建筑”层面；而最上一层的理念价值，对应的就是整个民族的“价值追求”和“理想信仰”，对应的就是马克思主义的共产主义信仰。[1]

马上我就开始尝试将中国传统文化跟马克思主义政治经济学相结合，形成了“文化政治经济学”的分析框架，这个分析框架虽然很粗糙，但是我把它拿来分析中国传统农业社会、转型期社会（1840 年鸦片战争之后到中华人民共和国成立）、中华人民共和国成立后的工业社会，都能够言之成理、逻辑自洽，于是便有了《文化政治经济学：一个新的理论框架》一文。

金观涛的文明演化理论

2018 年国庆节，我一口气读完了金观涛的《历史的巨镜》一书，发现金观涛也认为社会是一个由政治、经济、文化三个子系统耦合所成的整体，这三个子系统之间存在紧密的互动、共生关系。

> 一方面现代价值系统为政治经济制度提供正当性，与此同时政治结构为经济和价值系统提供保护；另一方面经济系统则为政治系统运行和价值之实现提供物质支持，三者缺一，耦合结构都不能稳定存在。[2]

读到此书，我如获至宝，很受鼓舞。一是因为读了那么多书，第一次发

1 张可亮:《新三板改变中国》，经济科学出版社 2017 年版，第 240 页。

2 金观涛:《历史的巨镜》，法律出版社 2015 年版，第 29 页。

现有人和我的思路是一致的。遇到同道中人，确认了自己的研究方向是对的，可以在这个方向继续走下去。二是读此书也很受启发，进一步拓宽了我的思路和研究领域。金观涛是从轴心文明的假说出发，研究传统社会如何向现代化转型，虽然现代性的问题我之前多有涉猎，但是轴心文明假说也是第一次认真了解，于是把能买到的金观涛的书都买了回来，紧接着阅读了提出轴心文明假说的《历史的起源与目标》等不少关于轴心文明的文献。

金观涛在这个领域的研究可以说是极其深入，但他的理论也有两个重大缺陷：

一是金观涛并未意识到文化是一套价值体系，这套价值体系可以分为三个层次，三个层次的价值可以分别对应文化、政治、经济。所以金观涛只是笼统地用文化、价值体系或者意识形态、普遍理念等概念讨论其与政治、经济的互动关系，这就导致他在很多问题上不可能讲透，且无法自圆其说。除此之外，在进行文明间的比较过程中，由于金观涛未对文化进行结构性的分层，所以也不可能对不同文化的不同层次之间进行对应比较，其得出的结论只能是表面的，甚至是错误的。这一问题延伸的后果，在其最新著作《轴心文明与现代社会》一书中显露无遗。在此书中，因为金观涛一直未对文化进行分层和结构分析，所以对其他非西方文明现代化路径的设计选择方面，金观涛只能得出两种超越视野分离共存的方案，这几乎是以己之矛攻己之盾，逻辑上已经站不住脚了。

二是金观涛忽视了对人性的深入分析。金观涛文明演化理论的底层就是轴心文明假说，他以轴心文明假说的四种不同类型的超越突破所形成的 4 种文明类型为理论前提，但是并未深究为何会形成 4 种不同类型的超越突破，以及形成 4 种轴心文明类型的根本依据是什么。社会的产生、文明的演化最本源的根据是人性问题，轴心时代的先知正是基于对人性的不同认知，才发展出了不同的终极关怀，才演化出了不同的社会政治、经济组织制度，形成了不同的文明类型。人性中的善与恶，才是人类社会的最根本矛盾，善恶的此消彼长是社会繁荣与崩溃的最根本原因，如何惩恶扬善是社会制度设计的最根本依据。金观涛未对这一点做深入分析，所以其在分析社会变迁过程中，只能用系统论中的稳态理论和其发明的“无组织力量增长”理论对此做出解释。

> 一般说来，一个系统越复杂，它的多余度越大，其功能是正面的还是负面的越难判断，它造成的后果形形色色，但最终必定会破坏原有稳态。故我在《系统的哲学》中提出，没有一个系统的某一种稳态可以万古长存，它总是处于演化和灭绝中。我和刘青峰在《兴盛与危机》一书中则最早将“无组织力量增长”这一理论用于历史、社会研究。在中国传统社会，最常见的无组织力量有两种：一是吏治腐败贪污和官僚机构膨胀，二是土地兼并。几乎每个王朝都是被无组织力量摧毁的。[1]

同时他认为西方人类学研究中的“功能多余度”理论也印证了“无组织力量增长”理论，即文化人类学中广泛认为人类组织中存在着“功能等于需求”原则，但是经过不断的研究发现，社会的很多功能对组织生存毫无价值。

> 功能集大大多于部落组织存在的条件集，这是20世纪文化人类学的一个重要发现。我认为，这恰恰证明了功能多余度的存在。其实，正因为组织结构具有维持生存以外的多余功能，它们的长期作用还会造成功能异化和结构畸变，这是社会结构演化的内部动力。[2]

由此可见，由于金观涛未对人性做深入研究，所以只能将“组织力量”和“非组织力量”以及“功能”与“功能多余”作为社会演化的基本矛盾和基本动力。所以他在论述社会崩溃的时候，把腐败、官僚作风甚至土地的盐碱化[3]这些社会发展的负面因素，都统统归类为无组织力量，“无组织力量”成

---

1 金观涛:《轴心文明与现代社会》，东方出版社2021年版，第32页。

2 金观涛:《轴心文明与现代社会》，东方出版社2021年版，第33页。

3 金观涛:《轴心文明与现代社会》，东方出版社2021年版，第35页。

了一个筐，什么都可以往里装，这大大降低了其理论的解释力。

吸纳轴心文明假说

正是基于对金观涛著作的学习，我了解到轴心文明假说，也接受了轴心文明假说，同时我又用文化政治经济学的理论补充、完善了轴心文明假说，或者说是将二者进行了结合，在轴心文明超越突破的基础上，提出了二重突破的新理论。

轴心时代产生的超越突破，并不是只有一个维度、一个内容，而是有两个维度、两个内容，即存在双重超越突破：一个维度和内容是现在普遍认同地对人类个体生命生死存亡的意义和价值的思考和回答，这是向内思考的结果。另一个维度和内容是对社会组织兴衰更替的意义和价值的思考和回答，这是向外思考的结果。第一重突破是第二重突破的前提和基础，第二重突破是第一重突破的发展和提升。只有实现了双重超越突破的文明，才会实现社会的稳定发展，这个文明才有可能源远流长。雅斯贝尔斯说轴心时代的超越突破，就如同一场人性的落成仪式，至此，人在精神上成为真正的人。[1]我想说，轴心时代，实现了双重超越突破的中华文明，第一次产生了人类社会发展所需的完整的文化价值体系，如同一场人类文明的落成仪式，文明终可以称之为文明，人类终于找到了这个物种可以相对和谐共存的社会组织方式和对应的理论体系。

因为学习和重构了轴心文明假说，所以引发了我研究西方文明的兴趣，当然这也是不得不做的工作。在大量阅读西方历史、西方思想史之后，我从文化政治经济学的视角，用9个小章节，重述了西方文明的形成和演化过程，得出了诸多不同于当前主流学术结论的观点。比如，古希腊文明并未实现超越突破，并不算严格意义上的轴心文明；西方文明在资产阶级革命之前，一

1［德］卡尔·雅斯贝尔斯:《历史的起源与目标》，李夏非译，漓江出版社2019年版，第39页。

直未能实现双重超越突破，也就是说西方文明在此之前一直处于不成熟状态；资本主义产生是因为西方文化价值体系的残缺和突变，也正因为这种文化上的残缺和突变，才使得资本主义发展成为人类文明之癌，等等。

在此过程中，当然也不可避免地重读马克思和韦伯（Max & Weber）对于资本主义产生原因的论述。机缘巧合的是，在朋友圈读到了一篇介绍赫希曼（Albert O.Hirschman）《欲望与利益：资本主义胜利之前的政治争论》的文章，于是又认真研读了赫希曼的这本小书。与马克思的《资本论》和韦伯的《新教伦理与资本主义精神》相比，赫希曼并不是一个被世人所熟知的人，《欲望与利益：资本主义胜利之前的政治争论》也不是一本被世人所熟知的书。但恰恰是这本书，填补了两大巨头理论之间的缝隙。

对于资本主义是如何产生的这个个案，以及社会变迁原因的探讨这个具有普遍性的问题，马克思给出的解释被归结为“经济决定论”，韦伯的回答被归结为“文化决定论”，赫希曼也给出了自己的思考，我将其归结为“政治决定论”。这样一来，资本主义之所以产生，社会之所以变迁，从文化、政治、经济三个角度给出的解释都有了，既然都各有道理，我们跳出非此即彼的思维定式，将三者结合，不就可以让这个解释更加完整和充分了吗？文化政治经济学就是试图将三者的分析统合到一个框架之下，形成一个解释社会和文明变迁的新范式。

这个新范式是以马克思主义哲学为灵魂，以马克思主义政治经济学和科学社会主义学说为基础和主干，加入了文化的维度，即在研究生产力与生产关系、经济基础和上层建筑关系的基础上，再加入经济基础和上层建筑共同构成的社会实践与社会文化之间的相互关系分析。马克思主义政治经济学的普遍性必须跟不同国家、民族的特殊性相结合才能发挥作用。而这个特殊性，不仅是一国政治上的特殊性和经济的特殊性，更多的是指这个国家所固有的独特的文化传统，并从该国文化传统的角度去理解由该项传统所决定的政治和经济上的特殊性。

在马克思主义政治经济学中加入文化的维度，可以让其更加全面和综合，使其在指导各国社会实践转型方面更有针对性，也更具指导性。当然，将文化维度加入政治经济学，使得政治经济学的研究领域从二维变成三维，且文化自身又面临着传统文化与现代文化、国内文化与外来文化的区分、冲突以及融合，这些因素再与政治、经济相结合，无疑将会构成一个庞杂的理论体系。限于篇幅，在此只能将最基本与最核心的问题进行阐述，错误和遗漏在所难免，整个理论体系的构建需要在今后不断地完善和发展，才能更好地解释社会、解释现实，并指导实践。

重述中华文明史

吸纳轴心文明假说，梳理西方文明的历史变迁过程，统合马克思、韦伯、赫希曼三者的分析范式之后，文化政治经济学的理论与2017年的雏形相比，已经大为完善，于是我和黄博士就尝试再用它来重述中华文明史。

我们将中华文明分为三个发展阶段：农耕时代是中华文明的形成与稳定阶段，近代转型期是中华文明的解构与动荡阶段，中华人民共和国成立之后是中华文明的重构与调适阶段。在这三个阶段，我们分别考察了当时社会的理念价值、规范价值和实用价值，分析了这三种价值之间的匹配关系，以及它们与现实社会的互动关系。

在对农耕社会的分析当中，既对中国传统社会为何是金观涛所说的“超稳定结构”给出了解释，又对“李约瑟之谜”——中国为何没有发展出资本主义给出了解释，也会让读者更加深入地了解为何中华文明是早熟且先进的文明，为何中华文明会源远流长、薪火不断……

在对转型期的分析当中，读者可以清晰地看到中华文明在受到外部冲击而解构的过程中，明显是沿着先改变实用价值（洋务运动，中学为体、西学为用），再改变规范价值（公车上书、戊戌变法、清末宪政），最后才不得已想要改变理念价值（新文化运动）的路径向前演进。这个特殊时期，为我们今人理解文化以及文化变迁提供了绝佳的案例，也为我们理解当今社会中存在的文化自卑、崇洋媚外等逆种族主义现象，提供了解释。

中华人民共和国成立之后，共产党人通过将马克思主义中国化，不仅在实践中交出了让人民满意的答卷，而且在理论上也形成了丰硕的成果。

新民主主义革命和社会主义改造，让我们在规范价值层面实现了马克思主义在政治制度和意识形态的中国化；改革开放，让我们在实用价值层面实现了马克思主义经济体制和经济理论的中国化；今后一段时间，我们如果可以在理念价值层面实现马克思主义在国家认同和终极信仰方面的中国化，让马克思主义在实用价值、规范价值和理念价值层面都与中国文化和中国社会有机地融合衔接，才可以说马克思主义与中国实现了历史的和现实的融合，才是彻底实现了马克思主义的中国化。

要实现这一点，不管是从文化价值体系的理论来看，还是从现代资本主义社会延续西方传统社会终极关怀的实践经验来看，我们都应当将马克思主义与中国传统文化中的终极关怀体系深度融合，借助儒家文化早已凝聚的人生理想和道德规范，将马克思主义在理念价值方面的主张中国化，用中华民族传统的话语体系进行表达，也就是要将马克思主义茂盛的生命力嫁接到中华文明的主干上，与中华文明的内核融为一体，将马克思主义的共产主义理想与中华民族追求“天下大同”的理想，统一到“中国梦”，统一到中华民族伟大复兴中来，才有可能最快、最直接、最普遍并且最终让中国最广大的人民群众所接受，从而实现马克思主义中国化的第三次飞跃，也是最彻底的一次飞跃，那就是在理念价值层面实现马克思主义的民族化和大众化。

从中华文明的角度来看，这是中华文明在吸纳、包容了佛教之后，再次将外来思想中国化，马克思主义以重构中华文明的方式，彻底融入中华文明，成为中华文明的有机组成部分，实现中华文明的创造性转化和创新性发展。有机地融合“儒、释、道、马”，中华文明也将再次升级，重构升级后的中华文明将以“与命与仁”为终极关怀，以实现“中国梦”和构建人类命运共同体的社会理想为理念价值，以社会主义意识形态为规范价值，以科技是第一生产力和中国特色社会主义经济理论为实用价值，组成完整自洽的中国特色社会主义文化价值体系。

新的中华文明价值体系，既在理念价值层面实现了对中华文明传统的回归，保持了中华民族的本色，又将在规范价值和实用价值层面实现对西方资本主义的超越，顺利实现从传统社会向现代化社会的转型。而且又因为这种转型是在中华文明理念价值的规范之下，可以避免和克服西式现代化带来的各种弊病与危机。

重构后的中华文明，将是一种崭新的文明形态，既积淀着中华民族最深层的精神追求，又蕴含着全人类优秀的文明成果，必将为中华民族伟大复兴和以人类命运共同体为理念的新的国际政治经济秩序的构建，发挥最为重要的作用，成为人类文明之光。

金融改写政治经济学

我所读的专业是金融学，工作也是在金融领域，这些年的工作就是帮助中小企业融资，每一项业务都是微观问题，但是却反映出了宏观问题，我的思考也经历了从如何解决中小企业融资难的政策思维，向为何解决不了中小企业融资难的理论思维的转变，是经济的原因，还是政治的原因，抑或是文化的原因？这个问题，有太多人给了太多答案，但是我都不满意，这个现实问题一直困扰着我，直到我遇到了“新三板”。

我认为“新三板”可以彻底改变中国中小企业融资难的现状，是一个可以和农村联产承包责任制相比肩的伟大制度变迁。“新三板”是中国资本市场改革的突破口，将重新定义中国资本市场，将重构权力、资本、劳动之间的关系。于是我便奋不顾身地投身其中，满怀激情地参与了这个市场的实践操作。可“新三板”的发展却一波三折，不尽如人意，这让我想不通，为什么理论上可行、政治上正确、经济上受益的“新三板”市场，发展得却如此艰难？在一次次的思考之后，我用马克思主义政治经济学写了《新三板建设的政治经济学分析》，论证“新三板”的重大意义；又用制度经济学的理论写了《新三板是一场强制性制度变迁，需自上而下强力推进》，提出政策建议；还用双轨制改革的理论，写了《新三板，中国资本市场的双轨制改革》，给出了中国资本市场的改革策略和路线图。最后，这些文章汇聚成了一本书，我起名为《新三板改变中国》。这些观点，比如，双轨制改革、强制性制度变迁、中国特色资本市场等，已经被实践所证明，很多也已经被官方和市场接纳，并成为主流话语。

通过在资本市场的实践和理论思考，让我对金融在现代社会的重要作用有了更深刻的认知，发现源于西方的现代金融理论根本解决不了中国的实际问题，于是我继续尝试用马克思主义政治经济学的原理来解读金融问题。

我一直强调中小民营企业是我国最大的生产力群体，它们的发展受到制约，那肯定就是生产关系不适合生产力的发展要求了，而这个制约中小民营企业发展的生产关系不就是中国的金融体系吗？由此我得出了金融的本质是生产关系的论断，进而又推出了资金是现代社会生产资料的主要表现形式，金融体系的设置决定了生产资料（资金）的分配权、使用权和收益权。沿着这条路径，我发现完全可以用马克思主义政治经济学原理来解释金融现象，换句话说，我们可以用金融术语来改写政治经济学，即生产力与生产关系问题可以被替换为实体企业和金融体系设置问题，经济基础和上层建筑问题可以被替换为金融体系的设置可以决定社会性质问题。这样的替换，并非同义转换，而是可以让我们跳出传统理论的局限，在所有制、共同富裕等核心问题上都具有重大的理论和实践意义。

如果金融的本质是生产关系，那么社会主义对资本主义的超越，就不光是生产力的超越，更应该是生产关系的超越，也就是说必须在中国的市场经济实现了对资本主义市场经济超越的基础上，再实现中国的金融体系对资本主义金融体系的超越。中华民族伟大复兴，必须以建立起可以和中国特色社会主义市场经济相适应的中国特色社会主义金融体系为前提。

为此，我也用七、八、九三个章节，分别以“资本主义金融的崛起和异化”“我国金融体系的现状和问题”“社会主义金融的再造和超越”为题，对这一问题进行了论述，提出了中国金融体系改革必须以“人民金融为人民”为原则，以探索建设社会主义资本市场为核心，将资本市场建设成为面向中小企业、具有普惠性质的金融基础设施。只有这样才能够实现金融体系改革的初心和归宿——更好地服务实体经济，打造“产融互动”“国民融合”的混合所有制经济体系。

这只是个开始

本书涉及的内容太过宏大和庞杂，我和黄博士才疏学浅，实难驾驭。书中涉及的每个领域，我们虽然都用心学习、努力领会，但仍只能观其大略，粗陋和错误在所难免，还望诸位方家不吝赐教。

此外，受能力和精力所限，很多重要的问题本书也并未涉及。比如，在内篇中，只对儒家文明和基督教文明进行了梳理，并未对伊斯兰文明和印度文明进行深入考察；虽然分析了西方步入资本主义的过程，但并未具体考察英、法、德、西等国进入现代化的不同路径，也并未对中国之外的非西方国家如日本、韩国、新加坡等国的文化如何转型以及如何步入现代化进行考察；虽然涉及了政治、经济、文化三个领域，但是并未考察军事、战争对于一国社会发展的影响。

在外篇中，虽然指出了金融的本质是生产关系，但是金融也很可能具有波粒二象性，既有生产关系的特征又具有生产力的特征，金融会不会既是生产关系又是生产力？虽然书中指出了货币是当今社会生产资料的主要表现形式，但是传统社会的货币是金银，很难凭空创造，而现代社会央行可以凭空创造货币，传统社会以金银作为国际贸易的结算货币，而现代社会以个别国家的货币为国际结算货币，这些区别应当如何用马克思主义原理来解释？当今社会已经发展到信息时代，有人说数据是信息时代的生产资料，计算机、人工智能是信息时代的生产力，信息时代的生产关系又应当如何构建？互联网时代，平台经济是其突出特征，互联网平台已经成为信息时代的基础设施，却被互联网科技巨头所垄断，互联网时代国家、市场、公司的边界在哪里？互联网时代的政治经济学又应当如何构建？

这些问题，都是可以涵盖在文化政治经济学当中，都是我们感兴趣但又暂时没法给出答案。本书的出版，对于文化政治经济学来说，只是个开始。希望能有更多的同道中人，一起研究探索。

感谢的人

本书的出版，我们要感谢很多人，感谢这个领域的诸多前辈，郑永年先生对中国问题的审视目光如炬，一针见血，金观涛先生对东西方文明的研究功力深厚，炉火纯青，是他们对中国问题的研究一直在启发着我、激励着我；感谢山东大学的何中华教授、中国科学院的苏国勋教授、复旦大学的吴晓明和王德峰教授，虽然我与诸位老师都素未谋面，但读你们的书，听你们的讲座，我都有耳提面命之感，由衷地生出敬佩之情和敬爱之心；感谢朋友圈、微信群的朋友们，尤其是“文化政治经济学”公众号的读者和新三板读书会的书友们，你们的督促和鼓励，与你们的探讨和交流，都给了我极大的动力和勇气。

最后依然要感谢我的爱人、孩子的妈妈黄小庭。世俗中的我，之所以敢学蜀鄙僧之欲南海，完全是因为有她无条件的鼓励和支持，才能让我从俗务中脱身。她是我最忠实的听众，本书很多的思路都来自与她沟通过程中迸发出的火花，另外她也承担了本书中中国传统社会部分的分析和写作，最懂这本书的人，除了我，就是她。当然更要感谢我们的父母，此书主题就是文明的传承，去掉宏大叙事，文明的传承很大程度上就是父母对孩子的点滴养育、代际传承，中华文明就蕴藏在这些中国父母家长日常的言传身教之中，我们感恩有此父母，我们无悔生在华夏！

张可亮

2021 年盛夏于北京

目　录

内篇 文明之重构

第一章

轴心时代：文明的起源

雅斯贝尔斯说轴心时代的超越突破，就如同一场人性的落成仪式，至此，人在精神上成为真正的人。我想说，轴心时代，实现了双重超越突破的中华文明，第一次产生了人类社会发展所需的完整的文化价值体系，如同一场人类文明的落成仪式，文明终可以称之为文明，人类终于找到了这个物种可以相对和谐共存的社会组织方式和对应的理论体系。

一、文化与文明

文化是一个宽泛的概念。长期以来，人们都很难对其做出统一而精确的概括。从广义上看，文化是指人类在社会实践中所形成的物质生产成果和精神生产成果的综合，既包括物质文化，也包括精神文化以及社会的风土人情、习俗等一切“人化”的事物，涵盖物质、制度、行为和精神等各个层面。梁漱溟认为:“文化不过是一个民族生活的种种方面，概括起来包括精神生活、社会生活和物质生活。”狭义的文化则是指人类的精神活动及其产品，归根结底是人类物质生活的反映。毛泽东认为:“一定的文化是一定社会的政治和经济在观念形态上的反映。”[1]

不管从广义还是狭义上说，文化是一切“人化”的事物，是人们为了生存而必须适应外部环境、控制各种自然力量，过有组织的群体（社会）生活，在长期生产劳作和社会生活过程中的建构或有目的的创造。文化是人类社会性的产物，人只要在思维中把“意义”的观念组织起来，文化也就随之而出。社会学强调人的行动具有主观意义，凸显文化具有规范行动、形成秩序的能力，以区别于其他生物基于“刺激—反应”之上的本能行为。

文化在不同群体和共同体内还体现为特定的习惯、习俗、礼法、规约，经过历代薪火传承，久而久之成为传统。传统是指在历史中形成，并在人们的生活中世世代代起作用的那些生活方式、思维方式、价值观念和风俗习惯，是一个民族长期历史发展的心理积淀和历代薪火传承的精华，是民族性格、“民族魂”形成的内在依据，是群体中最具有权威性的行为模式和思维模式，关系到整个民族的历史发展路向和每个成员的思维方式和行为方式。传统是古老的，但又可在一定程度上为当代的人们所认同和遵守。马克思指出:“一切已死的先辈们的传统，会像梦魇一样纠缠着活人的头脑。”[2]传统具有潜意识

1《毛泽东选集》(第二卷)，人民出版社，1991年第2版，第694页。

2《马克思恩格斯选集》(第1卷)，人民出版社1995年版，第585页。

性和群属认同性等特征。

传统文化是从历史上延续下来的民族文化。相对于外来文化而言，传统文化是指母文化、本土文化及民族文化。不同的民族具有不同的民族文化，从这个意义上讲传统文化就是民族文化。对于一个民族而言，文化的教化功能，集中表现为建构民族心理、造就民族性格、形成民族传统、塑造民族精神，而民族精神是一个民族赖以生存和发展的精神支柱。一个民族没有振奋的精神和高尚的品格，就不可能自立于世界民族之林。我们通常说的中国传统文化，就是指以汉民族为主体、多民族共同组成的中华民族在漫长的历史过程中创造的特殊的文化体系。

传统文化是一个民族区别于其他民族的精神特质和标志。传统文化植根于民族的土壤中，从总体上反映和代表着一个民族或社会的思维方式、价值观念、道德伦理，体现在人们的生活方式、风俗习惯、心理特征上，内化、积淀、渗透于每一代社会成员的心灵深处，往往凝聚为民族特有的国民性格和社会心理。

人类历史上，思维方式和行为方式在不同社会和不同代际的人们之间都会有所变化，这就是文化的变迁。传统文化是在过去形成的，但又不能把它单纯理解为“过去的文化”，因为“传统”二字不是仅指过去，而是过去传给现在，现在继承过去的某种连续性关系。任何民族的传统文化都是在历史进程中形成和发展起来的，随着历史的演变而代代相传，并在这种发展和延续中发生着过去和现代的冲突和交融。传统文化是在继承和变迁中演进的。早期传统的影响力在历史发展进程中不断减弱，而新的又在历史发展中不断变成“旧的”，凝聚为传统。历史不断把每一代人的创造变成传统，整个历史发展是一个不断突破传统又不断形成传统的过程。正如黑格尔所说，传统不是一尊不动的雕像，而是一道洪流，离源头越远，膨胀得越大。也就是说传统文化并不是静态的文化“化石”，而是动态的观念之流。

文化不同于文明。广义的文化是相对于自然而言，狭义的文化是相对于经济、政治而言，而文明则是相对于野蛮而言，是人类社会区别于原始状态的进步程度，是一个团体在真善美的探索、追求和创造过程中克服人与人、人与自然、人与自己内心之间矛盾所达到的历史进度。当然，在用于形容一个文明体的时候，文明的概念更接近于广义的文化的概念。比如伊斯兰文明，指的就是信仰伊斯兰宗教的民族自古至今所创造的一切关于物质的、制度的以及精神的成果。亨廷顿在《文明的冲突与世界秩序的重建》一书中认为：人类的历史就是文明的历史，不可能用其他任何思路来思考人类的发展。为了研究人类社会的发展，亨廷顿对诸多研究文明的学者及其著作进行了研究考察，并总结出了这些学者在关于文明的性质、认同和变化的中心命题上达成的广泛的一致意见。

第一，我们生存的地球，就是一个多文明的世界，存在着许多文明，它们每一个都以自己的方式文明化了。

第二，文明被看作一个文化实体。所以在界定文明的客观因素中，最重要的通常是宗教。人类历史上的各种主要文明在很大程度上被基本等同于世界上的各伟大宗教。文明与种族不同，同种族的人可能因文明而产生深刻的分裂，不同种族的人可能因文明而趋向统一。人类群体间的关键差别是他们的价值观、信仰、体制和社会结构，而不是他们的体形、头型和肤色。

第三，文明是包容广泛的，是一个整体。文明各个部分之间的关系和它们同整体之间的关系规定了它们的各个部分。文明是对人最高的文化归类，是人民文化认同的最广范围。文明既可以根据一些共同的客观因素来界定，如语言、宗教、习俗、体制，也可以根据人民主观的自我认同来认定。文明是最大的"我们"，在其中我们感到安适，因为它使我们区别于所有在它之外的"各种它们"。

第四，文明终有终结，但又生存得非常长久。帝国兴起又衰落，政府上台又下台，但文明依旧，它历经政治的、经济的、社会的，甚至意识形态的动荡而幸存下来。文明虽然是持久的，但它们也在演变，是动态的，会兴起会衰落，会合并会分裂。

第五，文明是文化实体而不是政治实体。文明的政治组成在文明之间各不相同，在一个文明之内也随着时间而变化。大多数文明包含一个以上的国家或其他政治实体。

最后，学者们一般在确认历史上的主要文明和在现代世界存在的文明上意见一致，认为人类历史上至少有 12 个主要文明，其中 7 个文明已不复存在

（美索不达米亚文明、埃及文明、克里特文明、古典文明、拜占庭文明、中美洲文明、安第斯文明），5 个仍然存在（中国文明、日本文明、印度文明、伊斯兰文明和西方文明）。鉴于认识当代世界的目的，亨廷顿又加上了东正教文明、拉丁美洲文明以及有可能的非洲文明。

二、文化的本质：一套价值体系

文化是社会学研究中的重要概念，但不同的学者对文化有着不同的研究角度和研究方法，例如，美国社会学家帕森斯（T.Parsons）在构建结构功能分析理论时就把文化当作分析单位行动的一个重要因素，其内容包括信念、符号、价值三方面，成为与经济、政治、社会（交往）一起构成整体社会的 4 个行动系统中的一个行动系统。

人类学的文化模式理论在文化相对主义立场上把一个民族的社会文化解析为三种文化特质，即物质文化、社会组织和文化模式（知识与信仰），主张人的行为被文化模式决定，行为即是对文化模式的习惯性顺从。

文化人类学中，克虏伯（A.L.Kroeber）曾提出了适用于解释世界上所有文化的普遍性的文化模式。他把这种文化模式分为两种：一种是曾绵延数千年、稳定起作用的主要模式，另一种是稳定性比较差、处于变化中的次要模式。

联合国教科文组织国际专家小组在“多种文化的星球”报告中指出：文化是人类为了不断满足他们的需要而创造出来的所有社会的和精神的、物质的和技术的价值的精华，即文化是价值的精华。价值由于与社会生活整体运行相联系的程度不同，又可以分为几个不同的等级。最普遍的价值显然是那些最能够体现出整个群体认同的价值，而能在相对较低的不同社会层面运行的其他规范，也就是从那些最普遍的价值——规范中派生出来的。

（一）文化价值体系的三层构成

在本书中，就社会学意义上的文化概念，我采用苏国勋先生在《社会理论与当代现实》一书中所介绍的分析框架，即文化（狭义的文化——作者注）也被认为是一套社会价值体系，它由最高层次的理念价值（ideal values）、中间层次的规范价值(normative values)和最低层次的实用价值(pragmatic values)三个层次组成，这三种价值分别对应实践中的道德理想、典章制度、器物行为三个方面。[1]通俗一点儿来说也可以用精神文明、制度文明（或政治文明）和物质文明替代苏国勋所说的理念价值、规范价值和实用价值，即文化三个层次的价值分别反映了一个社会中的精神文明（道德理想）、制度文明（政治文明）和物质文明（科技经济）。

1. 理念价值

理念价值亦即道德理想，是一个民族的性格、特征的集中体现，统括真善美各个领域，是一个民族崇尚什么反对什么的根本标准。中华民族的理念价值基本上体现在以儒家为代表的文化大传统之中，它一直是中华民族历代典章制度的精神依托并深刻地规范着中国人的思维方式和行为方式。中华民族历经几千年的发展，其文化几乎没有大的断裂，中间虽有过低谷和挫折，但与其他几个古代文明国家相比，如希腊、埃及、巴比伦，仍然具有屹立于现代世界民族之林的能力。中华文明这种强大的生命力不能不说是与其大道哲学“发育万物、峻极于天”的理念价值有很大关系。理念价值是从经验事务中提纯、抽象出来的义理，属于形而上，故谓之“道”。它至大、至深、至极，俯览万物，包容一切，“致广大尽精微”，是一切经验事物合理性的最终根据。理念价值的合理性根据是它自身，不假外求，因为它本身即属于一种形而上的价值和理性，故无

1 苏国勋:《社会理论与当代现实》，北京大学出版社 2005 年版，第 198 页。

法也实无必要再诉诸经验检验。

苏国勋所讲的理念价值可以用民族精神，或者说一个民族传统文化的内核或核心精神来近似地替换，而传统文化或者说一个文明的内核我认为是终极关怀（ultimate concern），它是不同文明得以区分的本质特征。不同民族在形成和发展过程中产生了不同的终极关怀，造就衍生出了不同的民族特色和延绵不绝的传统文化，进而形成不同的文明，并逐渐演化形成不同的政治、经济等社会制度。

我们现在经常讲的一个词是“传统文化”，传统文化植根于民族的土壤中，从总体上反映和代表着一个民族或社会的思维方式、价值观念、道德伦理，体现在人们的生活方式、风俗习惯、心理特征上，内化、积淀、渗透于每一代社会成员的心灵深处，往往凝聚着民族特有的国民性格和社会心理。当然传统文化也是一个民族的一套传统的价值体系，包含理念价值、规范价值和实用价值三部分，**但在此我要特别地指出，现在我们提到的传统文化，在用到这个概念的时候，实际上更多的是用它来指代传统文化中“理念价值”的部分**。我们进入了现代社会，规范价值和实用价值跟过去相比发生了巨大的改变，但是传统文化中的理念价值还是较好地保存下来了。因为理念价值才是一个民族区别于其他民族的精神特质和标志，而**理念价值的起点与核心就是终极关怀**。

终极关怀是一个文明的核心，一个民族的终极关怀很难改变，所以以终极关怀为内核的民族的传统文化也很难改变。终极关怀，这是本书中非常重要的一个概念，后面我们将专门介绍终极关怀的相关内容。

2. 规范价值

规范价值是隐蔽在典章制度中的意义，并在具体法律条文、政治制度、乡规民约、风俗习惯中得以体现。规范价值作为人们行为的规约，其内容除了包含有人类先进文化中普遍适用的内容（生存、发展、人的基本权利、和平、环保等）外，还具有一些体现不同民族特征的地域特色内容，其中的差异反映了不同民族价值上的取舍。

> 规范价值作为理念价值与实用价值之间的中介，其内容必然既要受到理念价值的限定，又要对实用价值提供指导，为此必然带有形而上和经验的双重性。换言之，它要兼具形而上和经验两方面要素，表现在社会生活中就是，各种社会规范确立，必然是在理念价值指导下进行的，在这个意义上它是主观的、价值和理性的；但当对社会规范被遵守的可能性加以考量时，就一定会涉及对客观环境、条件、内容本身的分析，这样它又具有了客观的、工具合理性的因素。唯其如此，规范价值才能够充当理念价值和实用价值之间的桥梁。

苏国勋所讲的规范价值，对应的是一个社会的政治层面，主要是用来指导或者解释社会政治制度层面设置的原因、意义和合理性，类似法的精神，从这个角度看，规范价值几乎可以等同于意识形态的概念。当然对于意识形态，有着不同的定义，也有广义狭义之分，我们这里讲规范价值几乎可以等同于意识形态，是指狭义的意识形态，即为政治制度提供正当性依据的政治意识形态，后面我将专门介绍意识形态的相关内容。

> **3. 实用价值**
>
> 实用价值则纯属于一种目的——手段合理性，也称为工具合理性，它是人们在日常生活世界中的行动逻辑，即在行动目标确定的前提下，它只专注达成目标的手段的效率问题。古语云："工欲善其事，必先利其器。"讲的就是要做成任何事情都必须先使工具合理，否则就会事倍功半或一事无成。故民谚曰"磨刀不误砍柴工"，讲的都是一个道理。因此工具合理，往往就事论事，非常实际，非常理性，其基准就是功利，是有用，表现为对行动方案做利弊权衡后的理性选择，因此，讲理性一定是与可计算性、可预测性、讲究功能效率相联系。在这种取向下，每个人都像"经济人"那样工于计算，以最小的投入换取最大的产出，其行动逻辑是效益最大化原则。

苏国勋所讲的"实用价值"，对应的是一个社会的经济层面，就我的理解而言，完全可以用马克斯·韦伯所说的“工具理性”代替。工具理性是通过实践的途径确认工具（手段）的有用性，从而追求事物的最大功效，为人的某种功利的实现服务。工具理性是通过精确计算功利的方法以最有效达至目的的理性，是一种以工具崇拜和技术主义为生存目标的价值观，所以“工具理性”又叫“功效理性”或者说“效率理性”。

“工具理性”（instrumental reason）是法兰克福学派批判理论中的一个重要概念，其最直接、最重要的渊源是德国社会学家马克斯·韦伯所提出的“合理性”（rationality）概念。韦伯将合理性分为两种，即价值（合）理性和工具（合）理性。**价值理性**相信的是一定行为的无条件的价值，强调的是动机的纯正和选择正确的手段去实现自己意欲达到的目的，而不管其结果如何。而**工具理性**是指行动只由追求功利的动机所驱使，行动借助理性达到自己需要的预期目的，行动者纯粹从效果最大化的角度考虑，而漠视人的情感和精神价值。

如上所述，如果套用韦伯的合理性概念，“工具理性”完全可以指代“实用价值”，而“价值理性”可以完全包含“理念价值”，以及涵盖“规范价值”当中的一部分，因为规范价值“要兼具形而上和经验两方面要素，充当理念价值和实用价值之间的桥梁”。从这个角度而言，韦伯“工具理性”和“价值理性”的两分法，不如苏国勋三个层次的划分更加清楚明了，所以我在此采用苏国勋对价值体系三分的框架，但是在分析其与政治、经济互动关系的时候，二者并不矛盾，所以也用到韦伯的视角。

就实用价值或工具理性而言，或许可以用“科学”来指代。[1]科学，指的就是分科而学，后指将各种知识通过细化分类（如数学、物理、化学等）研究，形成逐渐完整的知识体系。它是关于探索自然规律的学问，是人类探索研究感悟宇宙万物变化规律的知识体系的总称。科学是一个建立在可检验的解释和对客观事物的形式、组织等进行预测的有序的知识的系统。科学的目的在于使人获得自我清明和认清事物之间的现实关系，科学旨在引导人们做

1 注：本书在很多概念方面的论述并不严谨，只是想表达一种逻辑观念，尤其是涉及跨学科的概念替换，不同学科体系对同一类事物不管是客观的或主观的事物的概念定义会有出入，希望读者能够意会。

出工具合理性行动，并以透过理性计算去选取达到目的的有效手段，专注功能而排斥价值理想，在这里人通过服从理性而旨在控制外部世界。

我们通常提到的科学是指自然科学，即通常将自然科学简称科学，并不包括社会学和思维学的内容，包括我们平时所说的科学技术（简称科技）中的科学也指的是自然科学。

我所讲的实用价值或工具理性可以用“科学”来指代，这里的科学既包括“自然科学”，也包括诸如经济、金融、管理等部分“社会科学”的内容（当然社会科学当中其实既含有工具理性的成分又含有价值理性的成分），它们指导着国家如何去制定经济政策促进经济发展，企业如何打造商业模式赚取商业利润，个人采取何种谋生手段实现个人和家庭的温饱与财富积累。

（二）文化价值体系的内部关系

苏国勋先生是如何论述文化价值体系三个组成部分之间关系的呢？他讲：

> 在常态下，文化价值体系的三个组成部分之间保持一种上下层级的隶属关系：上层统领、支配下层，下层归属、服从上层；上层发布给下层的是信息或指令，下层提供给上层的是资源或能量，中间层次则是连接上下两层的中介。最上层的理念价值与超验的形而上环境接壤，最下层的实用价值与经验的自然环境相连，中间层次的规范价值则是把超验理念变成实际行动的过渡桥梁；理念价值为全民族所共有，不像规范价值和实用价值那样，不同地域不同行业可以有自己的特点，理念价值是民族文化的灵魂、核心，它的精神总是投射到规范价值和实用价值，或者说规范价值和实用价值总是蕴含着、体现着理念价值。
>
> 三者呈现为一种环环相扣、相辅相成的互动关系，本质上是一种既相适应，又有一定张力的动态调适关系。三者合在一起构成统一的价值体系，通过诱发人们行为的动机，指引并规范着人们的行

动，从而使人们的行动从基于意志自由的个体层面上的冲突无序，转变到集体层面上的和谐有序，进而使社会生活保持“秩序”状态和稳定局面（治）。反之，当三者关系由张力变为对立冲突，价值体系出现混乱错位，人民行动就会失范，社会就会出现动荡和无序（乱），社会秩序就会由治变乱。

一个社会的文化价值体系与其他事物一样，都是一个矛盾统一体，文化价值体系内部既有矛盾冲突又有协调统一。一个社会的文化价值体系就是在这样的对立统一中不断地变化发展。文化是对人类实践活动、对社会现实的反映，一方面，从人类整体来看，人类实践在不断向前发展，社会现实在不断变化，文化价值体系自然会随之变化；另一方面，从社会内部来看，不同社会群体和阶层具有不同的利益诉求，这就会造成群体或阶层之间的价值差异和矛盾冲突，这种价值差异和矛盾冲突的存在，既是造成社会关系分化的基本原因，又是推动文化价值体系发展的基本因素。文化价值体系的三个层次并非同步变化，而是有着自身的变化规律。

实用价值是变化最为频繁、形态最不稳定、持续时间最短暂的理念方式。社会生产力的不断发展，会带动生产关系的变化发展，与之相应的实用价值理念也会随着客观条件的变化不断地修正自己的取向，不断地变化发展。一方面是自然科学的发展日新月异，不断地向前自我演化，另外即使是在社会科学当中，经济理论和管理理论的变化也在快速更迭。近代经济学可以追溯到法国的重农学派，即使从亚当·斯密 1776 年的《国富论》开始算起，这 200 多年间也经历了诸多经济学理论的变革，从重农主义到古典政治经济学，再到马克思对政治经济学的批判，再到凯恩斯主义之兴起，再到奥地利学派以及继承奥地利学派的芝加哥学派，再到弗里德曼的货币学派，以及之后的制度经济学、新自由主义，可以看到这 200 多年间，各种经济理论层出不穷、粉墨登场，各领风骚几十年。

规范价值即典章制度、政治制度，相对比较稳固，变化较为缓慢。在人类历史上的规范价值层面，大的变化可以简单列举原始社会、奴隶社会、封建社会，以及资本主义社会和社会主义社会这几种形态的变化。当然不同国家和民族其规范价值的演变过程都有自己的特点，并不完全相同。就中国而言，从尧舜禹三代的禅让制到“夏传子、家天下”，夏朝成为第一个世袭制朝代。从夏朝（约公元前 2070 年）开始到周朝（公元前 256 年）结束，夏商周的家天下时代，经历了大约1800年的漫长岁月。自秦汉开始废封建，举郡县，建立大一统的中央集权国家开始，一直到清溥仪退位，经历了 2132 年（秦公元前 221 年至清帝退位 1912 年），这段时间中国的规范价值（政治制度）虽在不断完善，但核心制度保持不变。

理念价值是对于某种既定理想的主观确认和承诺，是存在于超验的形而上领域，或内在的心灵习性之中，故理念价值形态最为稳定、变化最为缓慢、持续过程最为长久。在社会出现急剧变迁时，比如，发生经济危机进而爆发革命导致政治危机，作为实用价值的经济政策之类可能发生重大变化，但即使改朝换代，作为规范制度的政治制度却不会轻易改变，往往出现滞后或者循环往复，作为理念价值的文化则更很难改变。

在常态下，文化价值体系的三个组成部分之间保持一种上下层级的隶属关系：上层统领、支配下层，下层归属、服从上层，中间层次则是连接上下两层的中介，三者的内在一致性和统一性越强，其对现实社会的指导和规范能力也就越强；但是三者也并非时刻保持统一、一成不变，在变化的过程中，都是实用价值最先跟着社会实践发展的变化而变化，进而推动更上一层规范价值和理念价值的变化，上一层级也因此变化，才可以用以包容或者解释下一层级的变化，从而保持文化价值体系的内在一致性。但是理念价值从其诞生几乎就为规范价值和实用价值划定了边界，在社会生活中，我们也可以很清楚地发现，经济的变化最为频繁，政治的变化较为缓慢，而长期形成的民族文化传统则很难改变。比如产生于轴心时代的这几大文明中，基督教文明、中华文明自产生之后，基本没有发生过重大的变化。波兹曼曾经总结说：“世界历史正确地证明了下述论点：政治制度是文明表面转瞬即逝的权宜之计，每一个在语言上和道德上统一的社会的命运，都最终依赖某些基本的构建思想的幸存，历代人围绕着它们结合在一起，因此，它们标志着社会的延续性。”“帝国兴起又衰落，政府上台又下台，但文明依旧，它历经政治的、经济的、社会的，甚至意识形态的动荡而幸存下来。”[1]

中共北京市委党校的张军教授对于文化价值体系的构成及内部关系也持有类似的观点，他在《马克思主义价值哲学的三大整体论原则》中指出：

> 人类社会价值系统是由不同的价值子系统或价值群构成的有机统一体。社会价值系统作为一个有机系统，它具有特定的内部结构，包含着若干价值子系统或价值群，是一个以物质资料生产方式为基础、逐层有机整合起来的价值结构体系，它由社会经济价值、社会政治价值和社会文化价值三大子系统或价值群所构成。在这一有机的价值系统中，各种具体的价值子系统或价值群之间相互联系，相互作用，相互影响，相互促进，从而构成了人类价值生活的基本领域。同时，任何社会价值系统不仅包含着社会经济价值、社会政治价值和社会文化价值三大子系统或价值群之间的相互作用，而且每一子系统或价值群内部各要素之间也是相互关联、相互作用的。这使得社会价值系统始终处于一种内部各要素复杂交织、相互作用的状态之中。作为一个社会价值系统整体而言，缺失了任何一个价值系统构成部分，都不可能称之为一个完整的社会。[2]

三、轴心文明新解读

（一）轴心时代的终极关怀

雅斯贝尔斯在其 1949 年出版的《历史的起源与目标》一书中，首次提出和使用了轴心时代的概念。雅斯贝尔斯认为，在公元前 800 年至公元前 200

1［美］塞缪尔·亨廷顿：《文明的冲突与世界秩序的重建》，周琪、刘绯、张立平等译，新华出版社 2010 年版，第 22 页。

2 张军：《马克思主义价值哲学的三大整体论原则》，载《理论建设》2016 年第 4 期，第 90—93 页。

年间存在一个轴心时代，这一时代产生了我们今天的宗教和思考的基本范畴，作为人类历史中第一次精神上的突破，它奠定了整个人类的精神基础，人类依靠轴心时代发生、创造和思考的事物生活至今。美国哈佛大学社会学家塔尔克特·帕森斯认为，在公元前1000年之内，希腊、印度和中国等四大古代文明[1]，都曾先后以不同的方式经历了“哲学的突破”阶段。所谓“哲学的突破”即对构成人类处境之宇宙的本质产生了一种理性的认识，而这种认识所达到的层次之高，则是从来都未曾有的。与这种认识随之而来的是对人类处境的本身及其基本意义有了新的解释。此后，西方学术界用超越突破概念来深化这一研究，形成了文明动力学研究领域。目前，学术界基本公认轴心时代形成了希伯来宗教、古希腊的求知理性、印度宗教和中国儒家这4种超越突破的基本类型。

在轴心文明以前的社会里，一种文化，比如，某种宗教、某种思想都是与社会组织方式紧密地结合在一起的。如果把社会比作巨大有机体的身体，文化就是附着于巨大有机体的形神、样貌等特质。当社会出现危机解体的时候，人们就会认为，根据这种文化所建构的社会是如此之糟糕，所以也会将与之相伴的文化无情地抛弃掉，重建社会之后也要再一次重建文化。如同有机体必然死亡那样，没有一个社会组织可以万古长存，只要文化和社会组织不可剥离，随着社会的腐败和解体，附着于社会组织上的文化也会随之消散，这种文化就灭绝了。这就是为什么轴心文明以前的社会解体之后，它的文化也会死掉的原因。

在轴心时代这一时期，**人类的文化发生了一次巨变，产生了所谓的“超越突破”。这个超越突破的特点是人类在思考方式上产生了“二阶思维”**（second-order thinking），使人意识到“意识”的存在，思考开始以“思考”本身为对象（thinking about thinking）。人类意识到存在整体、自身和自身的界限，意识到人的寿命是极其有限的，生而为人，就必然面临死亡问题；人类体会到世界的可怖和自身的无力，开始深入地去思考生死存亡的价值这一

---

1 近一两百年以来，不断有西方的学者，对古希腊文明提出疑问，一些当代中外学者甚至将其延伸到整个西方文明史。认为西方在19—20世纪炮制了“西方中心论”，将“古希腊文明”大大地拔高了。

根本性问题；通过意识到自身的界限，在死亡到来之前，人类力求解脱和救赎，寻找人生种种实践性的终极价值和意义根据，寻求人类精神生活的最高寄托，以化解生存和死亡尖锐对立的紧张状态。对生命本源和死亡价值的探索构成人生的终极性思考，而终极关怀，就是人类对生死存亡这一根本性问题的回答。

但轴心时代，为数不多的几个文明产生了文化上的超越突破。在这个时代，有几个民族产生了独立于社会组织的价值，也就是我们前面讲到的终极关怀。这种价值是人在轴心时代社会大解体、大动荡时期，人的心灵不得不从社会中走出来，从而不得不寻找一种能够独立于社会组织的、独立于社会有机体、基于个体而存在的终极价值，可以永恒存在的价值的产物。这种终极价值可以随着一代代个体生命而延续下去，并塑造该文明的社会文化形态。

目前学界对终极关怀进行了如下的定义：在轴心文明时期，人产生了一种价值意义上的觉醒，人的心灵从社会中走了出来，不得不孤独地面对着死亡，在这个时候，人们思考了这些问题：社会都不存在了，个体的人存在的终极意义是什么？这个时候人们找到的这个意义、价值就被称为终极关怀。简言之，所谓终极价值，就是指个体走出社会面对死亡的拷问时，找到的那些可以超越个体生命的永恒意义。它源于人之存在的有限性，源于人之企盼生命存在的无限性。终极关怀能化解生存与死亡、有限与无限的紧张对立，能克服人对于生死的困惑与焦虑，也就是要为人提供精神寄托和灵魂安放。终极关怀是人类超越有限、追求无限以达到永恒的一种精神渴望，是人类试图超越生死的途径和方法。

（二）超越突破的 4 种类型

终极关怀的问题在轴心时代产生，同时在轴心时代得到回答，不同的民族因其不同的生存环境和生活轨迹，所以对这一问题有着不同的思考和不同的回答，有的民族实现了超越突破，从而产生了终极关怀，有的民族则一直未实现超越突破，并未产生终极关怀。雅斯贝尔斯认为轴心时代的超越突破在中国、印度和西方三地同时发生，他用轴心时代划分世界历史结构，将发生超越突破的中国人、印度人、伊朗人、犹太人和希腊人，称为“轴心民族”，将未实现超越突破的称为“没有突破的民族”。前者也被称为“历史民族”，后者也被称为“原始民族”。

即使是轴心民族，其文化上的超越突破也有着不同的方式，进而产生了不同的终极关怀。就人所追求的价值是在这一辈子实现还是在下一辈子实现，以及实现这种价值是依靠人自身的力量还是依靠外部的力量，学术界将轴心文明超越突破以后所产生的价值，在逻辑上分成 4 种类型，并认为当今世界文化虽然多种多样，但都是由这 4 种基本形态衍生出来的，归根结底只有这 4 种（表 1–1）。

表 1–1　超越突破的 4 种类型

类型	离开此世	进入此世
依靠外部力量	希伯来宗教型（类型一）	希腊型（类型三）
依靠自己修炼	印度宗教型（类型二）	中国型（类型四）

金观涛在《历史的巨镜》一书中对超越突破的 4 种类型做了较为详细的介绍，我们在此借用他的介绍，对超越突破的 4 种类型做个说明：

> 超越突破的第一种类型是依靠外在神秘力量追求此世之外的目标，这就是通过对一神的皈依达到救赎的目的。它最早出现在希伯来宗教中，故亦可称为希伯来型超越突破，犹太人把自己视为上帝的选民，犹太教为最早的救赎宗教。在犹太教中对一神的皈依是跟犹太民族的特殊性连在一起的，它只是犹太人专利。基督教克服了这一限制，任何人只要相信耶稣，就可以达成救赎。故基督教实为救赎的普世化。基督教和犹太教的差别，除了普世外，还在于基督教比犹太教更出世，或者说基督教基本上对此世是没有兴趣的，这一点很重要。正因为如此，才会发生中世纪神学对近代终极关怀的孕育。而伊斯兰教在这个基础上，又完成了第三次大转化，这就是

追求两世吉庆，不只是对一神的皈依，追求灵魂的得救，还要在此世建立公正的社群。在西方犹太教、基督教、伊斯兰教为不同形态的终极关怀，其终极关怀内容不同，但其超越视野一脉相承，我们统称之为希伯来的超越精神，这是超越突破的第一种基本形态。

第二种类型是依靠自己的力量达到离开此世的目标，它表现为寻求解脱的意志，亦称舍离的意志。这种超越突破，最早出现在印度文明中，婆罗门教把宇宙视为由不同的解脱等级组成，人通过此世的修行，可以在下一世相对解脱上升到更高的等级。本质上讲，依靠自身的努力（而非外在的力量）达到彻底的解脱，为印度宗教不同于西方救赎宗教的特点。印度宗教形形色色，差别仅在于对解脱的界定不同，例如，对婆罗门教解脱等级的否定就是佛教和耆那教，再次用等级和种姓制度对佛教的解脱目标和方法进行改造，产生了印度教。它们都离不开依靠自身力量达到舍离此世的结构，属于第二种类型。

第三种类型是依靠外部力量（标准）追求此世的价值目标。这就是以“正确”或“对”“正义”为生命的意义。请注意，一般在社会系统中判别对错和是否正义（人行为正确与否）的标准都是来自社会的，现在要脱离社会寻找独立于社会规范的此世的正确和正义时，唯有把它视为追求包括自然知识在内的普遍知识的结果，也就是以求知作为生命的意义。自从柏拉图把知识定义为必须经某种人以外的标准鉴别才能判断的正确信念之后，古希腊哲人的探索就代表了超越突破的第三种类型，我们称之为认知的意志。我们知道，古希腊哲人把追求知识作为终极的意义，其他价值（比如，道德）都由求知推出。对于中国人来说，你能不能做个好人，实践道德理想，主要是纯化向善的意志问题，而柏拉图、亚里士多德不是这样看的，他们认为关键在于人不知道什么是善，但一旦认识到什么是善，当然可以做到善，即道德是从认知推出。也就是说终极价值为追求知识，而且作为知识的善，其对错的基础是真假，要透过外部规则（如是否符合理性）来检测，检验过后才能知道它是否属于善。这种思想方法中国人很陌生，但和西方今日科学的认知精神类似，它代表了超越突破的第三种基本类型。

第四种类型是依靠人自身（内在就具有的能力和标准）追求此世的正确和正当性。人依靠自身内心的感受就能判别的（行为）正当性只有“善”，为什么这样讲？善可以用“己所不欲，勿施于人”这一道德黄金律来定义。请注意“己所不欲，勿施于人”所讲的正是每个人利用内心判断标准判断何种行为为“对”。它和用外在标准，如神意和自然法则（包括法律）、知识去判断何种行为为“对”（我们将其称为正义）是不同的。故超越突破的第四种类型，可以用善的意志和追求道德来代表，这就是中国儒家文化。从来，当应然仅仅作为习俗而存在的时候，虽然它亦规定了人应该如何行动（行为规范），但它是不能独立于社会有机体而存在的。把善和社会行为规范相剥离，变成人依靠自己内心感受，就能判定的价值，并把它作为意志指向的目标，意味着应然活动具有双层次的结构。第一个层次是人对应该如何行动的意识，它对应着社会的规范。第二个层次是把善从具体的行为规范中分离出来，成为自由意志（意向性）指向的终极目标（真实）。当应然只有第一个层次时，社会组织的解体往往伴随着习俗解体，一旦应然具有双层结构，在更高层次向善意志的控制下，习俗转化为道德，成为不依赖众人行为的内在追求，这时具有双层结构的道德规范不会随着社会组织解体而丧失。即使原有道德规范不可逾越，人可以将新的行为规范和善对应，即创造新道德。[1]

（三）超越突破的最新解读

上面是对学界普遍认同的轴心时代，以及在那个时代产生的人类文化的超越突破现象，并由此而产生的终极关怀的介绍。但下面，我要对终极关怀

1 金观涛：《历史的巨镜》，法律出版社 2015 年版，第 62-63 页。

作进一步的、新的阐释。

1. 终极关怀并非要排拒社会

前面讲到，学术界将终极关怀定义为在轴心文明时期，人产生了一种价值意义上的觉醒，人的心灵从社会中走了出来，不得不孤独地面对着死亡，在这个时候，人们去思考这些问题：社会都不存在了，个体的人的存在的终极意义是什么？这个时候人们所找到的这个意义、价值就被称为终极关怀。简言之，所谓终极价值，是指个体走出社会面对死亡的拷问时，找到的那些可以超越个体生命的永恒意义。金观涛讲："所谓终极关怀，是指人从社会组织中走出来考虑生存的意义，寻找不依赖于社会的终极价值。"

按照这些定义，人的终极关怀只能是在走出社会之后才能产生，必须经历"超越突破"。西方学术界用救赎宗教或舍离此世的价值追求来定义"超越"，史华慈将"超越"（transcendence）定义为"退而瞻远"（standing back and looking beyond）。金观涛对此做了解释，他认为"退"就是从社会中走出，"远瞻"即是把意向性（意志）指向独立于社会组织之外的价值目标。一旦实现超越突破，其他社会价值就可以建立在这一价值上面或处于该价值反思笼罩之下。

基于这样的定义，就无法解释中国文化具有的超越视野，因为中国文化中的终极关怀并非依靠割裂个人与社会的关系而得来，而恰恰是通过思考人与社会的关系中得来，从人的社会实践中得来。

在我看来，终极关怀的前提是要超越，但是超越与是否离开社会无关，它只与思考人生有关。人在现实中，根本无法离开社会，所以根本不存在离开社会思考的问题。西方也是基于对现实社会残酷现状的思考，才发展出了救赎型的宗教，依靠信仰外在（如上帝、真主）脱离此世，达到彼岸而求得救赎和永生，"因信称义"。中国文化则是将人生的价值和意义寄于社会，既要有在此世的德行圆满天人合一的"内圣"，又要"居仁行义"，依靠"立德、立功、立言"三不朽的"外王"来福泽世人、流芳百世。

2. 单重突破与双重突破

在轴心时代，面对动荡不安的社会，部分文明开始思考个人的生死存亡问题，同时也开始思考社会组织的兴衰存亡问题。

在超越突破的三种类型当中，“出离此世型”超越突破的文明，因为有一个完美的彼岸世界在等着他，人会在死时得到救赎，在彼岸世界得到解脱。当然不需要再考虑人死后此世的人类社会应该如何发展，也不关心此世社会的兴衰存亡。但“进入此世型”超越突破的文明，因为其个人的终极关怀必须依靠于人类社会组织的存在而存在，所以在思考个人生死存亡的同时，必然也要考虑人类社会的兴衰存亡问题。

人从生物学本质上来讲是群居动物，或者说人是社会性动物，人不可能离开族群、社会而单独存在。也就是说，有人类存在就必须有其聚集生活的方式，也就是有人类社会必须有其组织形态。进化人类学家，以社会或政治组织的形式来排列人类社会发展的阶段，埃尔曼·塞维斯发明了 4 个层次的分类，即族团、部落、酋邦、国家。不管是族群也好，部落也好，在轴心文明以前的社会中，人们生活在组织中，就都认同组织的管理方式和服从组织的权威，比如，服从于家长权威、部落酋长权威，或者服从于巫师宗教的权威。但是面对动荡不安的社会，人们既要遭受自然灾害带来的生存威胁，也要面对不同族群部落之间的征战厮杀，人经常死亡，组织经常瓦解。

这就不得不让人们反思，既对个人生死存亡进行反思，也对社会组织进行反思。在此之前，学界认为对个人生死存亡的意义进行反思，产生了终极关怀，但这只是终极关怀的一部分，终极关怀还应包括另一部分，那就是对人群、对种族繁衍、对社会组织兴衰更替的反思，族群如何才能更好地生存？种族如何才能确保长久繁衍？人类社会如何才能长久兴盛？人类社会怎样组织才能没有动乱、杀戮？人类如何才能在这个世界安享太平生活？基于对这些问题的深刻反思，以及对这些问题的回答，构成了终极关怀的另一个重要组成部分，那就是对人类社会终极关怀的思考和回答。

所以，轴心时代产生的超越突破和终极关怀，并不是只有一个维度、一个内容，而是有两个维度、两个内容，即存在双重超越突破：**一个维度和内**

容是现在普遍认同地对人个体生命生死存亡的意义和价值的思考和回答，这是向内思考的结果；另一个维度和内容是对社会组织兴衰更替的意义和价值的思考和回答，这是向外思考的结果。第一重突破是第二重突破的前提和基础，第二重突破是第一重突破的发展和提升。

有了对人生的终极关怀，人类不再盲目地活着；有了对人类社会的终极关怀，人类也不再盲目地生活在组织之中。人类在反思中，改造自身，寻找自我拯救的路径和方法。同样，人类在反思中，规划社会，寻找社会能够自我救赎的路径和方法。人类不再认为组织的兴衰更替是理所当然，人类开始从外部审视自己所在的组织：组织的结构问题，组织的权力问题，组织的效率问题，组织的公平问题，都被当作“问题”提了出来，成为思考的对象。**对这些问题的思考，产生了人类最早的社会政治理念，也就是我们前面讲的规范价值。至此，规范价值也开始成为文化的一部分。**

之前学者的观点，大都将轴心时代所产生的终极关怀集中在人本身超越突破的这一个维度，也就是人类从轴心时代之前单纯地学习思考狩猎、种植、生火、驯化动物等衣食住行的生存（经济）问题，到在轴心时代开始思考人类自身的生死存亡的意义问题。但如果超越突破仅仅是体现在个人本体的终极关怀，那并不能确保人类文明的延续和稳定发展。只有实现了双重超越突破的社会，也就是既有对人本身的超越突破，也有对社会组织如何合理化地超越突破，才可以在任何一个社会组织分崩瓦解之后，身处其中的每个人依然有着继续生活下去的勇气，依然有着继续重建、延续自己文明的凭借。

在轴心时代，希伯来文明和印度文明，只实现了第一重即对于人本身的超越突破，产生了救赎宗教，而并未对现世秩序产生第二重突破；希腊文明实现了第二重即对社会秩序的超越突破，比如，苏格拉底、柏拉图、亚里士多德都对现世的政治秩序有着深入的思考，柏拉图的《理想国》是代表性著作，但并未真正实现第一重突破，而第二重超越突破没有第一重超越突破的支撑，必然是水中花、雾中月；只有中华文明同时实现了双重突破，既有对人之所以为人的超越突破，又有对社会秩序、社会治理的超越突破，比如，《管子》《尚书》等皆是这方面思想的精华。

3. 实现双重突破才能构成人类完整的文化价值体系

实现了双重突破的中华文明，从之前单纯地思考衣食住行的生存（经济）问题，到开始思考人类自身的生死存亡的意义问题，以及同时思考人类社会政治组织的合理化问题，这就涵盖了文化价值体系当中实用价值（生产方式和生产技术）、规范价值（意识形态）、理念价值（终极关怀）三个层面。由此，人类历史上第一个完整的文化价值体系得以在中国建立，标志着人类的文化开始真正地成熟。

雅斯贝尔斯说轴心时代的超越突破，就如同一场人性的落成仪式，至此，人在精神上成为真正的人。[1]我想说，轴心时代，实现了双重超越突破的中华文明，第一次产生了人类社会发展所需的完整的文化价值体系，如同一场人类文明的落成仪式，文明终可以称为文明，人类终于找到了这个物种可以相对和谐共存的社会组织方式和对应的理论体系。

经历了轴心时代的痛苦思索和实践，自秦朝开始，中华文明建立了人类历史上第一个现代意义上的中央集权国家，儒家思想和法家思想互为补充，成为主导中华文明的政治理念，中国社会形成了稳定的文化结构和社会结构。在这个稳定的文化和社会结构之下，中华文明经久不衰、历久弥新，成为世界上唯一一个没有断代的古文明。如冯友兰在《西南联合大学纪念碑》碑文上写道："并世列强，虽新而不古，希腊罗马，有古而无今，唯我国家，亘古亘今，亦新亦旧。"如吴育林所说："它不像埃及文化因不同时期的外族侵入而不断外部化——希腊化、罗马化和伊斯兰化；也没有像印度文化因雅利安人的入侵而雅利安化；更不像希腊、罗马文化因日耳曼人的南侵而中断以至完全转型。中华文化在发展过程中从未发生过因裂断而出现空白，甚至跳跃。它在中国历史上的任何时刻都未曾真正分裂和瓦解过。即使在内忧外患、政治纷乱、国家分裂等危难情况下，它仍能保持整体上的统一和完整，沧海桑田的时空穿越、物是人非的时代变迁，历史延续至今，它能基本保持原容内

1［德］卡尔·雅斯贝尔斯:《历史的起源与目标》，李夏非译，漓江出版社 2019 年版，第 39 页。

质，呈现出深厚的悠远和高度的统一性特征。”[1]

只实现了单重突破的希伯来宗教社会和印度宗教社会，其文化价值体系当中虽然有了理念价值和实用价值，但是却缺少规范价值，所以其文化价值体系一直是残缺的、不完善、不成熟的。也正是因为缺少指导社会应该如何组织的规范价值，西方社会和印度社会一直处于分裂动荡之中，又因其现实社会的不断动荡、崩坏、解体，其在轴心时代所产生的终极关怀也不断地遭受挑战和质疑，所以一直处于不断分化、修正的过程当中。

比如，印度在公元前321年建立了第一个本土的政治体——孔雀帝国，王朝持续了135年，但孔雀王朝从来没有建立强大的国家制度，没有统一的刑法，没有从事大规模的社会工程，也没有从家族政府过渡到非人格化的政府，没有真正的主权概念，也没有尝试以一套新颖的共同规范和价值穿透整个社会。[2]自孔雀王朝灭亡以后，一直到1947年印度共和国出现，其间印度民族再也未能建立自己民族主导的统一国家。

（四）意识形态的发展演变

1. 什么是意识形态

意识形态是近代随着西方哲学发展而形成的一个重要范畴，“意识形态”一词最早出现在拿破仑时代的法国，其开创者是法国启蒙学者德·托拉西（1754—1836），在其撰写的《意识形态原理》中最早提出“意识形态”一词，并将其引入西方哲学史。托拉西用“意识形态”来指代“观念的科学”，即观念学、概念学或意识学，目的是把意识形态与经院哲学、宗教神学区分开，以便于研究认识的起源、认识的界限及认识的可靠性，进而去改造社会。[3]

1 吴育林等:《当代中国价值问题与价值重构》，人民出版社2014年版，第14页。

2［美］弗朗西斯·福山:《政治秩序的起源：从前人类时代到法国大革命》，毛俊杰译，广西师范大学出版社2014年版，第165页。

3 王永贵等:《经济全球化与社会主义意识形态建设研究》，人民出版社2005年版，第7页。

意识形态在后来的发展过程中，历经演变，成了一个非常复杂、歧义丛生的概念，它真实存在但是却又非常敏感，很多人避而不谈。当代学者莱蒙德·格斯区分了三种不同的意识形态概念：一是描述意义上的意识形态，即在分析某一社会总体结构时，只限于指出意识形态是这一总体结构的一部分，不引用某种价值观来判断或赞扬这种意识形态，即只做客观描述不带有主观意向的评论。二是贬义的意识形态，也可称为否定性的意识形态，即承认意识形态的存在，但对它的内容和价值取否定的态度，认定它不可能正确地反映社会存在而只能曲解社会存在，掩盖社会存在的本质。凡是从这一角度去理解意识形态的人，必然对意识形态持批判的态度。三是肯定意义的意识形态，即不光承认意识形态的存在，而且对它的内容和价值持肯定的态度，认定它能客观地反映社会存在的本质。

英国学者戴维·米勒、韦农·波格丹诺在《布莱维尔政治学百科全书》中提出："意识形态是具有符号意义的信仰观点的表达方式，它以表现、解释和评价现实世界的方法来形成、动员、指导、组织和证明一定行为模式和方式，并否定其他的一些行为模式和方式。"

利昂·巴拉达特在《意识形态起源和影响》一书中概括了意识形态的5个特征：第一，意识形态主要是一个政治术语。第二，意识形态包含了对现状的看法以及对外来的憧憬。第三，意识形态是行动导向的。它不仅描述现实状况，提供一个美好的未来，更重要的是，它提供了达成目标所必须实行的明确步骤。第四，意识形态是群众取向的。第五，由于意识形态是以群众为对象，因此通常是以一般人所能理解的简单词语来陈述。同时，意识形态在语气上通常是鼓励性的，鼓舞人们尽最大努力来达成意识形态所设定的目标。

除此之外，巴拉达特还在书中就意识形态与哲学作了区分，他说虽然每种意识形态都建立在一套哲学信仰之上，但构成哲学的三个基本特征使它有别于意识形态。第一，哲学通常是深奥的，而意识形态中，"对""错"是截然分明的，人们只需要相信它，并且依照它的指示行动。第二，哲学无须诉诸庞大的群众，而意识形态则以广大的人群而非个体作为诉求的对象，意识形态是群众动员的理论基础。第三，哲学倾向于引发内省，而意识形态是外部导向的，它通常将某个社会人群的福祉与该人群所处的世界的环境相提并论，以鼓动人们对这个世界加以改造，使它符合某一意识形态的拥护者的需求与处境。

2. 意识形态的起源

大卫·麦克里兰在其《意识形态》一书中介绍了“意识形态”一词产生的背景。随着工业社会的到来，思想领域在发生巨大变革，群众政治运动不断涌现，人们创造世界、改造世界的主体意识的增强，都促使了意识形态的形成。在他看来，意识形态是资本主义时代的产物，不存在前资本主义的意识形态，并且意识形态与意识形态的批判是同时产生的。

利昂·巴拉达特在其《意识形态起源和影响》一书中也介绍道：“在十八、十九世纪期间以粗暴方式完成的城市化与工业化，造成了多数人心理上沉重的彷徨与不安。一般民众因失去方向感而感到惊恐不已。他们不再能够自行生产他们所需的大部分生活必需品，他们的生活福祉必须依赖于他们不相识的人以及他们从未到过的地区。学者、哲学家和政治家纷纷埋头于梳理解释并合理化这些现象，同时寻求因这些现象所引起的社会和政治变化。其中一些用来提供合理化的理论，就变成了政治意识形态。”“政治意识形态是我们这个时代独一无二的现象，因为它是针对一连串独特的经济、社会、政治环境所做的响应。”

我们可以看到大部分意识形态学者，都是认为意识形态是伴随着工业革命和资产阶级革命所引发的社会变革而来，是工业化社会独有的现象。**但我认为在轴心时代产生的双重突破，即对人类社会秩序的超越突破，即为规范价值之产生，而规范价值的核心就是意识形态。不同的社会形态当中，不同阶级对人类社会秩序的合理性构建有着不同的观点，这些都可以看作是意识形态。中国的周礼以及之后的儒家思想就是一种体系非常完善且功能十分健全的意识形态。**

所以意识形态实际上有两个来源：一是来源于人类社会的政治实践，这是意识形态的现实来源；二是来源于人类的终极关怀，来源于世界观和价值观，这是意识形态的理论来源。比如，中国儒家意识形态是从对人之“仁”的理解而来，进而发展成为礼法，并在汉代成为官方法定的意识形态。而西方社会很长一段时间，其意识形态都是宗教提供，封建国王都需要教皇的加冕，其统治的合法性来源于基督教。印度的婆罗门教规定政治武士阶层（刹帝利）必须从属于祭司阶层的婆罗门，印度统治者必须向身处顶端的祭司取得合法性和社会支持，法律深植于宗教而非政治。

3. 马克思主义对"意识形态"概念的使用

马克思、恩格斯也描述过意识形态的特征，揭示过意识形态的本质，却未给意识形态明确下过定义。马克思、恩格斯主要从以下两方面和意义上使用"意识形态"的概念。

一是作为"观念上层建筑"意义上的意识形态，是指一定阶级社会结构中与经济基础相适应并树立其上的"观念上层建筑"。马克思在这个意义上使用的意识形态概念指出的是与生产力、生产关系不同的社会构成要素，即任何一个社会所具有的宗教、哲学、道德、政治、法律和其他社会意识形式，它必定构成现存社会制度和社会关系的一部分。马克思认为："人们在自己生活的社会生产中发生一定的、必然的、不以他们的意志为转移的关系，即同他们的物质生产力的一定发展阶段相适应的生产关系。这些生产关系的总和构成社会的经济结构，即由法律的和政治的上层建筑竖立其上，并有一定的社会意识形式与之相适应的现实基础。物质生活的生产方式制约着整个社会生活、政治生活和精神生活的过程。"[1]

这种意义上的意识形态和意识形式是指与社会的经济结构、政治结构相联系又相区别的社会意识结构，是指与人类社会的物质生活、政治生活相联系又相区别的精神生活体系。当然，并非所有的社会意识、精神生活都是意识形态，例如，科学是社会意识，是精神产品，但马克思、恩格斯不把它归入意识形态的范畴，反而还把它同意识形态严格区分开来。

马克思把这种观念上层建筑意义上的意识形态视为每一种社会的经济基础的反映，实际上是一种较为客观的判断，是接近于中性的描述性的意识形态概念，并不含有价值上的褒贬意义，它既可包括错误的意识也可包括正确的意识。这种含义是马克思意识形态概念发展史中主要的和常见的用法。

1《马克思恩格斯选集》（第 1 卷），人民出版社 1995 年版，第 32 页。

二是作为统治阶级的阶级意识的意识形态，是指统治阶级为各自的目的和利益要求而提出的意识形态。马克思、恩格斯指出："支配着物质生产资料的阶级，同时也支配着精神生产资料，因此，那些没有精神生产资料的人的思想，一般都是隶属这个阶级的。占统治地位的思想不过是占统治地位的物质关系在观念上的表现，不过是以思想的形式表现出来的占统治地位的物质关系。"这种统治阶级的意识形态是为了掩盖自己的阶级利益和真正的目的，为自己的思想合理性和政治合法性辩护，通过掩盖社会矛盾及社会真实基础而为统治阶级服务。这种观点和理论体系，马克思称为具有欺骗性的"虚假的"意识形态和"虚假的"观念体系。它不仅是现存经济关系在观念上的表现，而且其本身就是现存统治关系的组成部分。简单说，作为统治阶级思想的意识形态，实际上就是"制度化的思想体系"，是一种社会制度的合法性基础，发挥价值系统作用并使人们认同现存的社会制度。

按照马克思和恩格斯的观点，这种统治阶级的意识形态不过是人们的特殊的历史存在的一种情境性的"修辞"方式，它必然受制于具体的特定历史语境，但却把自身的历史前提遮盖起来，采取替永恒真理而言说的虚假姿态。它实际是某种统治阶级的狭隘利益和独断话语的"修辞"方式，充当该阶级实现其统治的辩护工具，但是统治阶级却往往隐瞒意识形态的阶级属性，表现出一种替人类普遍利益而言说的虚假姿态。每一个企图取代旧统治阶级的新阶级，为了达到自己的目的不得不把自己的利益说成是社会全体成员的共同利益，这在观念上的表达就是：赋予自己的思想以普遍性的形式，把它们描绘成唯一合乎理性的、有普遍意义的思想。

意识形态是一种霸权话语。"占统治地位的思想不过是占统治地位的物质关系在观念上的表现，不过是以思想的形式表现出来的占统治地位的物质关系。"[1] 在这里，统治阶级的意识形态就成为有待被逻辑地揭露和历史的超越的规定，因而带有否定的和负面的意味。[2] 以资产阶级的意识形态为例，马克思说："资产者的假仁假义的虚伪的意识形态用扭曲的形式把自己的特殊利

1《马克思恩格斯选集》（第 1 卷），人民出版社 1995 年版，第 98 页。

2 何中华：《重读马克思——一种哲学观的当代诠释》，山东人民出版社 2009 年版，第 95 页。

益冒充为普遍的利益。”它总是把理性、自由、平等、博爱的观念宣布为超阶级的全人类共同价值，从而抽掉其历史规定，以掩盖这些观念的阶级归属和时代内涵。马克思揭露说资产阶级思想家所宣称的所谓“永恒的理性实际上不过是恰好那时正在发展成为资产者中的中等市民的理想化的知性而已”。关于“自由”，“在现在的资产阶级生产关系的范围内，所谓自由就是自由贸易，自由买卖”。而“在自由竞争情况下，自由的并不是个人，而是资本”。尽管“平等要求的资产阶级方面……是作为全人类要求来阐述的，但资产者的平等（消灭阶级特权）完全不同于无产者的平等（消灭阶级本身）”。再看“博爱”，“把世界范围内的剥削美其名曰普遍的友爱，这种观念只有资产阶级才想得出来”。

综上所述，我们可以认为马克思、恩格斯对于意识形态的第一种用法，即观念的上层建筑是讲的意识形态的表现形式，而第二种用法则是意识形态的实质内容。

4. 意识形态概念的演变

在后续的发展中，卢卡奇、曼海姆等人将意识形态当作一个中性的概念来使用，曼海姆将意识形态的一般理论发展成为“知识社会学”，将曾经是党派的思想武器的意识形态转变为通常的社会史和思想史的研究方法，构建了一个研究思想结构变化和历史情境变化之间关系的框架。列宁则将马克思主义及其哲学作为一种“科学的意识形态”加以确认，将意识形态理解为一个描述性的概念，比如，对统治阶级的意识形态的批判也表现为一种意识形态，即被统治阶级的意识形态，此时意识形态的否定性内涵就被替换了，新的认识论意义上的中性意识形态观开始出现，并日益获得了肯定性的内涵，开始指代所有阶级的立场和观点，指代阶级政治思想。列宁的意识形态观最终成为主导性的解释，在马克思主义之后的发展过程中，比如，卢卡奇、葛兰西也基本是沿用和发展了列宁的这一说法，肯定性的意识形态概念得以在马克思主义传统中树立了牢固的地位。

比如，在中国人民大学出版社出版的《辩证唯物主义和历史唯物主义原理》（第五版）一书中介绍意识形态的概念即为中性的或者说肯定性的意识形态概念。教材中讲意识形态属于社会意识范畴，社会意识总括了人的一切意识要素、观念形态以及全部精神现象及其过程，它是人们对社会存在的反映，但意识形态又不等于社会意识。社会意识是与人类社会一同产生的，有人类社会就有了社会意识。意识形态是在人类劳动、思维能力和社会关系发展到一定阶段时出现的，而且与私有制、阶级关系以及脑力劳动与体力劳动的分工密切相关。它属于社会意识，但又不能包含全部社会意识。有确定规范的、系统的社会意识包括两方面内容：一是意识形态；二是科学。科学是社会意识，是精神产品，科学不是由强制性约束、信仰、形象或行为规范构成的体系，而是由实验观察材料、实证性定律、定理和假说、学说、理论等知识单元组成的系统。

由此可见，这里将除科学之外的有确定规范的、系统的社会意识统统归类到“意识形态”这个概念当中，这可以算作广义的意识形态概念。即**意识形态是反映一定阶级、阶层或社会集团的经济基础以及在这一基础之上的政治、法律上层建筑的系统化、理论化的思想观念体系。它由一定的政治、经济、法律、哲学、道德、宗教和艺术等社会学说组成，是该阶级或者社会集团的政治纲领、行为准则、价值取向、社会理想的思想理论依据**。也就是说意识形态是一定阶级、阶层或社会集体乃至国家基于一定的世界观和价值观，为了本阶级和社会集体乃至国家的根本利益和要求，或者为了达到改造世界、建立政权和巩固自己政治统治的目标而提出并确立的社会理想、价值观念、政治原则和行动纲领等。[1] 只要有国家的上层建筑，有政治的、法制的这些国家制度的设计，就一定会有观念的部分与它相对应，这个观念的部分就是意识形态。

恩格斯在《路德维希·费尔巴哈和德国古典哲学的终结》中，根据各种意识形式和经济基础的远近，将意识形态大体划分为三个层次——政治思想、法律思想和经济思想。这三种意识形态是经济基础的最直接的、最集中的反映，并强制性地直接作用于一定的经济基础，维护经济基础的合法性，所以，它们在意识形态中处于统领和核心地位。相较而言，伦理、道德、艺术、教育等这些意识形式虽离经济基础较远但对人们日常生活的影响非常之大。哲

1 汪宗田：《马克思主义制度经济理论研究》，人民出版社 2014 年版，第 109 页。

学、宗教是离经济基础最远的意识形态，却又非常关键。宗教更贴近人们的日常生活，影响人们的信仰和行为。哲学虽然是十分抽象的，但它是世界观、人生观、价值观的理论体系，是整个意识形态的灵魂。

一个完整的意识形态由不同的意识形式组成，也可以分为不同的层次，但意识形态并不是各种意识形式的机械总和，各种意识形式在内容上相互补充、相互渗透，形式上相互交叉、相互为用，在发展过程中相互影响、相互制约。例如，艺术把道德、政治、宗教、哲学等作为内容，哲学和宗教曾经互为形式，政治法律思想和道德在内容上互相包含，宗教、艺术、政治法律思想等对民族道德的形成和巩固起到了重要作用，而传统道德一旦形成，对具体的政治法律思想和艺术等形式，也有很大的约束力。诸种意识形态对社会生活的作用，是通过相互联合、相互辅助来实现的。[1]

根据上面的介绍我们可以看出，马克思、恩格斯以及目前教材定义的是广义的"意识形态"概念，它包括了文化价值体系中的"理念价值"和"规范价值"以及除科学之外的"实用价值"三个层次，基本是与文化价值体系等同的一个范畴。比如，这一意识形态定义中包含的"哲学、道德、宗教"实则是可以归类到文化价值体系中的理念价值，其包含的"政治、法律"是可以归类到文化价值体系中的规范价值，而"经济"则是归类到文化价值体系中的实用价值，当然文化价值体系的实用价值中还包含了"科学"。

在本书中，我们并不采用这个广义的意识形态概念，我们采用的是相对狭义的意识形态概念，即特指政治和法律部分的意识形态。政治思想是关于政治制度、政治生活、国家、阶级或社会集团及其相互关系的观点的总和。法律思想是关于法的关系、规范和设施的观点的总和。政治思想和法律思想联系极其密切，广义的政治思想就包括了法律思想。政治和法律是经济结构最直接、最集中的体现，因此，政治思想和法律思想也是最直接、最集中地反映经济结构的意识形态。20世纪中期以来，一些政治学者将政治意识形态从意识形态概念中独立出来，将其定义为一套互相关联的、有关社会的合理秩序及其达成方式的态度和价值观系统。比如，宋惠昌在《当代意识形态研

1 李秀林等主编:《辩证唯物主义和历史唯物主义原理》，中国人民大学出版社2004年第五版，第118页。

究》一书中认为：意识形态是关于社会、政治问题的哲学范畴，是社会的思想上层建筑，是一定社会或一定社会阶级、集团基于自身根本利益对现存社会关系自觉反映而形成的理论体系。意识形态是该阶级、该社会集团政治纲领、行为准则、价值取向、社会理想的思想理论依据。

当然如前所述，在使用过程中，“政治意识形态”都会有与之配套的道德、经济甚至艺术意识形式，政治意识形态会渗透到这些领域，但是在本书中我们不将道德、经济和艺术等意识形式作为意识形态看待，而是将哲学、道德等归入“理念价值”，将经济理论等归入“实用价值”的范畴。也就是说我们将狭义的意识形态，即政治意识形态作为“规范价值”的核心，与“理念价值”和“实用价值”相对应。

第二章

由神到钱：西方文明的突进之谜

文艺复兴和启蒙运动，先让理性和信仰分道扬镳，紧接着让理性和欲望同居媾和。西方人，自此抛弃了神灵，迎娶了魔鬼，终于变成了精于算计、自私自利的“夏洛克”和“葛朗台”。

文明都必然要有克制贪欲的机制，那些不能克制欲望的文明，贪欲必然反噬自身，文明终会被欲望所毁灭。西方现代文明不仅阉割了宗教对人类欲望的克制，而且还鼓励贪欲，工具理性的独断使西方社会取得了经济发展的巨大成功，但是在理念价值和规范价值上却是缺失的。

单纯强调工具理性的西方社会，缺少了对欲望的规制，就导致欲望的化身——资本，掌控了整个社会的权力、资源和思想，导致贫富差距、两极分化越来越大，使劳动者变得一无所有。

一、突进：现代西方社会的形成

（一）文艺复兴——发现人

通常说的文艺复兴（Renaissance）是指发生在14世纪到16世纪的一场反映新兴资产阶级要求的欧洲思想文化运动。

当时的人们认为，文艺在希腊、罗马古典时代曾高度繁荣，但却在中世纪“黑暗时代”衰败湮没，直到14世纪后才获得“再生”与“复兴”，因此称之为“文艺复兴”。文艺复兴最先在意大利各城邦兴起，以后扩展到西欧各国，于16世纪达到顶峰，带来一段科学与艺术革命时期，揭开了近代欧洲历史的序幕，被认为是中古时代和近代的分界。

文艺复兴的核心思想是人文主义。在中世纪，理想的人应该是有罪的、消极的、无所作为的，需要全心全意地信仰上帝，人在世界上的意义不足称道。文艺复兴发现了人和人的伟大，提出以人为中心而不是以神为中心，肯定人的价值和尊严，他们以“人性”反对“神性”，用“人权”反对“神权”，人文主义者的他们提出“我是人，人的一切特性我是无所不有”的口号，认为人是现实生活的创造者和主人。他们不满基督教会对精神世界的控制，主张人生的目的是追求现世幸福和人间欢乐。他们倡导人要获得解放，个性应该自由，歌颂人的智慧和力量，赞美人性的完美与崇高，提倡科学文化知识，反对愚昧迷信的神学思想，反对宗教的专横统治和封建等级制度。人文主义的理念，其重点是“人”，是“人”的本能的发挥，是“人”追求真、善、美的动力。

文艺复兴运动使正处在传统的封建神学束缚中的人们慢慢解放，开始从宗教外衣之下慢慢探索人的价值，作为人这一个新的具体存在，而不是封建主及宗教主的人身依附和精神依附。文艺复兴运动充分肯定人的价值，重视人性，成为人们冲破中世纪的层层纱幕的有力号召。文艺复兴运动对当时的政治、科学、经济、哲学、神学、世界观都产生极大影响。

文艺复兴产生的背景和条件是十字军东征，正是因为十字军东征，意大利的威尼斯、热那亚成为商业城市；也正是因为十字军东征攻占君士坦丁堡，指南针才从亚洲来到了欧洲，为大航海时代的来临做好了准备。

（二）宗教改革——反教会

如果说从“黑暗时代”一直到中世纪中期，罗马天主教会致力于实现的这种与罗马帝国一脉相承的大一统政治理想代表着某种超越封建状态的“文明的东西”，那么到了中世纪晚期，这种大一统的政治格局就逐渐演变为对正在悄然崛起的民族国家的一种严重束缚。事实上，罗马教会的权力在 13 世纪就已经达到了鼎盛状态，并且日益蜕变为一种腐败专制的统治。此时教会权力所辖的范围，已经不仅是一个单一的罗马（拉丁）民族，而且也包括北部欧洲的各个日耳曼民族。在文明开化的拉丁民族与“野蛮蒙昧”的日耳曼民族之间，1000 年来已经积淀了深刻的政治、经济和文化矛盾，正是这些矛盾导致了宗教改革运动的发生。

宗教改革，是指基督教在 16 世纪至 17 世纪进行的一次改革，其间的代表人物包括马丁·路德、约翰·加尔文等，狭义上的新教改革，通常限定在 1517 年马丁·路德提出《九十五条论纲》，到 1648 年《威斯特法伦合约》的出台为止的欧洲宗教改革运动。

无论是德意志的封建诸侯，还是斯堪的纳维亚的国王，他们接受路德派信仰的根本原因不仅是宗教神学方面的，更是出于政治经济利益的考虑。令他们感兴趣的问题不在于“因信称义”还是“善功称义”，而在于如何能够有效地摆脱罗马教皇的政治控制和获得天主教会的巨大财产。国王和诸侯支持宗教改革的主要目的，就是要把基督教变成由他们控制的本土教会。在政治上处于严重分裂状态的德国，封建诸侯建立新教教会与罗马教会分庭抗礼的企图，遭到了奉行天主教信仰的神圣罗马帝国皇帝等传统势力的坚决反对，从而使德国新旧教诸侯陷入了长期的宗教战争；然而地处北欧的丹麦、瑞典等国的国王们却通过建立路德派教会摆脱了罗马天主教皇的控制，通过没收天主教会财产而加强了国家实力，通过把《圣经》翻译为本民族语言而提高了民众的文化认同。

宗教改革打破了天主教会的垄断地位，摧毁了天主教会的精神独裁，天主教的大量土地和财产被没收。英国、荷兰、瑞士、北欧诸国和部分德意志国，纷纷成立不受罗马控制的新教组织，极大地加强了王权和国家实力。宗教改革的起因固然是宗教和道德方面的，但是它却在北部欧洲各日耳曼民族中间引起了政治、经济、文化上的连锁反应，而政治上最重要的后果就是罗马天主教会大一统权力结构的破碎和现代民族国家的崛起。

欧洲的宗教改革，使得基督教从遁世主义的宗教变成了入世主义的宗教，也就是新教。入世主义的基督教将宗教教义外化为世俗伦理体系，认为人是上帝的工具，人们在现世中通过积极的"职业"活动，取得成就来证明自身，从而获得上帝的救赎，他们是按照上帝的戒律对尘世加以伦理上的理性化，与古代人和天主教徒肯定尘世相比，它更加彻底地以尘世为取向。当日常行为被理性化地升华为一种使命，就变成了证明自身恩宠状态的途径。

（三）启蒙运动——反专制

正是因为有了文艺复兴和宗教改革，西方才开始将目光从"神"转移到"人"，从"天国"转移到"人间"。但此时的人间，也真真切切是一个"黑暗的人间"。17、18 世纪的西欧仍然是封建专制制度的时期，封建国王、领主和天主教会控制着国家的社会生活和人民的思想，农村在封建领主和教会的盘剥下已是疮痍满目，宫廷贵族挥霍无度、国库空虚。天主教会与专制王权相互勾结，推行文化专制主义和蒙昧主义，疯狂残害不同信仰者和有进步思想的人们。

启蒙运动，覆盖了各个知识领域，如自然科学、哲学、伦理学、政治学、经济学、历史学、文学、教育学等，涌现出了诸多留名青史的思想家，如孟德斯鸠、伏尔泰、卢梭、康德、霍布斯、洛克等，他们的思想和著作影响深远，成为现代资本主义社会的思想和理论基础，塑造了西方现代社会的基本标准、基本格式和基本信条。

启蒙思想家认为，当时的欧洲人们仍处于黑暗之中，应该用理性之光驱散黑暗，把人们引向光明。他们开始思考现世社会应该如何构建，他们从人文主义者手里进一步从理论上证明专制制度和教会思想统治的不合理，并提出一整套哲学理论、政治纲领和社会改革方案，要求建立一个以“理性”为基础的社会。他们用政治自由对抗专制暴政，用信仰自由对抗宗教压迫，用真正信仰来摧毁天主教权威和宗教偶像，用“天赋人权”的口号来反对“君权神授”的观点，用“人人在法律面前平等”来反对贵族的等级特权，进而希望建立新的理想中的政权。

文艺复兴、宗教改革和启蒙运动，被称为近代西方的三大思想解放运动，为资产阶级革命做了思想准备，是资产阶级的意识表达，之后引发了工业革命和资产阶级革命，进而促进了西方现代社会的产生。

（四）工业革命——求利益

工业革命（The Industrial Revolution）开始于18世纪60年代，通常认为它发源于英格兰中部地区，是指资本主义工业化的早期历程，即资本主义生产完成了从工场手工业向机器大工业过渡的阶段。工业革命是以机器取代人力，以大规模工厂化生产取代个体工厂手工生产的一场生产与科技革命。

机器的发明及运用成了这个时代的标志。18世纪末19世纪初，英国人瓦特改良蒸汽机之后，由一系列技术革命引起了从手工劳动向动力机器生产转变的重大飞跃。工业革命在英国进行了半个多世纪之后，在19世纪三四十年代，才开始向整个欧洲大陆传播，首先是法国和德国，之后荷兰、比利时和瑞士也相继走上工业化道路，最后扩展到北美。

一般认为，蒸汽机、煤、铁钢是促成工业革命技术加速发展的三项主要因素。工业革命都是从轻工业开始，向其他部门发展。在瓦特改良蒸汽机之前，整个生产动力依靠人力和畜力。伴随蒸汽机的发明和改进，工厂不再依河或溪流而建，很多以前依赖人力与手工完成的工作自蒸汽机发明后被机械化生产取代。工业革命是一般政治革命所不可比拟的巨大变革，其影响涉及人类社会生活的各个方面，使人类社会发生了巨大的变革，对推动人类的现代化进程起到了不可替代的作用，把人类推向了崭新的“蒸汽时代”，同时工业革命也为资产阶级革命提供了坚实的物质基础和全面的社会动员。

“工业革命带来的财富增长是指数级的，是挑战人的想象力的。以英国为例，1760 年，英国出口的棉花制品不足 25 万镑，到了 1800 年，超过了 500 万镑，增长了 20 倍；1814 年，英国出口了 57 万吨铁，1852 年，超过了 103 万吨，超过全世界其他所有国家的铁产量总和。再以公路为例，1830 年，全世界的铁路加起来不过几十里长，到了 1840 年已经超过了 7200 千米。其中以美国最为疯狂，半个世纪修了 40 万千米，连起来可以绕地球十圈。”[1]

工业革命也改变了人们的生活方式，城市迅速崛起，成为制造业和工业中心。“19 世纪前，欧洲只有 10%的人口住在城市，已经开始工业革命的英国也只有 20%的城市人口。随着工业化进程的推进，人口从农业流向工业，从农村流向城市，工业都市迅速发展。到了 19 世纪中叶，英国的城市人口已达 52%，法国和德国也分别达到了 25%和 20%。城市化成了工业化的一个伴生物。”[2]

英国是最早开始工业革命也是最早结束工业革命的国家。19 世纪中期，英国工业革命基本完成，英国成为世界工厂，开始控制世界经济。据估计，英国当时的工业产量占全世界的 1/3 到 1/2，贸易额占世界的 1/4。为何工业革命率先发生在了英国而非欧洲大陆国家或是亚洲国家？学者提出了许多不同的观点，现将一些主要观点综合如下：

首先是因为教派纷争、王位继承等一系列的机缘巧合，英国在 1688 年发动了“光荣革命”，较早地确立了君主立宪制度，使资产阶级在英国的权益得以保障。

其次是英国通过三次英荷战争取代荷兰成为海上霸主，英国拥有世界上

1 李筠：《西方史纲：文明纵横 3000 年》，岳麓书社 2020 年版，第 357–358 页。

2 朱邦造：《欧洲文明的轨迹》，江苏人民出版社 2018 年版，第 247 页。

规模最大的战舰来进行海外殖民和保护海外贸易。1756年到1763年，7年的英法战争，英国打败法国，攫取了法国大部分殖民地，打开了与拉丁美洲贸易的大门，垄断了向西属美洲殖民地贩卖奴隶的特权。英国通过战争和殖民扩张为工商业发展提供了巨大的海外市场和丰富的原料，而且通过殖民地掠夺和奴隶贸易，实现了资本的快速积累。随着市场需求的增大和资本的积累，工厂手工生产已无法满足需求。马克思指出："当市场扩大到手工劳动不再能满足它的需求的时候，人们就感到需要机器。于是人们便想到应用18世纪时即已充分发展的机械学。"[1] 于是，一场机器生产革命必然爆发。

再次是较高的工资水平。受到14世纪的瘟疫、饥荒的影响，英国的人口在中世纪后期跌至了低谷。在直到18世纪中叶的30多年时间里，英国人口经历了长时间的缓慢增长，劳动力数量并不充裕。英国劳动力成本高决定了英国工人的工资相较欧洲大陆国家更高，在这种情况下，为大规模提高生产率满足市场需求，研发先进的生产工具势在必行。这一点艾伦·麦克法兰在《现代世界的诞生》一书中做过介绍，他采用了日本经济史学家速水融的观点，认为历史上每一个文明都走上了"勤业"道路，即都以增加劳动力投入的手段去提高农业或手工业产量，速水融称之为"勤业革命"；而英国因为人口较少，所以走上了以机器和非人力代替人力，从而增加产量的道路，也就是工业革命的道路。麦克法兰介绍说："17世纪，英格兰人对风力、水力和动物力的消耗达到了有史以来任何民族所不及的程度。"

最后，英国本土拥有丰富的煤炭资源，使用机器生产所消耗的能源成本低于欧洲大陆国家，使得采用机器生产代替手工生产的生产成本更低，有利于先进生产技术的推广。"16世纪60年代，煤炭约占英格兰能量消耗的10%，1700年，即工业革命之前很久，煤炭约占50%，1750年则占到了60%。据估计，1700年到1800年之间，英格兰煤炭产量仍为欧洲其余地区的5倍。"[2] "更明确地说，英国的煤产量从1770年的600万吨上升到1800年的1200万吨，进而上升到1861年的5700万吨。同样，英国的铁产量从1770

1《马克思恩格斯选集》（第1卷），人民出版社1995年第2版，第166页。

2［英］艾伦·麦克法兰：《现代世界的诞生》，管可秾、刘北成译，上海人民出版社2013年版，第45页。

年的 5 万吨增长到 1800 年的 13 万吨，进而增长到 1861 年的 380 万吨。铁已经足够丰富和便宜到足以用于一般的建设，因而，人类不仅进入了蒸汽时代，也跨入了钢铁时代。”[1]

（五）阶级革命——变现代

所谓资产阶级革命，是指由资产阶级领导的反对封建社会制度的革命，基本上是在资产阶级提出的纲领、口号下进行战斗的。

17、18 世纪，世界历史继承前一时期的巨大转折和变化，向着更为深广的方向发展。在欧洲和北美，封建主义的基础受到冲击，资产阶级革命的时代来临。继荷兰尼德兰革命之后，英国为了对抗复辟的斯图亚特王朝，秘密迎接信仰新教、尊奉国教的尼德兰执政、奥兰治亲王威廉和玛丽夫妇担任国王，1689 年英国国会颁布法令，宣布威廉和玛丽为国王和女王，国王和女王则接受重申国王和国会各自权利的《权利法案》，意味着以国民主权为基础的君主立宪制取代了君权神授的世袭君主制，英国的资产阶级革命取得成功，为资本主义制度的确立和发展扫清了障碍，开辟了道路，也使英国最终成为世界上最大的殖民国家。

在社会剧变的大潮中，欧洲政治思想领域出现了启蒙运动，为资本主义社会提供了一套政治构想。在英属北美殖民地，以华盛顿为首的美国的“建国之父”们建立起了世界上第一个反应启蒙思想原则的政权。不论是 1776 年托马斯·杰斐逊起草的《独立宣言》，还是 1789 年通过的美国宪法，都直接地反映出了欧洲启蒙思想的理念，强调人人生而平等，具有不可剥夺的生命权、自由权和追求幸福的权利，强调政府的权力来源于被统治者的同意，联邦政府建立在人民主权之上，政府不得侵犯个人权利，实行三权分立体系。

“当时欧洲的知识分子大多认为，美国人是在实现启蒙运动的理想，是在

1 ［美］斯塔夫里阿诺斯:《全球通史：从史前史到 21 世纪》，吴象婴等译，北京大学出版社 2006 年版。

创造一个更自由、更美好的社会。法国人把美国的这场革命看成是自己对英国的胜利，也是法国启蒙思想的胜利。然而，正如一位历史学家所指出的那样，法国人没有意识到，'这场战争所带来的债务和被美国革命激发出来的思想，很快就会回过来像幽灵一样缠住法国君主'。从某种意义上说，是美国独立战争引发了法国革命。"[1]

1789年召开的三级会议，成为法国大革命的导火索，在此次三级会议上国王要求征税，而第三等级的代表则要求进行社会和政治改革，二者针锋相对，最终导致巴黎市民起义，在7月14日攻占巴士底狱，法国大革命从此拉开帷幕。在经历了国民议会、法兰西第一共和国以及雅各宾派统治等几个阶段之后，拿破仑·波拿巴横空出世，并横扫整个欧洲封建君主国家，严重动摇了欧洲的君主专制制度，使这场与欧洲君主反法联盟之间的战争，具有了大革命对旧制度宣战的意味。除此战争之外，拿破仑还以启蒙思想为指导编制了《拿破仑法典》（也称《法国民法典》），将启蒙思想用法律的形式贯穿人民日常生活的各个角落。自此之后，欧洲各国基本实现了从"君主主权"向"人民主权"的转变，并且使得西欧政治与宗教、政权与宗教的关系彻底扭转，并从根本上消灭了封建制度，使得西欧各国从此逐步迈入了资产阶级掌权的现代社会。

二、突变：西方文明的形成和演变

前面我们介绍过，一个社会完整的文化价值体系由三部分或者三个层次构成——最高层次的理念价值、中间层次的规范价值和最低层次的实用价值。西方社会在轴心时代产生了救赎型宗教的超越突破——希伯来宗教，之后又从中演化出基督教和伊斯兰教。进入中世纪以后，基督教信仰构成了西方社会文化价值体系的内核，开始成为整个西方社会的精神底色。但正如前文所述，在西方的文化价值体系当中除了基督教信仰之外，在资产阶级革命之前漫长的1500年间，西方社会的规范价值和实用价值一直是不成形，甚至可以

1 朱邦造：《欧洲文明的轨迹》，江苏人民出版社2018年版，第210页。

说是缺失的。此时的西方没有发展出人类现实社会应该如何合理构建的思想和理论体系，所以也就没有成熟稳定的政治秩序实践，整个西欧社会类似于中国的春秋战国时代，一直处于纷乱征伐之中。同时，他们也没有发展出先进的农业种植技术，更没有像样的科学技术，社会经济一直停滞不前。相对于中华文明来说，在公元16世纪之前的欧洲，整体上是一个极其落后的文明。但是为何在这样一个极其落后的文明中，却产生了工业革命和资产阶级革命，进而推动整个世界实现了飞速的发展？

下面我们从文化价值体系的角度，来重新回顾西方历史，梳理西方文化价值体系的生成和变迁过程，为资本主义的产生和发展以及现代西方社会的形成，提供另外一种解释。

（一）希腊的幻灭

目前学术界公认西方文明的源头在古希腊，认为古希腊创造了灿烂的文明，在哲学、科学、艺术等领域涌现出了无数的名人，留下了丰富的文明成果。但是如此灿烂的文明，为何没能延续下来？又为何能消失了近千年之后，又在12世纪奇迹般地死而复生？流传的说法有两种：一种是源自十字军东征，西方从君士坦丁堡的图书馆找到了古希腊的相关文献；一种是源自西班牙，中世纪西班牙被穆斯林长期占据，穆斯林喜欢研究亚里士多德，西班牙不仅保存了大量亚里士多德的著作，还出现了很多伟大的亚里士多德的研究者。“西方人先把亚里士多德的著作从阿拉伯文翻译成拉丁文，后来认为阿拉伯文的版本不完全可靠，又去找希腊原著来翻译。这个翻译运动持续了近两百年。到了13世纪，亚里士多德几乎所有著作的拉丁文译本都有了。”[1]以亚里士多德为代表的古希腊文明被重新发现，并被广泛研究，被称为西方“十二世纪的文艺复兴”。

1 李筠：《西方史纲：文明纵横3000年》，岳麓书社2020年版，第200页。

1. 古希腊文明并未实现超越突破，没有产生终极关怀

按照第一章第三部分我们所介绍的超越突破和终极关怀的定义，在轴心文明以前的社会里，一种文化，比如，一种宗教、一种思想都是与社会组织方式紧密地结合在一起的。当社会出现危机解体的时候，人们也会将与之相伴的文化抛弃掉，重建社会之后也要再一次重建文化。只要文化和社会组织不可剥离，随着社会的腐败和解体，附着于社会组织上的文化也会随之消散，这种文化就灭绝了。这就是轴心文明以前的社会解体之后，它的文化也死掉的原因。但轴心时代，有几个民族产生了独立于社会组织的价值，也就是我们前面讲到的终极关怀。这种价值是人在轴心时代社会大解体、大动荡时期，人的心灵不得不从社会中走出来，不得不寻找一种能够独立于社会组织的、独立于社会有机体、基于个体而存在的终极价值，可以永恒存在的价值的产物。这种终极价值可以随着一代代个体生命而延续下去，并塑造该文明的社会文化形态。

如果说古希腊文明实现了超越突破，产生了终极关怀，属于轴心文明之一，那么古希腊文明就不应该会断代消失上千年，也不会被边缘文明所替代。下面我们来分析一下，古希腊文明到底有没有像希伯来宗教、印度宗教和中国儒教一样实现超越突破。

李筠在《西方史纲：文明纵横 3000 年》一书的第一章中就将古希腊文明称为“异类”，并从诸多角度将古希腊文明与其他古文明进行了对比，指出古希腊文明是如此与众不同。

> 古希腊文明在古代文明中完全是个异类，它创造了一个完全不同于其他文明的世界观，形成了一个独具特色的体系。最关键的是，古希腊文明对世界的理解和其他文明从根本上就不一样。
>
> 当其他文明都在追求用神秘的宗教认识世界的时候，古希腊文明却在追求建立一个“人居于中心”的世界。在古希腊文明中，人的地位很高，没有匍匐在神的脚下，而且人是自信的、乐观的，是

自己的主人。[1]

李筠认为古希腊文明之所以相对于其他古文明是异类，主要是因为其文明体现出浓厚的人文特质，这在2500年前的世界，可以说是一朵“奇葩”。李筠介绍古希腊文明的人文特质具有以下三个特点：

第一个特点是高度的世俗精神。

> 古希腊的思想、政治、社会生活不是由宗教主导的，宗教没有支配和渗透到社会生活的方方面面。古希腊人理解世界、解释事物的规律和行为，采用的也不是宗教的神秘解释，而是宗教之外的道理。
>
> ……
>
> 从政治上看，古希腊没有其他古老文明中常见的、拥有崇高威望和巨大权力的专职祭司群体。古希腊的政治权利的根本属性也不是神权统治。

第二个特点是高度的理性精神。

> 希腊以外的其他古老文明都以神秘主义为基调——由神主宰的世界是神秘莫测的，人没有能力，甚至没有资格去理解万事万物背后的原因；世界也没有什么规律可言，一切都取决于神的意志。苏美尔人、古埃及人、古巴比伦人、希伯来人都是通过专职祭司和神沟通，人只能服从于神和祭司，不能自己思考。古希腊人虽然也会用神灵解释世界，比如，风雨雷电、一年四季、昼夜之分、恒星和星座等现象，但他们很快就走出了一条不寻常的路，他们认为万事万物背后都有原因和规律，这些原因和规律是可以被人的理性所把握的，连诸神都不能随意改动。正是因为这种理性精神，古希腊才发展出了高度发达的哲学和科学。

---

1 李筠：《西方史纲：文明纵横3000年》，岳麓书社2020年版，第2–3页。

第三个特点是人具有崇高地位。

当人有了理性精神，能够自主地认识世界，其地位肯定大不相同。和其他古老文明的人相比，古希腊人拥有更高的尊严和价值。……古希腊的神和宗教不那么高高在上，神和人之间没有森严的壁垒，这就给人留下了广阔的空间，人可以大胆地追求自由、尊严、崇高和美。从神的世界里挣脱出来，不再是神的附属品，人才成其为人。[1]

从李筠的表述中我们可以看到，他认为作为提供终极关怀主要形式的宗教，并未对古希腊产生影响，强调“理性”才是希腊文明的主旋律。除了理性之外，李筠认为古希腊共享的核心价值是“自由”，为此他引用了希罗多德在《历史》一书中记载的希波战争中一位斯巴达人对波斯国王的话来证明：“斯巴达人是自由的，但不是在什么事情上都是自由的，我们接受法律的统治，我们对法律的敬畏比你的臣民对你的敬畏更厉害。”

如果“理性”是古希腊文明的主旋律，“自由”是古希腊文明的核心价值，那这二者能否成为古希腊人的终极关怀呢？如果按照超越突破和终极关怀的定义来看，所谓希腊型的超越突破并未实现真正突破。关于“自由”，李筠也说用“自由”来定义“我是谁”，是高度世俗化的，也是高度政治性的，这种自我定位的方式和利用血缘、文化、宗教定位有很大的差别。因为血缘、文化、宗教都是不易变动的，世俗政治却是非常容易变动的。在不同的政治环境下，斗争关系在变动，敌我关系在变化，这种方式定义出的“自我”具有高度的不稳定性。一种高度不稳定性的价值，是不可能也没有资格成为终极关怀的。关于“理性”，古希腊产生了苏格拉底、柏拉图、亚里士多德等诸多伟大的哲人，他们在此世追求真理，其发展出的人类理性精神，创建了诸多学科，但这些都属于科学知识范畴，而不是宗教信仰领域。作为现代人，我们清楚地知道理性并不能够替代信仰，我们无法理解为何追求知识就能够让古希腊人克服对死亡的恐惧，很难想象古希腊人会把学知识当作获得救赎

1 李筠：《西方史纲：文明纵横3000年》，岳麓书社2020年版，第4–6页。

和永生的途径。所以即使这些哲学思想和科学知识是真实的，它们也与信仰无关，并非终极关怀。

事实上，古希腊民众依然是信奉轴心时代之前就存在的原始宗教——神魔主义的宗教，这些宗教产生于两河流域的巴比伦文明和埃及的古埃及文明。这些宗教不仅仍是希腊人集体所依赖的信仰基础，它还是不同城邦的政治、社会秩序的合法性基础。朱邦造在《欧洲文明的轨迹》一书中对古希腊、古罗马的宗教持有同样的看法，他在书中写道：

> 古希腊、古罗马的宗教只是一些原始宗教，对信众的诉求和提出的问题，并不能给予满意的回答。古希腊人的宗教信仰受到从米诺斯到迈锡尼，从埃及到小亚细亚等地诸多地方宗教的影响。但《荷马史诗》所反映的奥林匹斯教亦被称为荷马教的宗教，逐渐在希腊城邦占据了主导地位。荷马的诗篇所表现的是一种发达的多神教体系，而其崇拜的对象主要是以宙斯为首的几位主神。在奥林匹斯教日益官方化、贵族化之后，民间也曾流传狄奥尼索斯教，即酒神教。平民通过狄奥尼索斯酒神庆典与神沟通、与神认同，获得精神上的解脱。总的说来，希腊人的文化气质是理性化的，他们并不是一个对宗教和神有着深厚信仰的民族。
>
> 在宗教方面，罗马人的信仰更多来自希腊，也是拟人化的多神，二者相通，许多拉丁神都与希腊神相应，只是名称不同。罗马靠武力征服地中海世界，建立起地跨欧亚非三洲的大帝国，却没有与之相应的世界性宗教。帝国内各民族都有自己的宗教。为维护其统治，罗马的做法是将各地区各民族的神都请进万神殿。因此，罗马的宗教更多旨在保全帝国和城邦，而非基于个人的精神追求。
>
> 亚历山大东征的后果之一，是东方文化和东方思维方式逐渐渗入西方。亚历山大及古罗马历代皇帝，大多按东方方式宣布自己为神，并建立一套宗教仪式来崇拜自己。罗马多神教的弱势导致了共和国晚期东方宗教的流行，而东方宗教的神秘性也在社会大众中引起共鸣。埃及女神伊希斯、上古印度－伊朗的密特拉斯神等都被引

入罗马帝国。密特拉斯在公元前67年传入罗马后形成了一种神秘教，还成为罗马国家官方崇拜的神灵。因此，宗教混合主义和神秘教的流行是希腊和古罗马时代宗教发展的两大主要特征。可以说，即使基督教未在帝国内传播并获胜，其他东方宗教也会替代或消灭罗马传统宗教和教派。

从朱邦造得出的“罗马的宗教更多旨在保全帝国和城邦，而非基于个人的精神追求”“即使基督教未在帝国内传播并获胜，其他东方宗教也会替代或消灭罗马传统宗教和教派”等结论，也可以证明从严格意义上说希腊并未实现超越突破，没有发展出自己的终极关怀。这一点，从罗马时代希腊人的表现也可以得到确认。

罗马时代的希腊人并不只有单一的民族认同，而是逐渐产生了三种认同：希腊认同、罗马认同、基督教认同。起初仅有希腊认同，属传统的血缘认同、民族认同。随着罗马统治的加深，罗马人建造万神殿，将所征服领土上各个部落的神都请回罗马，进行供奉。罗马人将希腊神话改编为罗马神话，将希腊神祇的名字改成拉丁名字，如将宙斯称作朱庇特，赫拉称作朱诺，阿瑞斯称作马尔斯，雅典娜称作米诺娃，阿佛洛狄忒称作维纳斯，等等。随着罗马帝国不断取得赫赫战功，希腊人承认了罗马的统治，产生了罗马的国家认同。之后，到了公元3世纪，整个罗马开始基督教化，希腊人也随之认同了基督教。

因此，真正断送了希腊民族认同的东西，并非罗马帝国政治上的统治，而是其本身就未能够实现超越突破，无法解决希腊人的终极关怀，无法为希腊人提供坚实的信仰和价值。随着基督教文明的扩张，希腊人的文化认同就被排挤掉了，希腊文化也就泯灭消失了。

正是因为希腊文明并非实现了超越突破的文明，并未形成自己民族独特的终极关怀，所以征服了希腊的罗马帝国在理念价值方面依然是相对原始的泛神宗教，面对已经实现了超越突破的基督教，这些原始宗教不堪一击，罗马皇帝的强权也无法与之对抗。所以希腊人和罗马人都接受了基督教的终极关怀，罗马帝国也不得不承认基督教，并将其立为国教，被迫开始文化的变迁，整个帝国开始基督教化，西方世界开始转变成为基督教文明。而这种文化变迁过程中所带来的矛盾和动荡，也恰恰是导致古罗马帝国灭亡的重要原因。

罗马人征服希腊人之后，希腊文明因为未能实现超越突破，所以随着希腊社会的崩溃而消失了。日耳曼人推翻罗马帝国之后，基督教文明因为实现了超越突破，所以基督教文明并没有随着罗马帝国的崩溃而消失，反而从文化上征服、改造了入侵的日耳曼人，并一直流传至今。

余国良在《轴心文明讨论评述》一文中也讲道：

> 轴心时代的希腊文明突破，无论在反思哲学或政治的层面，皆没有否弃旧有的宗教信仰与象征。旧宗教系统不仅仍是集体性所依赖的重要基础，它亦是作为不同城邦的政治、社会秩序的合法性基础。这些旧宗教象征之所以能维持，实由于希腊发展出来的超越视野及其重建政治秩序的企图，几乎与他世取向（other-worldly orientation）无关。
>
> ……
>
> 希腊轴心时代突破的上述特点使得其难以产生内在制度转化的可能性，也难于形成继发性的突破。事实上，希腊文明几乎缺乏一切轴心时代文明所具有的继发性突破。虽然，希腊文化中心的哲学思辨获得高度发展，而此后罗马帝国亦转化了城邦的原初视野及制度安排，可是这些因素都没有重构希腊轴心文明的前提，亦未能为其带来继发性突破。从某种意义来说，罗马帝国的灭亡正是古希腊轴心突破的内在缺陷所带来的结果。[1]

2. 现存的古希腊文明是伪造的，还是近代西方的托古改制？

根据现存的一些史书记载，古希腊创造了灿烂的文明，在哲学、科学、历史、艺术等领域取得了辉煌的成就，留下了丰富的文明成果。比如，在哲学方面，柏拉图被称为西方最伟大的哲学家，整个2000年西方哲学史都是柏拉图的注脚。再比如，亚里士多德，被誉为百科全书式的人物，据传他几乎

1 余国良:《轴心文明讨论评述》，载《二十一世纪》2000年第二期。

对每个学科都做出了重要贡献，他的写作涉及伦理学、形而上学、心理学、经济学、神学、政治学、修辞学、自然科学、教育学、诗歌、风俗，以及雅典法律。在百度百科“亚里士多德”的词条下，记录着他的著作有几十本之多；在数学几何方面，欧几里得著有《几何原本》，阿基米德是力学、流体力学的奠基人，发现了“阿基米德原理”，其名言是“给我一个支点，我将撬动地球”；在天文学方面，阿里斯塔克早在哥白尼之前1000多年就发现地球围绕太阳转动，提出了“太阳中心说”的理论。曾经担任亚历山大图书馆馆长的埃拉托色尼，提出了“地球是圆形的”和“太阳光为平行的”说法，还计算出地球表面圆周长为4万千米，计算误差不到100千米。[1]再比如，在历史方面，希罗多德所著的《历史》，中文译本长达70万字；修昔底德所著《伯罗奔尼撒战争史》，中文译本长达近60万字；色诺芬所著《希腊史》，中文译本33万字，且色诺芬也是著作颇丰，还有大量著作完整流传至今。

古希腊时期，相当于中国的战国时期，虽然当时我们也有百家争鸣，但是流传下来的著作相当简洁，比如，《道德经》全书只有5000多字，《论语》只有一万五六千字，《春秋》也只有18000字，而且从春秋战国时期流传至今的古书，大都是一些朴素的哲学观点和历史事件的记录。两相对比，我们很难不对古希腊典籍的真伪提出疑问。

面对古希腊如此灿烂的文化成果，朱邦造在《欧洲文明的轨迹》一书中也讲道，“有人指出，西方人的智力在希腊化时代达到的水平，要一直等到文艺复兴时，才能再次企及”。英国历史学家H.威尔斯在《你应该知道的世界史》的第25章《希腊的繁荣》一章中也讲道：“亚里士多德在思维方法上做出了卓越的贡献，把逻辑学提高到了一个很高的水平，这一学科在以后1500年间，几乎没有什么进展。”“在公元前4世纪，我们确实发现了某些‘近代思想家’，原始的、幼稚的、梦幻般的思想方法，已经被针对实际生活、经过训练的、批判的思想方法所代替。丑恶的、怪物般的象征主义，关于神和魔鬼的幻想以及以往不允许任何人深思探索的禁忌、敬畏和抑制等，均被抛弃；

1 朱邦造：《西方文明的轨迹》，江苏人民出版社2018年版，第39—40页。

自由的、正确的、系统的思维方式开始得到采纳。”[1] 李筠甚至引用了瑞士学者布克哈特在《希腊人和希腊文明》中的说法，认为“在最深层次上，古希腊和现代西方的底层结构具有高度相似性”[2]。**现代西方文明被很多人誉为人类迄今为止演化出的最先进的文明，而在公元前几百年的古希腊竟能与最先进的现代文明具有高度相似性，确实可以称之为“异类”。如此璀璨的文化和科学成果，都是在公元前 300 年之前创造的，如此有悖于人类其他民族发展历史的现象，确实值得怀疑。**

此外，古希腊的这些著作，现存的很多都是 11 世纪的手抄本。西南大学希腊研究中心主任徐松岩是国内研究希腊史的专家，翻译了《希腊史》《伯罗奔尼撒战争史》，他在其译本序中介绍说：留存至今的色诺芬《希腊史》有 17 种手抄本，大部分都为 14 世纪到 15 世纪之间，他手头最早的英译本是由 A. 阿什利等学者翻译的单卷本《色诺芬全集》，出版于 1845 年。修昔底德的《伯罗奔尼撒战争史》的手抄本（兽皮本或纸草本）有 40 余种，大多为残本及断片，藏于德、法、英、意、希腊等国的各大博物馆和图书馆，这些手抄本大部分为 11 世纪的作品。

长期以来，国内外不少学者纷纷提出所谓的古希腊文明为西方中世纪神职人员所伪造。比如，生民无疆的《包装出来的西方文明》（中国发展出版社，2012 年）、董并生的《虚构的古希腊文明：欧洲“古典历史”辨伪》（山西人民出版社，2015 年）、诸玄识的《虚构的西方文明史：古今西方“复制中国”考论》（山西人民出版社，2017 年）、黄河清主编的《欧洲文明史察疑》（中国大百科全书出版社，2021 年）、黄河清的《言不必称希腊》《光从中华来》（中国大百科全书出版社，2024 年）。这些著作引用了大量的国内外学者的研究成果，对古希腊文明的真伪提出了疑问。

本书不对古希腊文明的真伪下定论，暂且在承认古希腊文明存在的基础上进行分析，依然得出希腊文明并未实现超越突破的结论。从人类文明发展历程来看，本书也认为希腊文明有悖于早期人类文明的发展逻辑，古希腊文

1 [英]H. 威尔斯：《你应该知道的世界史》，焦向阳译，九州出版社 2005 年版，第 139 页。

2 李筠：《西方史纲：文明纵横 3000 年》，岳麓书社 2020 年版，第 3 页。

明不符合人类从蒙昧到开化的发展规律，如果不将古希腊人信仰的不同的原始宗教作为终极关怀，那可以断定古希腊人未能实现超越突破。轴心时代的超越突破只有三种方式，所产生的终极关怀也只有三种，那就是西方的希伯来宗教、印度的宗教和中国的儒家。近代西方的文化价值体系如果要追根溯源，其并非始于古希腊，而是始于希伯来宗教。

（二）基督教的诞生

犹太民族是个多灾多难的民族，被灭国、被奴役、被驱逐，一直流离失所，四处漂泊。可就是这么一个多灾多难的民族，却顽强地生存了下来，他们依靠的不是英雄，不是庙宇，不是牧师，而是《圣经》，也就是他们的一神教信仰。

犹太教的最早奠基人亚伯拉罕的故乡——美索不达米亚，古时信奉多神，以日月星辰或者神化君主为崇拜对象，其中太阳是主要神祇。传说亚伯拉罕曾与故乡的人发生争执，宣称比日月星辰更伟大的造物主才值得敬拜，之后他发展出了信仰唯一神的犹太教。犹太教另一位重要的人物就是摩西，公元前 14 世纪，摩西率领他的同胞逃出埃及的奴役，在西奈山接受上帝启示，与上帝立约，即摩西十诫。契约一经确认，以色列人作为上帝选民的特殊地位亦随之确定。从此，以色列人自觉为上帝的特选子民，和上帝保持一种特别的关系，这种选民意识连同上帝启示的法律就成了维系犹太民族的独特的强有力的纽带。如果说亚伯拉罕的一神敬拜为犹太教奠定了基础，那么 500 年后摩西在西奈山领受上帝赐予的法律，并确认以色列人和上帝之间的牢不可破的契约关系，则标志着犹太教的正式形成。自此，犹太教成为一个系统的信仰体系和价值体系，成为这个民族的精神支柱和行为指南，犹太教和犹太人成为不可分割的两方面。犹太人创立了犹太教，同时，犹太教又塑造了犹太人的个性和民族性，造就了作为犹太教实践主体的犹太人。但犹太人一般不向外族传教，所以也制约了犹太教的传播。

根据现有的《福音书》记载，耶稣是巴勒斯坦一个犹太木匠的儿子，天生聪明，他在公元 1 世纪提出了人与人之间应当平等的思想，并传教收徒。

这触怒了维护等级制度的犹太教长老，犹太教长老到罗马当局诬告耶稣意图谋反，罗马总督彼拉多判处耶稣死刑，把他钉死在十字架上。耶稣死后，他的弟子继续传播他的教义，这些人被称作“信徒”。这些信徒当中贡献最大的名叫保罗，他把基督教从巴勒斯坦传播到了整个罗马帝国。

> 耶稣的死亡直接导致了对他的复活的信仰，对他的复活的信仰直接导致了基督教会的产生，教会的存在与发展直接导致了基督教神学教义的产生。所以说，基督教教义不是耶稣自己在世时建立的，而是其门徒和继承了门徒事业的教会一步步在历史进程中建立起来的。不难看清：所谓的基督教神学教义就是基督教会在一个相当长的历史进程中逐步形成的对耶稣的正式立场，即基督教视野中的耶稣观。因为耶稣本人没有明讲自己就是上帝，甚至其贴身门徒也没有在其本人还活在世上时得出他就是“上帝的化身”这个基督教教会后来确定的神学结论。[1]

耶稣和保罗到底对犹太教做了什么样的改革？李筠在《西方史纲：文明纵横3000年》一书中概括为六个重要方面：权威经典、上帝形象、选民范围、世界结局、教会结构和核心追求。

> 权威经典。犹太教的权威经典是《圣经·旧约》，而基督教的权威经典当然是《圣经·新约》。
>
> 上帝形象。犹太教的上帝形象非常严厉，近乎严酷。人类只要表现不好，上帝就使其全部灭绝，诺亚方舟的故事就是典型例子。而基督教的上帝形象是慈父，上帝爱所有人。
>
> 选民范围。这里的选民可不是有权投票的公民，而是被上帝选中，最终会得救的人。犹太教的选民自然是犹太民族，而基督教的选民是所有信徒，无论什么血统，只要信上帝、信耶稣，就是选民。

1 蝴颜乱羽:《罪人、神子、先知——犹太教、基督教与伊斯兰教三重视野中的“耶稣”形象》，新浪博客。

世界结局。犹太教规定的世界结局是上帝指引犹太人最终去到迦南这个“流着奶与蜜”的目的地。而基督教把这一条改成此岸的世界将会消失，此岸任何地方都不是人的目的地。世界的最终结局是末日审判，好人上天堂，坏人下地狱。

教会结构。犹太教的教会是被祭司阶层垄断的，耶稣正是因为痛恨这种垄断而腐化的权力才发动了宗教改革。因此，基督教的教会是信徒团结起来的团契，充满了平等精神。

核心追求。犹太教教导信徒爱上帝、爱自己的民族，这是一种群爱，识别民族边界的标记是律法。而基督教扩大了爱的范围，不仅倡导信徒爱上帝、爱自己的民族，还要爱所有人，甚至包括敌人。这是一种博爱，法律不再是最重要的边界。[1]

但是一方面由于犹太教本身就是超越型宗教，相比于其他原始宗教对于民众有着更强的说服力，另一方面由于耶稣和保罗对犹太教的修改，使得基督教跳出了犹太教只是犹太人宗教的狭隘，完成了基督教的普世化，使基督教更易被传播和接受。正是因为这些教义继承了犹太教实现的超越突破，同时又完成了其普世化过程，所以迅速在罗马传播，吸引了无数信徒，显示出了其对原始宗教的碾压性优势。当时的基督教宣称只有上帝才是真正的神，其他的神都是假的，这明显与罗马当局的宗教政策背道而驰，所以基督教受到了官方和民间的各种打压，很多基督教徒死于当局的迫害以及宗教冲突之中。但屠刀也敌不过信念，最终基督教赢得了胜利，君士坦丁皇帝皈依了基督教，并接受了洗礼。

无论从立教的过程还是从基本的心理机制来看，基督教都是一种非常典型的“弱者的宗教”。而罗马靠军国主义打天下，属于典型的强者。处于百年内战的罗马帝国辉煌不再，人民生活困苦，世道越是不好，基督教这种弱者的宗教就越有市场。客观上，帝国内

1 李筠：《西方史纲：文明纵横 3000 年》，岳麓书社 2020 年版，第 155–156 页。

战为基督教的传播创造了最好的社会条件。

君士坦丁具体是如何利用宗教治理帝国的呢？意识形态上，他放弃了把皇帝的神性和传统宗教紧密相连的做法，而选择和基督教的上帝紧密相连。他放弃了罗马传统强者宗教的底色，目的是大面积收割弱者的信任和服从，提高帝国的软实力。所以他积极推进帝国的基督教化，将基督教立为国教，成为帝国统治的工具。[1]

如果从公元前27年屋大维成为罗马的第一位皇帝算起，西方社会一直在罗马帝国的统治之下，4世纪下半叶罗马皇帝迁都君士坦丁堡。他死后，两个儿子瓜分了罗马帝国，以罗马为统治中心的称为西罗马帝国，以君士坦丁堡为统治中心的称为东罗马帝国。在东罗马帝国，一方面帝国延续了基督教信仰，实现了第一重超越突破，使国民有了统一的信仰、统一的理念价值；另一方面继续保持了希腊和罗马传统的社会政治秩序，实现了第二重的超越突破，即建立起了稳定的规范价值。这使得东罗马帝国在公元4世纪就成为一个建立起完善的文化价值体系的社会，所以东罗马帝国一直稳定延续了1000多年，直到公元1453年，才被奥斯曼帝国打败。

相反，西罗马帝国在475年，被北方野蛮的日耳曼人入侵，导致帝国灭亡，社会秩序崩溃，西欧社会就陷入了宗教与王侯纷争不断的黑暗的中世纪，动荡、分裂长达千年。也正是由于西欧失去了强权统治，所以基督教反而得以独立、茁壮成长，这个时期的西欧虽然有了基督教的终极关怀（理念价值），但却丧失了希腊时期和罗马时期构建社会秩序的规范价值，由此西欧社会变成了一个理念价值发达，但是规范价值尽失的畸形社会。所以邦国林立，部落冲突，强盗横行，民不聊生……

（三）教皇的革命

中世纪的欧洲，政权和教权分立，从法理上来说，这种双重权力（指基

1 李筠：《西方史纲：文明纵横3000年》，岳麓书社2020年版，第162-163页。

督教国家中的政权与教权）必定永远会存在冲突。基督教国家的人民永远搞不清楚，到底应该服从他们的君主还是神父，这样的国家永远不可能建立起一个好的政体。[1]全欧洲的皇帝、国王、封建领主都在任命主教，也有权力召开教会会议，颁布教会法律。教皇将合法性赋予皇帝，皇帝却也在指定和罢黜教皇。教会当局对文官当局的惩罚，欧洲国王都享有否决权。

公元11世纪，西方社会发生了教皇革命，天主教开始寻求独立于政治权力。所谓教皇革命主要是指以下两件事：一是1059年举行教会会议，第一次禁止由世俗当局任命主教，宣布由罗马红衣主教选举教皇。在此前几百年间任职的25位教皇中，有21位由皇帝直接指派，有5位被皇帝废黜；二是教皇格里高利七世找到了《查士丁尼法典》，依据这部罗马法律汇编，教会找到了教皇不受世俗权力的约束以及支持教会享有普遍司法权的依据。从此，教会与世俗权力开始了关于教皇叙任权的斗争，并最终于1122年，由教皇卡利克斯特二世（Papst Calixt Ⅱ）的使节与神圣罗马帝国皇帝亨利五世（Heinrich Ⅴ）签订了《沃尔姆斯宗教协定》（*Wormser Konkordat*），皇帝放弃叙任权，而教会承认皇帝在一系列世俗事务上的权力，属灵权力和世俗权力得以分开。教会以此为契机，又分析、校对、调和了数世纪以来的几千条正典，将之综合成统一的法规《教会法规汇编》，并于1140年出版。在《教会法规汇编》中建立了神圣法、自然法、制定法、惯例法的法律等级制度，又设计了理性程序，以解决相互之间的矛盾。

> 叙任权斗争对欧洲后续发展非常重要。它允许天主教会进化成现代的、等级制的、官僚化的、依法而治的机构，如法律历史学家哈罗德·伯尔曼所认为的，还为后来建国者树立了榜样。根据亨廷顿，机构发展的标准之一就是自治，如果不能控制对自己官员的任命，机构就不可能是自治的。这也是叙任权斗争的中心争执。沃尔姆斯宗教协定之后，教皇变成教会等级制度中无可争辩的执行总裁，在红衣主教学院的建议下，可随意任免主教。
>
> ……

1［法］让·雅克·卢梭：《社会契约论》，李阳译，作家出版社2016年版，第189页。

叙任权斗争的第二个重要成果是精神领域和尘世领域的明确分离，从而为现代世俗国家的建立铺平道路。沃尔姆斯宗教协定，在西方教会的历史上永远终止了政教合一时代。这种方式，从没出现于东正教或伊斯兰世界。

……

经过漫长的政治和军事博弈，教会划出明确界定的精神领域，让自己实施无可争辩的控制，同时又承认，世俗统治者有权在另外范围行使统治权。这一分工，为后来世俗国家的兴起打下基础。

最后，叙任权斗争对欧洲法律和法治的发展产生了巨大影响。第一，教会阐述的教会法规取得了合法化；第二，教会创造了建制化的精神权威的单独领域。

天主教会通过统一教会法规的概念而取得国家属性，又通过发展行政官僚机构，而变得更像一个国家。法律学者认为，韦伯所定义的现代官僚的"职位"（office）其第一个模型是在12世纪教会等级制度中产生的。现代职位的特征之一是职位和官员的分离，职位不是私人财产，执掌职位的知识领薪官员，身受所处等级制度的纪律约束；职位依功能而分，执掌职位要有技术专长。如我们所知，所有这些都是秦朝依赖中国官僚制的特征，尽管有不少"职位"在后续朝代中重新家族化了。教会的叙任权从世俗政权的手中获得解放，教士独身制又得到强行的实施，自此以后，教会的官僚特征日益明显。这些官僚开始任职于教皇秘书处，很快又变成世俗统治者秘书处的榜样。[1]

教皇革命将古希腊罗马法律和理性精神纳入基督教文化当中，从此使得罗马法律传统和基督教传统紧密结合，使得基督教文化拥有了部分规范价值，产生了仅仅凭借二者自身不可能单独形成的东西，这就是法律作为形式规则高于世俗政治的西方法律传统，教会中出现的宪法雏形为世俗统治中的宪法雏形树立了范例。"司法的系统化首先在教会中发生。如果没有11世纪末从

1［美］弗朗西斯·福山：《政治秩序的起源：从前人类时代到法国大革命》，毛俊杰译，广西师范大学出版社2014年版，第241、242、244页。

神学中发展出来的‘法学’，那么世俗世界的司法系统化根本就不可能发生。而如果没有司法的系统化，就不会有现代国家。”[1]

之所以司法的系统化会发生在教会当中，这也是文化价值体系当中理念价值完善自身的要求所导致的：一个文明有了成熟理念价值之后必然要求有与其对应的规范价值之诉求，即一个文明对秩序的诉求、对组织的诉求。基督教文明中的理念价值与古希腊罗马的规范价值合体之后，西方的文化价值体系才算拼凑组合了起来，但却不是以国家的形式，而是以教会的形式。汤因比指出大一统教会是西方现代社会的蛹体，为西方现代国家的建立孕育了雏形，为西方现代化的展开做好了准备。

（四）东学的西被

1. 西欧的转折

基督教统治之下的中世纪，思想禁锢、文化专制，修道院代替了图书馆的位置，藏书规模很小且大部分是教会经文，古希腊先哲的书籍被视为禁书，平常人无法获得。修道院对于图书的出借非常严格，因为图书的增加只能靠抄写，故书价昂贵。图书经常被用铁链锁在书架或者书桌上。英国历史学家孟席斯在《1421：中国发现世界》中写道，当中国明朝编纂包罗万象、长达4000多卷，5000多万字的大百科全书《永乐大典》时，文艺复兴前夜的欧洲对印刷术还一无所知。即使是亨利五世的图书馆也只有6本手抄本，其中3本还是从修女院借来的。欧洲最富有的商人达提尼拥有12本书，其中8本都是宗教著作。[2]

西欧的兴盛，来自君士坦丁堡的沦陷。

1095年教皇召开大会号召基督徒东征，拯救被土耳其人威胁的东罗马帝国。之后的200年中，欧洲陆续进行了几次东征。后来欧洲人发现，他们拯

1［德］海因里希·奥古斯特·温克勒：《西方的困局：欧洲与美国的当下危机》，童欣译，中信出版社2019年版，第3页。

2［英］加文·孟席斯：《1421：中国发现世界》，鲍家庆译，（台北）远流出版社2003年版。

救的东罗马帝国已经完全东方化了，连思维方式都东方化了，可以认为是欧洲的敌人。在第四次十字军东征中，威尼斯人获得了领导权，在他们的怂恿下十字军于1204年攻克了君士坦丁堡，并将君士坦丁堡图书馆洗劫一空。意大利商人跟随十字军从亚洲带回了许多蔬菜种子和果树，学会了工艺品的制作方法，甚至带回了指南针，有了它，才有了200年后哥伦布开启大航海时代。丹尼尔·A.雷恩指出："十字军刺激了商业的发展，因为它开辟了新的贸易通道，并使眼光狭隘的封建主义接触到东方的财富。十字军削弱了基督教的信念。他们出发远征时抱着战无不胜的宗教信念，而在归来时却认识到中东的文化无论在方式、道德、贸易、工业和作战方面都比他们优越。"[1]

1453年，土耳其人又一次攻占了君士坦丁堡，东罗马帝国（拜占庭帝国）正式灭亡。在此之前，诸多王公贵族、教士逃到了威尼斯、热那亚等意大利城市。拜占庭帝国地处中东上千年，吸收了太多阿拉伯民族和中华民族的科学技术和文化思想。在君士坦丁堡被十字军和奥斯曼土耳其人先后两次攻破的过程中，不仅让君士坦丁堡图书馆内的古希腊藏书（手抄稿）又回到欧洲，还将阿拉伯和中国的科技和文化带回了西欧，于是几何学、哲学、医学、美学、农业开始在意大利发展起来。

在拜占庭帝国的废墟上，诞生了西欧的新世界。

培根、黑格尔等人均承认是印刷术、指南针、火药、造纸术的传入，打破了西方社会发展的技术瓶颈。西方在15世纪吸收了阿拉伯和中国的科技之后，西方的自然科学、农耕技术等实用价值才得以快速提升。欧洲在14世纪才开始用上纸，才开始出现了不计其数的《圣经》，打破了教会对神学的垄断。信徒可以通过《圣经》直接与上帝沟通，可以说是印刷术为欧洲的宗教改革提供了条件。"现在西方各国的文字主要是从宗教改革时代形成的，以前只有口语，文字只有拉丁文。正是因为新教要让每个人都能自己读《圣经》，才推动西方各国形成了与口语一致的文字。"[2]有了印刷术，西方普通人才开始读书、写书，才开始接触文明，逐渐开化，欧洲才开始有了真正的文学史。

1 [美]丹尼尔·A.雷恩:《管理思想的演变》，孙耀君等译，中国社会科学出版社1986年版，第25—26页。

2 李筠:《西方史纲：文明纵横3000年》，岳麓书社2020年版，第250页。

2. 文化的启蒙

大航海时代，葡萄牙、西班牙进行海外探险的过程中都伴随着基督教的传播。教会组建了准军事性质的专业传教团体，如 1534 年在巴黎成立的耶稣会。1553 年，明朝嘉靖后期，耶稣会传教士首次来到中国。1582 年，意大利耶稣会传教士罗明坚及利玛窦抵达肇庆，为近代天主教入华揭开序幕，也开始接触中国的伟大文明。在传教过程中，传教士内部发生分歧，一派认为中国信徒应该放弃固有传统信仰，只信基督教，另一派默许中国信徒在信仰基督教的同时可以继续保持其传统信仰。两派争论不休，这就是著名的“中西礼仪之争”。为此，传教士翻译中国的经书和儒家典籍传回罗马教会，以求教会在知晓后做出裁决。所以这个时期，大量的中国文献传入欧洲。基督教本是为了“以西化中”，可实践中“有心栽花花不开，无意插柳柳成荫”，无意中，却直接推动了启蒙运动在欧洲兴起。

1585 年，奥斯丁会士门多萨在罗马出版西班牙文《中华大帝国史》，全面记载描述了中国的经济、政治、法律、道德、哲学、宗教、发明以及社会生活。5 年后，此书被译成意大利文、法文、英文、拉丁文和德文在欧洲流传。赫德逊在《欧洲与中国》中说：“门多萨的著作触及了古老中国生活的本质，它的出版标志着一个时代的开始，从此，关于中国及其制度的知识的一部适用的纲要就可以为欧洲的学术界所利用了。”[1]

1593 年，耶稣会传教士罗明坚在欧洲出版了《大学》的片段翻译。同年，利玛窦将“四书”翻译成拉丁文寄回意大利。1667 年，安踏纳西·基尔特的《中国》拉丁文版在阿姆斯特丹出版，之后被翻译成德文、法文出版，成为欧洲了解中国的钥匙。1672 年，传教士殷铎泽翻译的法文、拉丁文《中庸》与《孔子传》在巴黎出版。1687 年，巴黎出版了由比利时柏应理（1623—1692）等 4 位传教士奉法国国王路易十四之命合编而成的拉丁文译本《中国哲学家孔子》。此书共 412 页，导言部分就论述了四书五经的历史、要义、宋明理学等，以及历朝历代的重要注疏。该书把中国描写为世界最先进的理想

1［英］赫德逊：《欧洲与中国》，王尊仲等译，中华书局 1995 年版，第 219 页。

国家，并宣称，中国人的道德“是出于自然理性的最纯粹的源流”[1]。此书的出版使儒家学说在欧洲广为传播，如日中天。1681年柏应理将400多册中文典籍带到欧洲，藏入梵蒂冈图书馆。1694年，白晋回到法国，赠送了300卷中国图书给路易十四。半个世纪后，马若瑟将收集到的中国书籍几千卷寄给巴黎国家图书馆。[2]

康德在《答复这个问题：什么是启蒙运动？》中说：“启蒙运动就是人类脱离自己所加之于自己的不成熟状态。不成熟状态就是不经别人的引导，就对运用自己的理智无能为力。”[3]正是中华文明成熟的思想理论的引导，西方才得以启蒙。

（五）信仰的坍塌

14世纪的欧洲，鼠疫（黑死病）流行：1347年传到了意大利、西班牙、法国和英格兰。1349年传到了奥地利、匈牙利、瑞士、德意志各诸侯国和低地国家。1350年传至波罗的海沿岸国家和北欧。此后，又于1361—1363年、1369—1371年、1374—1375年、1380—1390年多次复发。在整个14世纪里，黑死病在欧洲各地造成了巨大的灾难。据估计，在14世纪的100年中，黑死病在欧洲共夺去了2400多万欧洲人的生命，约占当时全欧洲人口的1/4。

黑死病大量流行，造成无差别的死亡，动摇了教会的绝对权威。大量的神父染病死亡，动摇了“瘟疫是上帝对罪人惩罚”这一基本信念，使教会对普罗大众的精神控制严重削减。更为重要的是，人们清楚地洞悉了号称万能、救世的宗教与教会，在灾难面前竟然同样毫无作为，上帝不能保护人们的安全。人们开始质疑教会的权威，开始对宗教重新思考和追问，教会权威下降，禁欲主义也开始松动，人们不再那么迫切地追求天堂幸福，更加注重

1［德］利奇温：《18世纪中国与欧洲文化的接触》，朱勤杰译，商务印书馆1962年版，第79页。

2 沈福伟：《中西文化交流史》，上海人民出版社1985年版，第443页。

3［德］康德：《历史理性批判文集》，何兆武译，商务印书馆1996年版。

现实世界的享乐，这促进了文艺复兴的产生和发展，同时也促进了宗教改革的发生。

西方社会之前的终极关怀是救赎宗教，人们完全依靠信仰上帝获得拯救。文艺复兴时期发现了人，宗教改革又去除了教会的思想束缚和偶像崇拜，所以一方面西方社会在轴心时代依靠救赎宗教建立起来的终极关怀崩塌了，另一方面罗马教会构建起来的大一统的宗教社会也分崩离析，英格兰、苏格兰、瑞典、挪威、德国北部和波希米亚相继脱离罗马教会，开始自建政教合一的封建王国。

失去了对神的信仰，放弃了对天国的幻想，西方才开始将目光从“神”转移到了“人”，从“天国”转移到了“人间”。但此时的人间，也真真切切是一个“黑暗的人间”。英国在 1066 年（英国正史的开端）分封了 178 个领主，德国有 1789 个政治实体，各领主在自己的领地有着至高的权力。17、18 世纪的西欧仍然是封建专制制度的时期，封建国王、领主和天主教会控制着国家的社会生活和人民的思想，宫廷贵族挥霍无度、国库空虚。国王管不住大贵族的暴行，大贵族根据自己的盘算几乎不停地相互开战，甚至不时向国王开战；广大农村在封建领主和教会的盘剥下已是疮痍满目，呈现出一副强取豪夺的无序景象。天主教会与专制王权相互勾结，推行文化专制主义和蒙昧主义，疯狂残害不同信仰者和有进步思想的人。这绝不是人们想要的理想社会，那一时期的思想家不得不开始思考如何构建一个尘世中美好安稳的社会。

“君权神授”是古代政治的基本逻辑，文艺复兴、启蒙运动让人们发现了“人”，远离了“神”，这带来了信仰坍塌和思想混乱。如果没有了“上帝”，没有了“神”，“君权神授”自然不成立，那么人还需要一个君主吗？人能否自己管理自己，自己统治自己？所以西方社会第一重的超越突破即对上帝的信仰（理念价值）坍塌之后，与其匹配的“君权神授”政治逻辑即规范价值也必然要发生改变。

思考如何构建一个理想中的人类社会，即实现第二重超越突破，是必须建立在第一重超越突破的基础之上的，也就是说规范价值必须建立在理念价值的确立之上，规范价值必须依据理念价值才可以找到自己的方向。社会是由人构成的，所以人类社会秩序如何构建，必须基于对人、对人性的判断了解之上。当时的西欧要想思考、确立规范价值，必须重新思考找到西方的理念价值，也就是重新思考人性问题。

这就需要重新回到对人的认知，去补第一重突破中所缺的课，重新认识人到底是什么？人之所以为人，人何以为人？所以当时的思想家不再从《圣经》和上帝出发，而是从人性出发，以历史事实和个人经验为依据来研究社会政治问题，来为构建理想的人间社会开出药方。托马斯·霍布斯所著的《利维坦》在探讨国家性质之前，用前面的10章论述了人性；斯宾诺莎在他的《政治学》《伦理学》和《新科学》中都展现出了他对于真实人性的关心。

（六）人性的迷思

基督教时代的初期，圣·奥古斯丁就谴责贪欲、权欲、性欲是使人堕落的三大罪恶，后来演变发展成为基督教的七宗罪，罪行按严重程度，由重到轻依次为傲慢、嫉妒、暴怒、懒惰、贪婪、暴食和色欲。这些人类的原始欲望在基督教时期由神、信仰和教会的律令压制着，但是文艺复兴和宗教改革之后，人类的欲望被释放出神所铸就的牢笼。当时的思想家也知道人类的欲望犹如洪水猛兽，具有极大的不确定性和巨大的破坏性，所以想要重新设计制度，来防止社会受到“猛兽”的伤害，可是一方面这些思想家不希望让刚刚解放的人、人性被重新被囚禁，另一方面他们又在寻求道德教化和宗教戒律之外的方法，以试图克服欲望带给人们、带给社会的灾难，这确实是个难题。这使得西方又一次踏上了对人性的反思之旅，以用来补充或者说重塑在轴心时代不彻底、不完善的一重超越突破。

当时的人们提出了可以取代宗教戒律、用以克制人类欲望的三种想法：第一种想法是靠国家暴力机器来强制压制。这种方法只不过是用国家替代了教会，被否定。第二种想法是驯化欲望，让欲望转化成美德，但却并没有说明何种路径能够让欲望转化成美德。第三种想法是区分欲望，利用一些相对无害的欲望去反制另一些更危险、更具破坏性的欲望，即欲望互相制衡的思想。最后，欲望制衡的思想被那一时期的思想家所普遍接受，这一思想后来也成为权力制衡思想的来源。

“欲望”毕竟带有贬义色彩，所以哲人开始用“利益”这个词来代指那些相对无害的欲望，用利益去对抗有害的欲望，久而久之，“利益”成为“欲望”的反义词，成为正面和体面的代名词，获得了崇高的地位。当受利益引导时会出现有益结果，当受欲望引导时会导致灾难的后果。而利益一开始是指让人们以有序理性的方式，追求自己的一切“欲望”，这里既包括物质欲望也包括权力欲望，它只是主张给人类行为注入精明的和有效率的计算。奥古斯丁虽然认为贪欲、权欲和性欲是致人堕落的三种罪恶，但却对与美名和荣誉结合在一起的“权欲”保持了一份宽宥。他对追求荣誉的有限认可，被骑士和贵族理想代言人加以拓展，他们使争取荣誉和名望成了人类美德和崇高的试金石。所以在文艺复兴时期，对荣誉的追求取得了主导意识形态的地位。直到 17 世纪，西欧一些国家尤其是法国的作家联手“毁灭了英雄”，他们是霍布斯、拉罗什富科、帕斯卡和塞万提斯。因为这些人不希望看到封建贵族为了荣誉、为了权欲而去继续不断对内扩权，对外征伐，所以他们不再赞美权欲，甚至开始污名化英雄的权欲，这直接导致“利益”一词之后就只和财产或财富的利益挂钩，而不再与“权欲”挂钩。

当然，“利益”概念不再与权欲挂钩也和当时社会现状相关，权力过于集中且看起来相对稳固，是贵族的特权，对普通人来说可见而不可得，其他欲望可得但不好衡量，只有经济利益易得，且容易衡量，得到经济利益之后可以再去交换其他利益，所以“经济利益”便取代了其他的一般利益，成为普通人全部愿望的唯一内容，进而“追求利益，控制欲望”就成为维护社会稳定、提供人间秩序的手段。

西方社会自柏拉图以来，一直主宰着人类行为动机分析的两个范畴是“欲望”和“理性”，现在将“利益”加入其中，它既提升了为己的欲望，又为理性所容纳，理性为追求利益提供了方法，欲望为追求利益提供了力量。由此产生的人类行为的混合形式，被认为既摆脱了欲望的破坏，也克服了理性的无能，所以利益学说在当时作为一种真正的救世福音而被社会所接受。把利益视为主导着人类行为的动机，这终于为有活力的社会秩序找到了一个现实主义基础（而不再依靠宗教神学）。因为它克服了欲望带来的不稳定性，反而带来了确定性和持久性，赚钱和商业变成了普遍和平和的欲望，这是资本主义产生的人性和社会根源。

至此，西方社会完成了对人性的讨论。

我们可以做一个总结：那一时期的哲人普遍认同人的欲望是原罪，是有害的，必须加以克制，但不再希望用基督教的戒律，而要寻找世俗的方式。通过对人性各个角度进行深入的剖析，最终得出只能用相对无害的欲望克制相对有害欲望的结论。哲人将理性计算过的贪欲称为对利益的追求，认为对利益的追求可以用来制衡有着巨大不确定性和破坏性的欲望。

上述所有哲人的所有讨论的先验前提，都是将人视为欲望的化身，将人视为充满着各种欲望的动物。人与动物的唯一区别是人多了一份理性，但是理性却长期被认为是软弱无能的，根本无法克制欲望。在西方人的观念中人性之中只有欲望，只有恶，而没有善。所以他们无法像中国人一样用人性中的善去对抗人性中的恶，而只能用人性之恶来对抗人性之恶。这一点，可能我们中国人很难理解，为什么西方人认为人性中只有恶而没有善？这还要从基督教讲起，基督教对整个西方社会的影响也是深入血液与骨髓的。

《圣经》里讲上帝创造了亚当、夏娃，让他们生活在伊甸园，但是不准他们吃能够分辨善恶的智慧果。不料作为邪魔化身的蛇引诱夏娃、亚当吃了禁果，他们开始能分辨善恶，知道羞耻，当看到自己赤身裸体，他们就用无花果的树叶为自己编织裙子，以维护他们做人的尊严。上帝发现之后大为震怒，将亚当、夏娃逐出伊甸园，并命他们及其后代永失圣宠，终身劳苦。所以亚当和夏娃的后代——人，一生下来，在上帝面前就是一个罪人；这罪与生俱来，所以叫“原罪”。具体来说有以下“七宗罪”：色欲（lust）、暴食（gluttony）、贪婪（greed）、懒惰（sloth）、暴怒（wrath）、嫉妒（envy）和傲慢（pride）。在基督教看来，这些罪过是与生俱来的，存在于每个人内心的隐秘之处，随时可能爆发。同时基督教认为与“七宗罪”对应，人也可以拥有 7 种值得赞扬的美德，它们分别是忠诚（faith）、希望（hope）、慷慨（charity）、正义（justice）、坚韧（fortitude）、节制（temperance）和节俭（prudence）。基督教一方面鼓励人们信仰上帝，发展美德，从人的内部来遏制人性之罪恶；另一方面还设置了种种宗教戒律来惩罚人类的恶行，从外部来遏制人性之恶，以让人保持对上帝与美德的敬畏之心。

既然西方认为人也有七美德，为何还说西方社会是性恶论呢？因为基督教认为“美德不是个人行为的果效，而是圣灵在人心里作工而结出来的果子”，也就是说美德、道德、善，并非人与生俱来的，是在后天虔诚地信仰上帝才会得到的东西。西方的道德、美德是依附于上帝而非单独存在的，所以西方人认为不再信仰上帝之后，人就没有了道德和美德，也就不可能有善。

文艺复兴启蒙运动反对“神”提倡“人”，倡导还原、直面“真实的人”，“真实的人”当然就是一个充满欲望和罪恶的人。人要跟神摆脱干系，那当然就要摆脱宗教戒律，也要摆脱宗教的道德说教。没有了对上帝的信仰，也就没有了道德，没有了戒律，西方社会就只能靠人的欲望来遏制欲望，只能以恶治恶，以暴制暴。

这一点与东方文明完全不同，可以说是正好相反。

> 中国的儒学也是一种德性之学，孟子认为人人生而天赋固有的良心善性乃人之美好德性——仁、义、礼、智的内在根源，正所谓“仁义礼智根于心”（《孟子·尽心上》），“仁义礼智，非由外铄我也，我固有之也”（《孟子·告子上》）。正因为如此，故“我之成德，乃得于己之内，得于我之所固有，而非向外求之而得者”，此德可经由反思而有内在之自觉自得，不断加以存养、扩充，人人皆可在充实的生命中发出德性的光辉，乃至成圣成贤、成为君子和大人。[1]
>
> 德是什么？中国古书训诂都说：“德，得也。”得之谓德，得些什么呢？后汉朱穆说：“得其天性谓之德。”郭象也说：“德者，得其性者也。”（引黄侃《论语义疏》）所以中国人常说德性，因为德，正指是得其性。唐韩愈《原道篇》里说：“足乎己，无待于外之谓德。”只有人的天性，自己具足，不待再求之于外，而且也无可求

1 林存光：《道义、权力与政治》，学习出版社 2017 年版，第 81 页。

之于外的。[1]

西方社会在此阶段，他们依然有面对死亡的恐惧，依然幻想死后可以得到救赎进入天堂，所以并未彻底抛弃基督教信仰，但却不愿放弃尘世的欲望，所以他们改革了宗教，将出世型的宗教改为了入世型的宗教，使得鱼和熊掌都可兼得。但中世纪的宗教灌输也让他们深信欲望可以让人堕落，让世界毁灭。虽然绞尽脑汁，但最后只能采取用欲望来制衡欲望的办法，这显然是低级的、自欺欺人的权宜之计，再怎么美化"利益"，它本质上也是贪欲，贪欲依然是个无底洞，且贪欲被满足之后，其他的欲望就会被点燃、被唤醒，依然会喷涌而出。

由此可见，西方文明即使在文艺复兴、启蒙运动这一阶段依然未能完成对人性的超越突破，"祛魅"并未成功，反而造成了理念价值（基督教信仰）的堕落和坍塌，一个文明的理念价值本应追求崇高与美好，但此时的西方文明却导向了追求利益和欲望。

时至今日，西方社会依然未能摆脱轴心时代第一重超越突破的影响，虽在东方的思想的影响之下，发动了文艺复兴和启蒙运动，开始重新思考。但这种思考打破了旧的终极关怀，却并未创造出新的终极关怀。

那个说"上帝死了"的人，最后自己都疯了……

（七）社会的重建

1. 基于对人性的理解

当然我们也不要忘了，思想家探究人性是为了创建一个理想的社会。在将基督教会赶出社会，让其退缩到信仰领域之后，如何重构一个没有神权的世俗的社会？这是哲人面对的问题。

美国学者阿尔伯特·赫希曼在《欲望与利益：资本主义胜利之前的政治

1 钱穆：《中国思想通俗讲话》，三联书店 2005 年版，第 43 页。

争论》[1]一书中详细描述了西方思想家和政治学家基于建立新的社会秩序的需求，而对如何克制人类欲望展开的思考，向我们展现了从14世纪到18世纪西方观念史的变迁。书中向我们介绍了几个世纪之前的先哲如何用思想深刻地影响了历史的变迁，而这恰恰也是我们理解今天西方资本主义社会，甚至理解整个人类社会的一把钥匙。

创建理想的人类社会，最需要抑制的欲望是权势人物的欲望，权势人物因其地位和权势，能造成大规模的伤害，且与地位低下的人相比，人们相信他们有着更多的欲望。赫希曼说当时哲人探讨人性欲望是为了揭示权势人物的欲望，对荣誉的灾难性嗜好，是如何受到他们及其臣民的利益的抑制。他们试图论证将世人引向对利益的追求，既可以发展经济获取财富，又可以限制王公贵族滥用自己的权力，从而创造一个理想的社会。

在18世纪，这种思路的代表人物是法国的孟德斯鸠和苏格兰的斯图亚特。孟德斯鸠观察到由于商业的发展出现了流动资产，商人可以用汇票和外汇交易来随时转移财富，逃避权力的侵害，这客观上限制了权力的肆意妄为，君主只有实施“仁政”才能给他带来利益。孟德斯鸠认为每个掌权者都易于滥用自己的权力，所以必须找到阻止统治者滥用权力的方法，“要想消除权力的滥用，必须通过对事物的安排，让权力阻止权力”。他在《论法的精神》一书中提出三权分立学说，即把国家的立法权、行政权、司法权分立，主张立法权由议会行使，行政权由君主掌握，而法院专掌司法权。通过这样的分权，使这三种权力和三个机关互相制约、互相制衡，从而保障政治自由。

斯图亚特认为现代经济是一个复杂和脆弱的体系，犹如一只构造复杂的钟表，如果权力肆意妄为，不尊重规律就会破坏经济，从而损害到国家和君主自身的利益。但是这个经济钟表也会不断出错，发条时紧时松，需要专业的工匠的手使它恰到好处，也就是需要细心专业的政治家经常进行正确的调控。

二者的观点被约翰·米勒（John Millar）继承并丰富。米勒认为随着贸易和制造业的发展，出现了大批的商人、工人或工匠，他们的聚集和交往使他

1［美］阿尔伯特·赫希曼：《欲望与利益：资本主义胜利之前的政治争论》，冯克利译，浙江大学出版社2015年版。

们比之前的农民更容易联合起来，采取“利益集团”行动，联合起来的工人的行动如同机器般一致，拥有不可低估的力量。米勒对暴民和其他群众活动的社会作用持正面看法，认为暴民的暴动在英国甚至美洲殖民地发挥了“立宪作用”，米勒赋予他们在维持和保护经济发展方面更理性、更有益的作用，他确信“商人”运动及其联盟将确保君主的欲望不能长久压倒公共利益和经济扩张的需要。

亚当·斯密将“芸芸众生”即普通人作为自己关注考察的对象，而不像前人基本都是将君主、王公、贵族作为关注考察对象，斯密认为凡夫俗子不像贵族那样复杂，他们主要关心生存和物质方面的改善。斯密在《道德情操论》[1]中论述了人类广泛的情感和欲望，确信人类的各种欲望终归是驱使其改善自己的物质福利，所以他直接将“利益”和“欲望”当作同义词，他认为野心、权欲和名望都可以通过改善经济状况得到满足，对经济利益的欲望不再独立存在，而成了满足其他欲望的工具或者手段。他的另一本书《国富论》[2]为自由追求个人利益提供了强有力的经济辩护，而前人强调的则是这种追求的政治影响。

休谟对西方社会的这段思想历程做了总结：资本主义得到了那个时代一位哲学领袖的喝彩，因为它会减少人类的邪恶秉性，激发人类的善良秉性——因为人们有这样的期待：资本主义由此便会抑制，大概还会减少人性中导致灾难的破坏性成分。

2. 基于对东方的学习

从利玛窦开始，欧洲传教士从东方带回了一批又一批中国的文化典籍和社会风貌的介绍资料，给西方提供了全新的、深刻丰富的思想和命题，启迪了他们思想家的心智，打开了他们的视路，他们将中国著作视为东方圣经，并尊为启蒙运动的指导思想理论。伏尔泰、卢梭、孟德斯鸠、狄德罗、霍尔巴赫、魁奈等人都非常崇拜中国文化，中国文化中的人道主义价值观、平等观、自由观、博爱观成为他们建立理想秩序的重要思想来源。

1［英］亚当·斯密：《道德情操论》，蒋自强等译，商务印书馆2015年版。

2［英］亚当·斯密：《国富论》，郭大力、王亚南译，商务印书馆2015年版。

约翰·洛克（John Locke）在1690年发表了《政府论》，书中显示他已经非常熟悉与推崇中华文明，并已经用中华文明来反对基督教的统治。霍尔巴赫宣称，法国要想繁荣必须以儒家的道德代替基督教的道德。伏尔泰则说："在这个地球上曾有过的最幸福的并且人们最值得尊敬的时代，那就是人们遵从孔子法规的时代。""在道德上欧洲人应该成为中国人的徒弟。"伏尔泰甚至感慨，在欧洲各国还是森林中野人的时候，中国人已经能够用完善而明智的制度治理国家。他在《路易十四时代》中说道："以下这一点是确切无疑的：当高卢、日耳曼、英吉利以及整个北欧沉沦于最野蛮的偶像崇拜之中时，庞大的中华帝国的政府各部正培养良俗美德，制定法律，由于它是世界上最古老的民族，他在伦理道德和治国理政方面，堪称首屈一指。"[1]他以不能生活在中国那样的国度为憾。

德国启蒙哲学鼻祖、现代逻辑学的先驱和创始人莱布尼茨（Gottfried Wilhelm Leibniz）接触到中华文明后崇拜不已，他热情洋溢地赞美道："中国……在人数上和国家治理上远胜于文明的欧洲。在中国，在某种意义上，有一个极其令人赞佩的道德，再加上有一个哲学学说，或者一个自然神论……这种哲学学说或自然神论是自从约三千年以来建立的，并且富有权威，远在希腊人的哲学很久很久以前。"[2]康德这样说："古代的中国，他们苦心经营，完成最完美的社会形态，犹如一个典型的模范社会……中国创造了为今日人们已知的、最高级的世界文明。"[3]

3. 西方的理念价值嫁接东方的规范价值

启蒙运动领袖伏尔泰说："东方是一切学术的摇篮，西方的一切都是由此而来的。"波维尔（Pierre Poivre）在1769年写道："只要中华帝国的法律成为各国的法律，中国就可以为世界可能变成什么样子提供一幅迷人的景象。到北京去！"马弗里克更是直接将自己的著作命名为《中国：欧洲的榜样》。

近代经济学的开山鼻祖，法国重农学派领袖魁奈被尊称为"欧洲孔子"，

---

1 朱宗友：《中国文化自信解读》，经济科学出版社2017年版，第16页。

2 何兆武、柳卸林：《中国印象：世界名人论中国文化》，广西师范大学出版社2001年版。

3 ［美］威尔·杜兰：《世界文明史》，东方出版社1998年版，第447页。

他曾写过《孔子简史》。魁奈认为，中华文明经久不灭是因为遵循天道，即自然法。1756 年，魁奈曾促使法国国王路易十五（Louis XVXV of France）模仿中国古代皇帝，举行了“籍田大礼”。1767 年，魁奈发表了《中华帝国的专制制度》，系统阐述了中国政治，认为中华文明正是基于平等的自然法则而绵延不绝。他在书中写道：“中华帝国不是由于遵守自然法则而得以年代绵长、疆土辽阔、繁荣不息吗？”[1]

德国学者利奇温（Adolf Reichwein）认为魁奈的重农学派思想源于中国：“魁奈早在发表他第一篇论文以前，思想上就已经具有整个系统以及有关的详细细节，特别是后者是由中国方面吸取过来的……他企图把天道和人道合二为一，把作为正道的，或如中国人称为世道的自然秩序和实际秩序合而为一。”英国学者约翰·霍布森（John M. Hobson）在《西方文明的东方起源》中写道：“尽管盎格鲁–撒克逊人偏狭地认为亚当·斯密是第一个政治经济学家，却又认为亚当·斯密的背后是法国的‘重商主义者’魁奈，而关键的是，在魁奈的背后是中国，第一个批判重商主义思想的欧洲人，是魁奈，而不是亚当·斯密。”[2] 约翰·霍布森进一步指出魁奈思想当中有很多概念受惠于中国的政治经济学概念，而其中最重要的是把“无为”翻译成了法文的“自由放任主义”。但其实中国的“无为”思想其本义是“为无为”，政府要在适当时机干预经济、市场，不能放任自流，无为只是追求的目标，而绝不是达到目标的手段。

重农学派根据“自由放任”的原理，认为公共利益是每个人自由追求自身利益的结果，不再被动地等待经济的发展可以自然地制约权力，而是要找到一种政治秩序，设计一种司法控制体系，来确保君主及其阁僚制定的法律不违反体现在国家基本大法的“自然秩序”，掌权者在这种秩序中出于自身利益的考虑，而被迫促进社会普遍利益。重农学派希望开明的政治家能够采纳他们的意见，推行他们理想的经济政治制度，支持市场经济的自由发展。

这一时期的西方思想家，基于对人性本恶的认知和当时西方社会封建王权野蛮黑暗的统治现状，接受了东方“民贵君轻”的革命思想，逐渐发展形

1［法］弗朗斯瓦·魁奈：《中华帝国的专制制度》，商务印书馆 1992 年版，第 137 页。

2［英］约翰·霍布森：《西方文明的东方起源》，山东画报出版社 2009 年版，第 175 页。

成了所谓的资产阶级意识形态：引导全社会包括君王将精力都集中到追求物质利益，可以制约人类欲望的破坏性和不稳定性带来的灾难；通过发展经济，可以促进包括君王、百姓在内的全社会福利，这会从主观上以及客观上双方面制约君主和王公贵族肆意妄为的权力；基于欲望制衡原理而产生的权力制衡，设计出了政治上限制王权、反对专制的三权分立学说。

总结来说，当时的西方社会就是在社会树立追求利益至上的价值观，在经济上实行自由市场经济，在政治上执行保护民众私有产权，保护自由市场经济的政治制度体系。这一整套完整的解决方案成了当时主流社会的共识。

这套社会制度的设计方案短暂地适用于当时的西方社会，因为当时的西方社会长期处于民众生活贫苦、国家经济落后的状态，可能在那些思想家看来，民众对利益的追求和统治者对经济发展的追求，是一时半会儿难以得到满足的，所以在得到满足之前，对利益的追求会推动社会经济的发展和秩序的稳定。这也确实推动了西方经济的发展，欲望得到了鼓励，并为社会发展提供了源源不断的动力。理性计算为社会发展提供了各种新的技术方法，这也促进了西方科技的发展。丑陋的欲望和无能的理性携手，装扮成了高尚而又无所不能的利益。对于利益的追求（贪欲）不但不再受道德和宗教律令的束缚，甚至获得了至高无上的地位。西方社会在追求利益的旗帜下，资产阶级结盟王权，打击封建领主，统一了国内市场，然后开启了工业革命。

受东方思想的影响，西方社会不再认为封建王权神圣不可侵犯。在此之前，平民只是暴乱抗税，没有革命，暴乱之后依然邀请贵族王室回来统治。受东方思想影响之后，西方平民也知道了替天行道，也可以高喊“王侯将相，宁有种乎”，也开始学会将暴君赶下宝座，取而代之。资产阶级用三权分立、用大宪章来限制王权，为君主立宪，又高举“自由”“平等”“博爱”的旗帜，发动了限制王权和推翻王权的资产阶级革命，建立起资本主义的社会制度，以确保资产阶级的私人产权得到保护，不受权力侵犯。英国的光荣革命、法国的大革命都是资本主义的胜利，是资产阶级对贵族（封建领主）、对王权的胜利。

理念价值之改变是规范价值之改变的前提，基于终极关怀之思考，才会有对社会秩序之设计，才会有对经济制度之设计。在这一阶段，西方受到东方的影响和启蒙，产生了文艺复兴、宗教改革和启蒙运动这三大思想解放运动，破除基督教的精神枷锁，才让人重新思考人之所以为人，开始重新审视、思考、批判终极关怀问题。这时的西方社会开始“祛魅”，开始按照东方文化来重建终极关怀，在神人关系中开始强调人的主动性。但是因为基督教影响至深，所以西方社会这一时期并无法像中国在轴心时代一样彻底“祛魅”，最终只能形成一种信仰与生活二元分裂的终极关怀，也算是部分地修正了第一重的超越突破。在西方社会的理念价值中有了人文的因素之后，社会贤达才会开始思考第二重超越突破，即社会组织方式问题。

如何克制人的欲望，如何建设一个和谐理想的社会？西方诸多先贤继续向东方世界学习，希望按照东方世界来重建西方的社会秩序。

（八）科技的兴盛

指南针、印刷术与火药在十二三世纪之后，陆续传入欧洲：一方面是通过蒙古人的铁骑，另一方面是因为十字军东征。这些技术在欧洲的推广和应用，为欧洲资本主义生产方式的产生与发展提供了重要的技术手段。13 世纪指南针已在欧洲普遍应用。造纸术、雕版印刷和活字印刷在 12 世纪传入欧洲，到 1450 年德国人约翰 · 古腾堡发明了铅锡锑合金铸成的活字印刷。廉价书籍的印刷出版，又使资产阶级思想革命运动有了文化武器。火药及火器的发明和使用，不仅改变了作战方法，而且成了资产阶级捣毁封建贵族统治的物质武器。所以马克思在《机器、自然力和科学的应用》中说：“火药、指南针、印刷术——这是预告资产阶级社会到来的三大发明。火药把骑士阶层炸得粉碎，指南针打开了世界市场并建立了殖民地，而印刷术则变成了新教的工具，总的来说变成科学复兴的手段，变成对精神发展创造必要前提的最强大的杠杆。”[1]

“随着中间阶级的兴起，科学也迅速振兴了；天文学、力学、物理学、解剖学和生理学的研究又活跃起来。资产阶级为了发展工业生产，需要科学来

1《马克思恩格斯全集》（第 47 卷），人民出版社 2006 年版，第 359 页。

查明自然物体的物理特性，弄清自然力的作用方式。在此之前，科学只是教会的恭顺的婢女，不得超越宗教信仰所规定的界限，因此根本就不是科学。现在科学反叛教会了；资产阶级没有科学是不行的，所以也不得不参加反叛。”[1]

马克思指出：“当市场扩大到手工劳动不能满足它的需求的时候，人们就感到需要机器。于是人们便想到应用18世纪时即已充分发展的机械学。”[2]市场的扩展和科学的积累，带来了一系列的技术发明，蒸汽机等科技成果的运用使得西方世界进入了蒸汽时代，爆发了工业革命。

西欧中世纪的技术完全是经验和传统的，技术与科学没有多少联系。随着文艺复兴、宗教改革以及启蒙运动这三大思想解放运动的推进，在欲望的引导下，在政治制度的保护下，资本主义社会的科学技术得到了巨大发展。科学一旦得到功利主义的利用，就会进入加速发展的轨道。维尔纳·桑巴特（Werner Sombart）指出：“中古时代的技术是经验的、传统的；早期资本主义时代的技术是经验的、合理的；现代的技术是科学的、合理的。”他认为现代技术与中古时代技术的区别就在于现代技术是“合理”的，所谓合理就是合乎资产阶级的理性，合乎资产阶级对利益的追求，就是技术与营利目的的结合，是现代科学技术与市场经济的结合。在此基础上，西方社会发展出了支撑现代工业文明的技术理性主义。

所谓技术理性主义是指在近现代科学技术呈现加速发展的背景下产生的一种新的理性主义思潮。它根植于科学技术发展的无限潜力和无限接近问题的能力之上，其核心是科学技术万能论。人能够运用理性发现世界的各种规律，牛顿三大定律可以解释世间所有物体的运动，在文艺复兴和宗教改革之后，这场科学革命，使人们变得更加自信和自豪。它不关心这个宇宙的起源是神创的还是天然的，而只是把宇宙当作一个理性的结构。它相信：人可以通过理性和科学而把握宇宙的理性结构，并且可以通过日益改善的技术手段征服自然，随之解决人类迄今为止所面临的一切问题，在尘世建立起上帝的天国。

1《马克思恩格斯选集》（第3卷），人民出版社1995年第2版，第706页。

2《马克思恩格斯选集》（第1卷），人民出版社1995年第2版，第166–177页。

伴随着这种乐观主义情绪，科学技术取得长足进展，科学知识不再是科学家的智力游戏，也不再是一群古怪人的兴趣爱好，科学知识都被快速地应用到对财富的追逐和创造中去，形成了产学研一体化的联动机制。

科学不再只是为了探求宇宙、探求真理，而成为赚钱的手段，沦为资本的工具。科学也不再是宗教的婢女，它开始横扫一切，自立为王，日益演化为新的宗教……

（九）资本的僭主

资本主义确实极大地解放和发展了整个人类的生产力，创造出了巨大的物质财富，改善了人类的生活水平。马克思、恩格斯在《共产党宣言》中写道："资产阶级在它不到一百年的阶级统治中所创造的生产力，比过去一切时代创造的全部生产力还要多、还要大。"[1]

但是资本主义的发展也让世界付出了巨大的代价。西方打着自由贸易的幌子，凭借坚船利炮征服了世界上大部分地区，用血与火洗劫了全球。从贩卖非洲黑奴到贩卖中国劳工，从贩卖毒品鸦片到抢夺美洲的金银，从屠杀印第安人到对美洲部落的种族灭绝，西方国家为了利益，无恶不作。所以马克思说："资本来到世间，从头到脚，每一个毛孔都滴着血和肮脏的东西。"即使在完成征服和殖民之后的 19 世纪和 20 世纪，经济虽快速增长却依然使千百万人变成一无所有的游民，周期性爆发的经济危机导致大规模的失业和社会动荡，第一次世界大战和第二次世界大战不可避免地爆发，这一切都已经证明，所谓引导人们追求自己的利益将永远不会产生危害的观点，错得竟然如此荒唐。

西方先哲为了限制权力滥用，制止战争征伐，苦思冥想设计出来一个看似完美的社会制度，为何在付诸实施之后，竟然会给本国人民以及给世界带来如此的残暴和血腥？

道理也非常简单，因为不管如何美化，追求利益本质上仍然是一种贪欲，

1 马克思、恩格斯：《共产党宣言》，人民出版社 2014 年版，第 32 页。

霍布斯指出："人人皆自然地为荣誉和出人头地而争斗，但他们主要是那些很少为生活必需品所困惑的人。"也就是说最初聚焦于发展经济利益可以使人们克制那些破坏性的欲望，可一旦经济利益得到满足，其他破坏性的欲望就会被唤醒，继而会喷涌而出，无法遏止。

钱是人类欲望的外化和物化，最初人类的欲望需要用吃的喝的用的来满足，当产生了作为一般等价物的货币之后，人对物质的需求就转变成了对钱的需求，人对外界的欲望就转化为对钱的欲望。人的欲望本就是填不满的无底洞，它捉摸不透、飘忽不定，无法清晰表达，隐秘地藏在每个人心里。可是有了金钱之后，人类的欲望变得可以衡量，可以计价，可以交易，可以储存，甚至可以公然谈论，并且堂而皇之地接受众人的膜拜。

新教伦理解放了人，也解放了人的欲望。潘多拉魔盒打开，人类的欲望出笼，演变成了一只叫作"资本"的怪兽，吞噬、传染着一切，并且以惊人的速度自我繁衍，急剧膨胀。资本已经打翻了王冠，抢过了权杖，所有的人都臣服在它的脚下，成为它的奴隶。当资产阶级在推翻或限制了君王的权力之后，资本的权力就开始肆无忌惮起来，开始制定法律来剥夺农民的土地，使农民成为无地的产业工人，成为他们发财致富的工具。同时，整个地球依然是个丛林社会，奉行弱肉强食的丛林法则，相比于自由贸易、公平交易，用军事征服、殖民来掠夺落后的国家和民族，是效率最高、成本最低的获利方式。

自此，西方社会开始逆袭，在人类历史上横冲直撞，开启了其无所不用其极的创造与毁灭之旅……

三、资本主义——人类文明之癌

在第一章，我们介绍了西方在轴心时代产生了第一次超越突破，即希伯来型的救赎宗教。在本章，我们重点回顾了文艺复兴、宗教改革、启蒙运动这三大思想解放运动，这三次思想解放运动，实则是重构西方社会理念价值和建立西方的规范价值。我们也通过考察西方社会文化价值体系的产生、发展、演变过程，给出了现代资本主义产生的文化解释。现在我们对西方近现代的文化价值体系以及三个层次之间的互动关系做个总结。

（一）二元分裂的理念价值

自从西方文明产生之后，其社会一直生活在救赎宗教的笼罩之下，信仰和生活是一体的，信仰贯穿人们生活的方方面面，对上帝的信仰，期待灵魂得到拯救就是全部生活的意义。经过近代三大思想解放运动，西方民众的信仰和生活产生了二元分立、二元对立，信仰只关乎死后，无关乎生前，人们不再为神生活，而为人生活，人们不再关心神和远方，只关心钱和利益，不再听命于神的指示，而是遵从欲望的指引，着手打理自己尘世的生活，力图改变眼前的苟且，追求此世的幸福。

在人之所以为人这个问题上，文艺复兴时期的人文主义者把人性主要归结为人的自然、生理方面的动物本性，归结为欲望，致使不少西方人过分追求生理欲望和物质欲望的满足，拜金主义、物质主义、消费主义和享乐主义泛滥成灾。启蒙运动时期的思想家则着重强调人性中的理性，精明的算计，结果由于对人的理性的过分强调，把社会引入了科学主义、理性主义和机械主义的歧途，使人异化，成为单向度的人，成了机器，成了工业和科技的奴隶。

我们可以发现，西方对人性的反思，不管是文艺复兴时期推崇的欲望，还是启蒙运动时期推崇的理性，都未彻底颠覆救赎型的超越突破，反而造成了信仰和生活的二元分裂，没有了信仰的生活，也必然排斥了依附于（基督教）信仰的道德。在本就缺少家庭伦理的西方社会，缺少了宗教道德约束的个人，只听从自己内心的欲望，逐渐走向了以自我为中心，以正当性取代道德，发展出所谓的道德相对主义，价值多元化，主张个人权利，在法律限定内可以做自己想做的任何事情，哪怕这些事是不道德甚至是无耻的，这就造就了西方原子化个人的社会和所谓的“个人主义”精神。缺少了宗教道德约束的社会，只能退而求其次，以法律取代道德，利用人们对利益的追求发展出自由市场经济制度，利用基督教的法治精神和原则，发展出了西方所谓的“民主”政治制度。

追求权力的欲望，会带来破坏性、灾难性的后果，追求经济利益，则会带来建设性的、富足美满的世界，赚钱和商业可以创造美德，是上帝所鼓励的。权力和资本调换了位置和主次，权力、英雄主义的征伐是灾难而不再是美德，而温和得体的商业则成为获取美德、获取救赎的不二法门。所以，运用理性来追求自己利益的最大化，成了西方对人性认知的共识和目标，成为近代西方社会的理念价值。近代西方的规范价值和实用价值，都是由此理念价值衍生出来的，西方的政治制度和经济制度全部是建立在“理性经济人”这一人性认知的前提假设之上的，“个人主义”成为西方自由主义经济制度和政治制度在道德和政治上的前提，把不受约束的自由作为政治正义的基本原则和终极来源。

文艺复兴和启蒙运动，先让理性和信仰分道扬镳，紧接着让理性和欲望同居媾和。西方人，自此抛弃了神灵，迎娶了魔鬼，终于变成了精于算计、自私自利的“夏洛克”和“葛朗台”。

（二）资本法权的规范价值

我们在第一章第三部分讲过，西方社会自轴心时代之后，一直未能建立起自己的规范价值，直到 11 世纪教皇革命之后，宗教信仰和希腊罗马法律精神相结合，才在天主教会的体系之内建立了相对完整的规范价值体系，通过科层化的行政官僚体系，即层层设置的教会职位对社会和教徒进行控制，实现相对稳定的社会秩序。但文艺复兴和宗教改革，天主教会对世俗的统治被打破，大量教会的土地被封建君王没收，或者被便宜卖给了投机者，这些投机者又将世袭的佃农从土地上赶走，农民被迫转化为乞丐、盗贼、流浪者，成为自由的、一无所有的无产者。世俗社会依然是一个王权骄横、互相征伐、人民困苦的无序社会。

西方启蒙时代的先哲打碎了一统的教会之后，面对支离破碎的社会和封建君王残暴的统治，又开始用他们的智力设计能够制衡强大封建君王权力的制度，以便发展孱弱幼小的经济。权力是破坏性的，是需要警惕和制约的；资本是建设性的，是需要保护和发扬的。这一观念已经被理论论证并获得现实的证明，而且是如此深入人心，以至于直到现在，几乎所有的西方学者都将其视为一条不证自明的真理。当时当地的哲人，未曾想也不可能会想到还要设计一项制约资本的制度，因为在他们可以预见的将来，资本都是可以创造美好生活的现世福音，都是值得鼓励和无尽赞美的。

在资本主义之前，权力和宗教一直是西方社会的主导力量，它们控制着经济与人民，在东方，则一直是权力控制着社会，控制着经济和人民。这一局面，直到西方的资产阶级革命成功，才得以翻盘。资本战胜了王权，建立起了资本主义社会制度。这套社会制度的建立以及维系，都依赖于西方理念价值衍生出来的规范价值。

资本主义制度的核心只有一条，那就是要确保资本的利益。要确保资本的利益，这不仅为约束君主的权力提供了理由，也为压制人民的行为提供了依据。资本要控制权力，资本要控制社会，权力要为资本服务。为此，资产阶级一方面将基督教会确立的法律高于国王权力的法治传统作为其遗产保留了下来，出台了各种限制权力的法律制度安排，比如，建立最小化政府，又比如，三权分立、互相制约等，当作制衡权力胡作非为和规范人民日常生活的工具；另一方面则承接启蒙运动时期对专制和权力的批判，完善其资产阶级的意识形态，继续为资产阶级统治辩护。

虽然残暴无道的封建王权已被推翻，西方社会建立了资产阶级主导的政府，但资产阶级的意识形态依然持续不断、竭尽所能地丑化权力、丑化政府、曲解政治，将政府、政治看作“必要的恶”。我们看美国影片当中大量题材都是政府官员在实施阴谋诡计，残害民众，甚至总统都是奸诈邪恶之人，以此来告诫人民必须随时警惕政府、警惕官员，制造民众对政府对官员的不信任。比如，作为资本主义意识形态旗手和枪手的哈耶克，他将政府形容成或暗示成一个自私自利、站在人民对立面又拥有强大实力（权力）的怪兽，极尽丑化之能事，让读者心生厌恶。在其著作中，只要提到政府和权力的时候，用到的全是贬义词，比如，残暴、自私自利、愚蠢、胡作非为、专制、滥用权力、冷酷、贪婪等。哈耶克甚至说："政治上不得不做的事，都是有害的，有违国家长期利益。"这种对权力的丑化、警惕和不信任，在资本主义社会是深入骨髓、贯彻周身的。

在否定权力的同时，资产阶级还用资产阶级革命时期所宣导的"自由""平等""民主""博爱"的口号，来迷惑民众，将资本家描述成和人民站在一起，与权力做斗争的英雄。可是所谓的"自由""平等""民主"只是资产阶级对封建王权要求的"自由""平等""民主"，而不可能是无产阶级要求资产阶级的"自由""平等""民主"，所以在资产阶级胜利之后，民众自由得一无所有，"民主"被简化为"一人一票"选举政治领袖，成为资产阶级扔给人民群众的精神鸦片。

通过这套意识形态，资产阶级成功地将资本主义社会的主要矛盾引导、设定为民众与权力的矛盾。如果说在资产阶级革命之前，西方社会的主要矛盾确实是封建王公贵族的统治与包括资产阶级在内的人民大众之间的矛盾，但在资产阶级革命胜利之后，依然将权力和人民之间的矛盾预设、塑造成主要矛盾，这就是为了掩盖其真正的社会矛盾——资本和劳动之间的矛盾。

但不管怎么说，资产阶级确实通过一系列的制度安排和意识形态宣传，成功地控制了权力，豢养了权力，将社会权力公司化，将公共权力私有化。资产阶级并不需要官僚体系有所作为来促进社会的整体福利，不需要积极有为的政府，也不需要运转高效的政府，因为赚钱的事都是他们亲自动手，通过金融机构，通过跨国公司来无限增殖自己的利益，所以政府内部负责经济、社会发展职能的部门很小。资产阶级只需要保证权力，在内部服务于资产阶级对无产阶级的统治和剥削，所以豢养着庞大的警察和监狱体系，在外部服务于资产阶级对殖民地的侵略和剥削，所以维持着庞大的军事力量。资本主义国家并非什么小政府、大社会，而是典型的小政府、大公司。

前面我们讲到三大思想解放运动造成了西方信仰和生活的二元分立，没有了信仰的生活，也必然排斥依附于信仰的道德说教，但是却保留了基督教会的法治精神，这就发展出了西方社会独特的"正当性"观念。正当性，不等于好，也不等于善，它约等于不作恶。这种观念认为人人都有着"七宗罪"的欲望，但只要不触犯法律，不做违法犯罪的事情，哪怕道德败坏、阴暗堕落，都没关系，这都是人的自主权利，具有正当性，他人不但无权干涉，不应鄙视，甚至还需要保持必要的尊重和宽容。相反，如果提倡道德，要求人们发展出“七美德”，反而会遭到拒绝，被认为是别有用心，被认为是“假”，是伪君子，因为“道德说教”曾是基督教控制、愚弄人民思想的手段，因此西方社会对道德说教甚为警惕。西方社会就是一个提倡真小人、拒绝伪君子的社会，因为以“性恶论”为精神底色的西方社会，认为人确实是“小人”，他们不相信人可以成为道德模范的“君子”。

西方人的超越突破是依靠外在的力量，外假于“神”，人都是听命于神，听命于神所立的“圣约”。基于这样的理念价值，西方社会的规范价值是将神的要求、外部的要求放在第一位，用外部的法律来维护社会的正当性，维护社会秩序。西方的法治（制度）和规范价值（理念），给出了正当和理由，却消解了道德和崇高。而中国的超越突破是依靠内心的修为，是内求于“仁”，“心外无物，心外无理，致良知”，做人做事都要从内心的良知出发，要求“慎独”，所以中国社会的规范价值主要依靠“礼治”，依靠道德修为、日常伦理来维护社会的秩序。

这套资本主义社会规范价值的问题在哪里？核心缺陷就在于他们从“性恶论”的前提出发，根据对人性欲望的分析和封建君王统治的现实，发展出欲望制衡原理，希望用所有人的“贪欲”来遏制封建君王的“权欲”。因此，一方面发展出了权力制衡的理念，利用法治传统和权力分立约束政府权力，约束“权欲”；另一方面用“理性”将“欲望”改造成崇高的“利益”，鼓励民众无穷无尽的“贪欲”，使无限扩展的自由市场经济具有“正当性”和“合法性”。但是资本主义的规范价值限制了权力却并未限制贪欲，这就是基于人性认知偏差而导致的规范价值制度设计上的偏差。

（三）理性贪婪的实用价值

19 世纪的理论家就已经指出，不管如何，经济已经取代了宗教、政治而成为现代社会的主导力量。经济，尤其是资本主义已经是影响人类社会走向不可逆转的力量。

马克思、恩格斯在《共产党宣言》当中，对资本主义的发展有一段经典描述：

> 资产阶级在它的不到一百年的阶级统治中所创造的生产力，比过去一切世代创造的全部生产力还要多，还要大。自然力的征服，机器的采用，化学在工业和农业中的应用，轮船的行驶，铁路的通行，电报的使用，整个大陆的开垦，河川的通航，仿佛用法术从地下呼唤出来的大量人口——过去哪一个世纪料想到在社会劳动里蕴藏有这样的生产力呢？[1]

在肯定资本主义所产生的强大生产力的同时，马克思也充分肯定资本主义生产方式在人类历史发展过程中的伟大的划时代的贡献，指出“资本主义生产方式是发展物质生产力并且创造同这种生产力相适应的世界市场的历史手段”。资本主义创造了巨大的物质财富，极大地提高和改善了人们的物质生活水平，是资本主义创造了今天所生活的这个物质世界。这一切最直接的是归功于资本主义社会实用价值的确立和发展。当资本主义发展到一定阶段、发展到后期，物质利益已经足够多而不是太少的时候，资本主义的负面问题便不可避免地显现并激化。

前面讲过，实用价值可以分为两部分内容：一是科学技术；二是与经济发展相关联的社会科学理论，主要是经济理论和管理理论。与工业革命相伴生的科学技术的发展，以及由此而产生的技术理性主义我们在上一部分已经介绍过，这里重点看一下西方近代经济理论和管理理论的发展。它们指导着国家如何去制定经济政策以取得经济发展，企业如何打造商业模式以赚取商业利润，个人采取何种谋生手段以实现个人和家庭的温饱与财富积累。

很多人将亚当·斯密在1776年出版的《国富论》当作西方经济学的开端，本书认为西方社会的经济理论应该追溯到法国的重农学派，魁奈是西

1 马克思、恩格斯:《共产党宣言》，人民出版社2014年版，第32页。

方经济学的鼻祖。这200多年间，西方经济学理论伴随西方社会的变革发展，也经历了诸多演变：从魁奈的重农主义到亚当·斯密、大卫·李嘉图（David Ricardo）的古典政治经济学，再到凯恩斯主义之兴起，从奥地利学派的逆袭以及继承奥地利学派的芝加哥学派，再到弗里德曼的货币学派、科斯（Ronald H. Coase）的制度经济学等。可以看到这200多年间，各种经济理论层出不穷、粉墨登场，各领风骚几十年。这些不同的经济理论，固然由不同的时代催生、发展，但其背后也都各自代表着不同资本的利益。在西方社会，商业资本、产业资本、金融资本、军工资本，都各有相应的维护其经济利益的经济理论及代言人。经济学家门槛太低，如过江之鲫，只有被资本选中的经济学家才会鱼跃龙门，才会为世人所熟知，才会青史留名。资本通过其掌控的各种媒体，精心挑选、包装打造自己所需要的经济学家，将他们打造成大众舆论中的明星，用以控制大众的经济思想。资本同样通过其精心挑选、包装的政治家、文学家、艺术家、教育家甚至普通工人，由他们来代言，来控制和宣扬其在各个领域的思想，进而控制了经济、政治、文化、教育，控制了整个人类的思想，将权力和政府描绘成人类的罪恶之源。

在一系列的经济理论被发明出来解释、指导宏观经济发展、国民财富增长的同时，机器的使用促使生产方式由手工作坊向工厂集中化生产转变，这就带来了工厂经营和管理的需求，所以微观领域的经济学和管理学也随之发展起来。弗雷德里克·温斯洛·泰勒（Frederick Winslow Taylor）的科学管理方法被普遍地应用到工厂的生产实践当中。1913年，亨利·福特（Henry Ford）运用泰勒科学管理的方法，创建了世界上第一条汽车流水生产线，极大地提高了生产效率，获得了规模经济，取得了巨大的成功。此后，产品标准化和作业标准化就成了资本主义工业生产的金科玉律，这既带来了生产效率的提高，也带来了严重的人的"异化"。米希尔·傅德（Michel Beaud）指出，随着泰勒制和福特制的广泛实施，"智慧已从各车间和各工厂中被赶走"，现在所剩下的，只不过是些"没有头脑的双肩"或"改装成钢铁机器人的肌肉机器人"[1]。

1［法］米歇尔·傅德:《资本主义史：1500—1980》，东方出版社1986年版，第202页。

西方经济学、管理学的所有前提都是将人假设为“理性经济人”，以此来化约经济行为的模型构建。乔治·斯蒂格勒（George Joseph Stigler）说：“《国富论》是以个人利益为基石的一座辉煌的宫殿。他（斯密）把在竞争条件下，个人追求私利的行为的系统分析置于经济学的中心地位上。这个理论是《国富论》王冠上的宝石，它成了（而且至今仍然是）资源分配理论的基础。”在斯密之后形成的主流经济学，将理性理解为对自利的理智追求，由此发明的“理性经济人”概念，将个人行为与价值和伦理（所有与自利不相容的内容）分离开来。个人可以估价任何事情，个人完全根据他对自己利益的认识来做出选择。其他人之所以被包括在他的计算之中，只是因为他们的行动和状态将影响到他的福利和利益。

虽然西方的经济理论多种多样，但都摆脱不了“理性经济人”假设的窠臼，这就是理念价值对实用价值潜移默化的制约。在一个文化价值体系当中，理念价值为实用价值和规范价值的发展设定了前提条件，这就是我们通常所说的“文化预设”，在这套文化价值体系当中的人们，会自觉或不自觉地将该文化的理念价值当作不证自明的真理，当作先验的前提假设，这种潜在形式为生活在同一社会的群体所接受与共享。现代西方社会就是建立在贪婪人性的基础之上，建立在钱生钱的基础之上，资本原则、资本逻辑、资本法权，是所有的经济理论、社会制度都不能动摇的第一法则，是这个社会存在的根基。资本就像病毒，早已侵入人类大脑，控制了人类的思想，并将人类异化，想让每个人都变成资本的宿主，成为《生化危机》里的僵尸。僵尸唯一的目标就是攻击人类，被资本病毒感染的人，也只有一个唯一的目标——让资本增殖。人们都在为资本活着，为资本代言，而不自知。

如果西方社会的理念价值本身就是残缺或者错误的，则建立在其理念价值之上，以理念价值为根基的理论大厦就无法普世，就有其适用范围，就不可能是绝对真理。一旦其理念价值发生坍塌，构建于其上的规范价值和实用价值也必然会土崩瓦解、随风而逝……

（四）西方文明的残缺与衰落

产生于轴心时代的所有文明都是建立在对人类欲望的克制之上的，西方的基督教文明、中东的伊斯兰教文明、南亚的印度文明和中国的儒家文化，概莫能外。伊斯兰文明中有斋戒的规定，就是要通过克制人类最本能的欲望来提醒信徒保持清心，克服各种贪欲，佛教中也要求力戒“贪嗔痴”，中国儒家更是讲“存天理、去私欲”，基督教中也要用“七美德”以及各种宗教律令来镇压人心中的“七宗罪”。

> 《荀子·礼论第十九》说：“礼起于何也？曰：人生而有欲，欲而不得，则不能无求。求而无度量分界，则不能不争；争则乱，乱则穷。先王恶其乱也，故制礼义以分之，以养人之欲，给人之求。使欲必不穷乎物，物必不屈于欲，两者相持而长，是礼之所起也。”
>
> “故礼者，养也。刍豢稻梁，五味调香，所以养口也；椒兰芬苾，所以养鼻也；雕琢刻镂，黼黻文章，所以养目也；钟鼓管磬，琴瑟竽笙，所以养耳也；疏房檖貌。越席床第几筵，所以养体也。故礼者，养也。”

礼义所要解决的首先是人们基本的日常生活，对人生的各种欲望需求做了分别，长幼、贵贱、贫富、各色人等，其所养耳、目、口、鼻、身体、威望者各不相等，故其服饰、饮食、房舍、声乐，亦各有等差，以满足不同程度的欲求。有这样一套规范，既可以让人吃饱穿暖住好，满足物质生活的要求，同时还能让人赏心悦目，给予精神生活的享受。礼是为人民的美好生活服务的，它首先是从物质经济入手，满足和规范人的物质生活需求。故礼者，养也，其所以能养，便在于它的“分”和它的“别”。这就是中国文化当中理念价值和规范价值对实用价值的指导和制约，欲要有度，用礼的“分”和“别”来满足并驾驭人之欲。

文明都必然要有克制贪欲的机制，那些不能克制欲望的文明，贪欲必然反噬自身，文明终会被欲望所毁灭。西方现代文明不仅阉割了宗教对人类欲望的克制，反而还鼓励贪欲，工具理性的独断使西方社会取得了经济发展的巨大成功，但是在理念价值和规范价值上却是缺失的。

一方面，为了满足欲望而高度发展的工具理性本身就会导致一系列的社会矛盾和冲突，包括科学技术的滥用、人的异化和物化、人类互相残杀的战争。马克斯·韦伯认为在工具理性的主宰下，人们片面地追求效益，以效率及功能的合理性为原则，建立了一系列理性化和官僚化制度，而人的价值、人的本性以及人的终极目标统统被掩盖了。人最终需服从于理性制度的运作，被禁锢在理性的铁笼之中。“这种铁笼是技术知识的囚室，如果把这个比喻稍加改变，那么我们都是庞大的技术和官僚机器中的小齿轮。”[1]

此外，科学技术的发展，有其自身逻辑，并不完全受人类掌控，科技以几何级数的速度不断地自我衍生、发展，已经摆脱了作为人的工具和手段的地位，开始成为一种超人的力量，甚至可以毁灭人类自身。核武器的出现，基因技术的使用，以及人工智能的无限发展，都有可能失控，不可避免地带来“人造风险”，成为整个人类的灾难。存在主义哲学家和神学家帝利希（Paul Tillich）曾说，以原子弹问世为标志的技术悲观文化心态，在第二次世界大战后开始笼罩西方发达国家，第一次世界大战时，一种“新开端”的情绪流行，第二次世界大战结束时，则是“末日感”盛行。

另一方面，**单纯强调工具理性的西方社会，缺少了对欲望的规制，就导致欲望的化身——资本，掌控了整个社会的权力、资源和思想，导致贫富差距、两极分化越来越大，劳动者变得一无所有。资本欲望的无穷性和地球资源的有限性，人们对幸福生活的憧憬与现实窘况的落差，财富的日益集中和民众的日益贫困潦倒，构成了社会的重重矛盾，且这些矛盾，在西方这套社会文化价值体系内找不到可以解决的方法。**

在张扬工具理性，也就是资本和科技联姻基础上建立起来的资本主义社会，因为资本和技术分别具有的自我繁衍和强制进步属性，使得整个社会犹

1［英］安东尼·吉登斯：《现代性与后传统》，载《南京大学学报（哲社版）》1999年第3期。

如一台自行运转的机器，如果没有了资源的摄取和底层劳动力的喂养，机器就会扭曲、坍塌、爆炸。所以资本主义这台机器一时一刻都无法停止运转，这是资本和技术的进步强制带来的反自然、反人性的表现。我们看到即使在新冠病毒会危及所有人的性命的时候，西方资本主义社会依然不敢停工停产，依然要靠工人冒着生命危险的劳作来让机器保持运转。

资本主义是一种不可持续的发展方式，从其诞生的第一天起就是依靠不断地向外掠夺生存。开始是通过血与火的军事掠夺，抢占殖民地，“二战”以后通过不平等的国际政治经济秩序，继续掠夺这些曾经的殖民地国家。资本主义，一旦无法从外部获取资源或者获取外部资源受阻，比如，资源枯竭，或者获取新型资源的技术手段未被发明出来，资本就会反噬自身，就会吃掉自己的胳膊、吃掉自己的腿，内部就会产生严重的经济、金融危机。**为了化解这些危机，资本主义就会对外发动侵略战争，再次以战争的掠夺来喂养贪婪的资本。**

资本主义的这种发展特征，与癌细胞极其相似。任何活细胞都要进行新陈代谢，以维持细胞的生命。癌细胞也是一种活细胞，其代谢特点与正常组织细胞相比有很大差别，表现为组成细胞基本结构的物质如蛋白质、核酸等的合成异常旺盛，相反其分解代谢则显著偏低，以致合成和分解代谢的平衡失调。比如，癌组织的蛋白质代谢旺盛，尤其是蛋白质的合成异常猛烈，甚至夺取正常组织的蛋白质分解产物以合成癌组织本身所需要的蛋白质，结果就使癌症病人处于严重消耗的恶病质状态。除此之外，与正常细胞相比，癌细胞的生长有两大特点：

第一个特点是自主性。人工培养细胞时发现，当正常细胞在分裂繁殖过程中与周围细胞相接触时就停止分裂，这种现象叫作细胞增生的“接触性抑制”，它能抑制细胞的过度增生。癌细胞在不同程度上脱离了机体的控制，往往表现为不间断地生长繁殖和分化不良，这种特征称为癌细胞的“自主性”或“自主性生长”。在癌症发展过程中，“自主性”总是越来越大，生长越快，发展也越快。

第二个特点是浸润性和转移性。这是区分良、恶性肿瘤的主要特点，只有恶性肿瘤才有浸润性和转移性。正常细胞因为彼此间存在一定的黏着力，限制了细胞向附近和远处的扩散，而癌细胞表面可以发生一系列变化，使细胞间黏着性降低，癌细胞容易脱落、溶解和侵入周围组织，或侵入血液、淋巴组织，并通过血液和淋巴液的循环，播散到身体的其他部分，造成癌症的扩散和转移。癌细胞能把它的自主性、浸润性和转移性等特性遗传给后代细胞，使新繁殖出来的癌细胞具备同样的特点，所以癌肿瘤可以不断扩大甚至广泛播散，并且永远保持癌细胞的恶性特征。

我们看到癌细胞有着强于正常细胞的代谢速度，通过汲取正常细胞的营养来发展自身，并且具有自主性、浸润性、转移性和遗传性，资本主义在这个世界的产生和发展过程恰恰是复制了癌细胞在人体内的发展过程，从这个角度看，资本主义就是人类文明之癌，是人类自身发展过程中的癌变。

西方社会由于实用价值高度发达，但是理念价值和规范价值残缺不全所导致的各种内外部矛盾，终于以第一次世界大战和第二次世界大战的极端形式爆发，让整个人类社会付出了惨痛的代价。这也迫使很多西方思想家开始正视和反思西方文明的残缺和衰落问题，高德步在《西方世界的衰落》一书中，介绍了 4 位具有代表性的思想家，第一位是德国历史学家奥斯瓦尔德·斯宾格勒。

斯宾格勒在 1918 年出版了《西方的没落》[1] 一书，他在书中用比较文化形态学的理论体系和方法，考察了各种不同文化尤其是西方文化的宿命。他认为，人类世界的历史就是文化史。而文化的实现类似于有机体的生命，具有诞生、生长、成熟和衰败的周期性特征。每种文化都竭力实现自己，这一目标一旦达到了，文化就会变得僵化，自我限制，其自身力量就会瓦解，变成了文明。文明是文化不可避免的命运，文明就是文化的结论，文化的巅峰状态，即是它没落衰败的开始。斯宾格勒认为，西方文化于公元 900 年诞生后，一直沿着上升路线向前发展，依次经历了春、夏、秋、冬各个阶段。1789 年法国革命之后，西方文化进入了它的冬天，具体表现是伦理学代替了形而上学，怀疑主义和无神论流行，金钱崇拜和为富不仁大行其道，武力代替了民主，帝国主义的出现和战争危险的增加，最终造成各国之间的混战。他认为，

1［德］奥斯瓦尔德·斯宾格勒：《西方的没落》，湖南文艺出版社 2011 年版。

西方的“浮士德精神”在无情的追求中已耗尽了自己的生命力，西方文化之社会基础已溃败，文化已经终结，传统理性主义濒临消解，西方社会必然走向没落。

汤因比继承和发展了斯宾格勒的“文化形态史观”，他认为，自启蒙运动以来，一方面随着科技进步，物质文明获得极大发展，但另一方面，传统基督教的禁欲观念被物欲和享乐的目标追求所取代。人类对自身力量的盲目崇拜，正在将人类带入生存危机之中。西方文明本身正在遭遇极大的挑战，要挽救西方文明，就必须彻底扭转机械唯物主义物质观，摒弃启蒙运动带来的近代工业文明物质至上的价值观。在精神生活方面，则要把世界的上层建筑放回宗教的基础上去。可见，汤因比将挽救西方衰落的希望寄托于宗教，寄希望于“上帝的救赎”。

事实上，西方的终结从根本上讲就是资本主义的终结。马克思认为：资本主义工业革命完成以后，社会分为两大阶级——资本家阶级和工人阶级。这两大阶级由于经济利益的矛盾而始终处于敌对状态。不仅如此，资本主义由于其内在的矛盾，即生产的社会化和生产资料的私有制之间的矛盾，以及由此所带来的社会生产的无政府状态，导致资本主义经济危机周期性地爆发，而资本主义制度本身由于不能解决这种经济和社会矛盾，因而必然走向衰亡。马克思在深刻揭示资本主义基本矛盾和历史趋势之后宣告说：“生产资料的集中和劳动社会化达到了同它们的资本主义外壳不能相容的地步，这个外壳就要爆炸了。资本主义私有制的丧钟就要响了。剥夺者就要被剥夺了。”[1]

然而，历史没有如无产阶级革命思想家所预言的那样，资本主义不仅没有迅速灭亡，反而在20世纪中期出现了一个黄金时代。这样，资本主义终结论也陷于暂时的沉寂。尽管如此，仍然有一些思想家坚持资本主义终结的观点，其中比较有影响的是伊曼努尔·华勒斯坦（Immanuel Wallerstein）。他认为资本主义是一个历史体系，即现代世界体系，它诞生于漫长的16世纪，在未来的50年中有可能走向终结。华勒斯坦认为，在世界性劳动分工中，边缘地区的工人主要是半无产阶级。在现代世界体系中，中心的无产阶级化程度远远高

1《马克思恩格斯全集》（第23卷），人民出版社1960年版，第831、832页。

于边缘地区，边缘的半无产阶级与中心的无产阶级，即使创造着同样的财富，却不能享受同样的工资与福利，他们所创造的剩余价值通过不平等交换从“边缘”转移到“中心”。他认为，资本主义的发展是一个无产阶级化的过程，为了遏制无产阶级化所带来的利润下降，现代世界体系需要不断地扩张，融入新地区和增加半无产阶级的劳动力，半无产阶级的存在是资本主义存在的前提，半无产阶级的完全无产阶级化意味着资本主义的终结。他认为资本主义全球体系的发展因先天的局限已经处于崩溃之中，资本主义不可避免地在走向衰亡。

四、研究资本主义产生的三种范式

（一）马克思范式：经济基础决定上层建筑

1845年春，马克思撰写了《关于费尔巴哈的提纲》，提出了科学的实践观，为其历史唯物主义思想奠定了重要理论基础。1846年马克思和恩格斯合作撰写了《德意志意识形态》，系统阐述了历史唯物主义的基本原理。《关于费尔巴哈的提纲》和《德意志意识形态》是马克思主义哲学特别是历史唯物主义诞生的重要标志，自此马克思的理论视域、思维方式发生了革命性转变，不再“从天国降到人间”，而是“从人间升到天国”，即开始从离人民最近的物质生活开始研究。在他看来物质生活的生产方式，是社会生活、政治生活和精神生活的基础和出发点，必须把资本主义发生、发展和灭亡的历史用事实加以说明。所以在《资本论》中，马克思不厌其烦地用了大量的史料和细节进行说明。

在确立唯物史观的前提和出发点的基础上，马克思和恩格斯将物质生产这一人类实践的基本方式作为整个社会历史的起点和新世界观建构的逻辑起点，把物质生产这一社会内部的、感性物质的和持久起作用的动态因素作为社会发展的根本动力。在《德意志意识形态》中，马克思和恩格斯指出：

> 我们首先应当确定一切人类生存的第一个前提也就是一切历史的第一个前提，这个前提就是：人们为了能够“创造历史”，必须能够生活。但是为了生活，首先就需要衣、食、住以及其他东西。因此第一个历史活动就是生产满足这些需要的资料，即生产物质生活本身。同时这也是人们仅仅为了能够生活就必须每日每时都要进行的……一种历史活动，即一切历史的一种基本条件。……因此任何历史观的第一件事就是必须注意上述基本事实的全部意义和全部范围，并给予应有的重视。[1]

在马克思、恩格斯看来，历史唯物主义的“现实前提”是“一些现实的个人，是他们的活动和他们的物质生活条件，包括他们已有的和由他们自己的活动创造出来的物质生活条件”。人在创造历史之前，必须能够生活，必须吃穿住行，因此第一个历史活动就是生产满足这些需要的资料，即生产物质生活本身。

马克思对资本主义的研究是从“商品”这一概念入手的,《资本论》开篇就指出:“资本主义生产方式占统治地位的社会的财富，表现为‘庞大的商品堆积’，单个的商品表现为这种财富的元素形式。因此，我们的研究就从分析商品开始。”[2]中国人民大学的庄忠正副教授在《政治经济学批判：黑格尔与马克思》中讲：马克思以商品为切入点，并不仅仅在于破解人的存在的二重性，更在于深入“政治经济体系的结构性机制”，揭露一种既符合交换规律又不符合交换规律的对抗性交换，即劳动和资本之间的交换。因为商品这一“单子”是已经完全结束的整体，它反映了资本主义社会的“内在形成过程”。在劳动与资本对抗性的交换中，劳动与资本的从属关系，从形式上的从属过渡到实际上的从属，资本主义社会亦从“资本的形成史”过渡到“资本的现代史”。资本成为“一种普照的光”，成为支配一切的权力，个人现在受资本的统治，任何存在都必须在资本面前为自己的合法性做辩护。[3]

1《马克思恩格斯全集》(第3卷)，人民出版社1960年版，第31、32页。

2 马克思:《资本论》(第1卷)，人民出版社2018年版，第47页。

3 庄忠正:《政治经济学批判：黑格尔与马克思》，北京古籍出版社2018年版，第116页。

“资产阶级社会是最发达的和最多样性的历史的生产组织。因此，那些表现它的各种关系的范畴以及对它的结构的理解，同时也能使我们透视一切已经覆灭的社会形式的结构和生产关系。”确切地说，“正如人体解剖对猴体解剖是一把钥匙”一样，“资产阶级经济为古代经济等提供了钥匙”[1]。马克思通过考察资本主义社会的产生和运行，揭示出隐含在其背后的发展规律，进而实现对全部人类社会发展变迁过程的揭示。

马克思最终将社会的发展和演进总结为生产力和生产关系、经济基础和上层建筑之间的矛盾运动。马克思主义认为，对社会发展起推动作用的有多种因素和力量，其中生产方式的矛盾运动是社会发展的根本动力。在生产方式的内部矛盾中，生产力决定着生产关系和社会生活的其他方面，它是推动社会发展的最终决定力量。当生产关系适应生产力发展要求时就能促进它的发展，反之就成为生产力发展的阻碍。

马克思进一步阐述了物质生活的生产方式在整个社会发展中作为根本动力的地位和作用：

> 物质生活的生产方式制约着整个社会生活、政治生活和精神生活的过程。不是人们的意识决定人们的存在，相反，是人们的社会存在决定人们的意识。社会的物质生产力发展到一定阶段，便同它们一直在其中活动的现存生产关系或财产关系……发生矛盾。于是这些关系便由生产力的发展形式变为生产力的桎梏。那时社会革命的时代就到来了。随着经济基础的变更，全部庞大的上层建筑也或慢或快地发生变革。……无论哪一个社会形态，在它们所能容纳的全部生产力发挥出来以前，是决不会灭亡的；而新的更高的生产关系，在它存在的物质条件在旧社会的胎胞里成熟以前，是绝不会出现的。[2]

马克思揭示了物质生活的生产方式是社会变革的根本动力，在社会系统

1《马克思恩格斯全集》（第 30 卷），人民出版社 1995 年版，第 46、47 页。

2《马克思恩格斯全集》（第 13 卷），人民出版社 1962 年版，第 8、9 页。

建构中具有基础地位，这与将社会发展归结为理性、意志、情感、观念的一切唯心主义观点划清了界限。但强调经济因素、物质生产的决定作用，只是马克思主义的社会动力论的一个方面，它不仅确认经济因素对于政治、思想等上层建筑诸因素的决定作用，同时又指出上层建筑诸因素对于经济基础、物质生产的反作用以及物质生产、经济关系、政治关系和思想文化关系的交互作用。社会有机体的演化发展，是以经济因素为最终动因的社会系统的各种构成要素交互作用的结果。

“手推磨产生的是封建主社会，蒸汽磨产生的是工业资本家的社会”，这是马克思对生产力的决定性作用的形象表达。马克思认为资本主义的产生和发展，是工业革命带来的巨大生产力发展的必然要求，文艺复兴、宗教改革和启蒙运动都是生产力发展所导致的意识形态上的反映，是新兴的资产阶级借此为自己争取更多的社会权力和资源。

马克思之所以从经济入手，与他所处的年代以及他自身的经历有着密切的联系。马克思身处的年代正是资本主义蓬勃发展并对工人压迫日盛的年代，马克思关注着现实，关心着工人的疾苦和不公。在《莱茵报》工作期间，马克思一方面广泛地阅读了傅立叶、圣西门和英国欧文的作品，另一方面利用报纸提供的机会观察、接触社会，让他认识到物质利益在人类社会中的巨大作用，这时的马克思已经开始从哲学研究转入经济问题的研究。1844 年马克思发表了《黑格尔法哲学批判》，指出宗教批判仅仅是社会批判的前提，需要从宗教批判转移到对现实社会的批判。

> 废除作为人民的虚幻幸福的宗教，就是要求人民的现实幸福。要求抛弃关于人民处境的幻觉，就是要求抛弃那需要幻觉的处境。因此，对宗教的批判就是对苦难尘世——宗教是它的神圣光环——的批判的胚芽。
>
> 这种批判撕碎锁链上那些虚构的花朵，不是要人依旧戴上没有幻想没有慰藉的锁链，而是要人扔掉它，采摘新鲜的花朵。对宗教的批判使人不抱幻想，使人能够作为不抱幻想而具有理智的人来思考，来行动，来建立自己的现实，使他能够围绕着自身和自己实

现的太阳转动。宗教只是虚幻的太阳。当人没有围绕自身转动的时候，它总是围绕着人转动。

因此，真理的彼岸世界消失以后，历史的任务就是确立此岸世界的真理。人的自我异化的神圣形象被揭穿以后，揭露具有非神圣形象的自我异化，就成了为历史服务的哲学的迫切任务。于是，对天国的批判就变成了对尘世的批判，对宗教的批判就变成了对法的批判，对神学的批判就变成对政治的批判。[1]

我们要知道马克思不仅是一个思想家更是一个革命家，他从商品入手，从劳动入手，从实践入手，进而展开对资本主义社会的研究，皆是因为马克思是一个革命家，他要改变世界上劳苦大众的现实命运，而不想像其他哲学家一样“以为只要背对着哲学，并且扭过头去对哲学嘟囔几句陈腐的气话，对哲学的否定就实现了”。这既否定不了哲学，更否定不了现实。他在《关于费尔巴哈的提纲》中提出“哲学家们只是用不同的方式解释世界，问题在于改变世界”[2]。

对思辨的法哲学的批判既然是对德国迄今为止政治意识形式的坚决反抗，它就不会面对自己本身，而会面向只有用一个办法即实践才能解决的那些课题。试问德国能不能实现有原则高度的实践，即实现一个不但能把德国提高到现代各国的正确水准，而且提高到这些国家最近的将来要达到的人的高度的革命呢？[3]

可是如何改变世界？通过实践，通过革命。可是如何实践？如何革命？如何创造历史？创造历史需要靠“现实的人”，革命需要它的历史担纲者，马克思认为“现实的人”和“历史的担纲者”就是广大的无产阶级。“哲学

1《马克思恩格斯选集》（第1卷），人民出版社1995年版，第2页。

2 恩格斯：《路德维希·费尔巴哈和德国古典哲学的终结》，人民出版社2018年版，第62页。

3《马克思恩格斯选集》（第1卷），人民出版社1995年版，第9页。

把无产阶级当作自己的物质武器，同样，无产阶级也把哲学当作自己的精神武器；思想的闪电一旦彻底击中这块朴素的人民园地，德国人就会解放成为人。”而要让无产阶级奋起抗争，奋勇革命，首要的就是解决他们所关心的物质利益。

> 批判的武器当然不能代替武器的批判，物质力量只能用物质力量来摧毁。但是理论一经掌握群众，也会变成物质力量。理论只要说服人，就能掌握群众；而理论只要彻底，就能说服人。所谓彻底，就是抓住事物的根本。但是人的根本就是人本身。德国理论的彻底性从而其实践能力的明证就是德国理论是从坚决积极废除宗教出发的。对宗教的批判最后归结为人是人的最高本质这样一个学说，从而也归结为这样的绝对命令：必须推翻那些使人成为被侮辱、被奴役、被遗弃和被蔑视的东西的一切关系。[1]

（二）韦伯范式：宗教情怀决定民族路径

马克斯·韦伯最为中国人所熟知的是他的《新教伦理与资本主义精神》[2]一书，但此书只是韦伯卷帙浩繁的“世界诸宗教的经济理论”系列研究的第一部著作，这一系列里还包括《中国的宗教、宗教与世界》《古犹太教》《印度的宗教》和《宗教社会学》等。韦伯的一生致力于探讨世界各主要民族的精神文化气质与该民族的社会经济发展之间的内在联系，研究思想、观念、精神因素在现代性生成过程与现代生活中发挥的作用。韦伯认为一个国家、民族要发展经济，必须找到能够支撑其发展经济的理由和精神动力，而这一点要靠文化。他讨论世界各宗教的经济伦理，儒学与道教、印度教、犹太教，这些种种不同的宗教学派，都代表着不同的处世态度，不同的世界观、不同的精神哲学，也会因此产生不同的经济类型，导致东西方民族走上不同的社

1《马克思恩格斯选集》（第 1 卷），人民出版社 1995 年版，第 9 页。

2［德］马克斯·韦伯：《新教伦理与资本主义精神》，三联书店 1987 年版。

会发展道路。基于这些文化、宗教的比较，韦伯考察西方的经济伦理究竟有何独特性，而这种独特性又是如何表现为资本主义精神即造成资本主义系统的，让西方走上了现代化的过程。

19世纪关于资本主义为何会出现的解释中，最流行的有三种看法：第一种是人口的增加和贵金属的流入。韦伯认为这种说法并不具有解释力，因为对比中国就知道17、18世纪中国的人口增速快于欧洲，中国也一直有大量白银流入，却并未产生资本主义。第二种说法是贪欲的勃发，稍早时代“获利本能”很少发展甚至就不存在，但到了18世纪和19世纪，眼见贪欲开始变得强大起来，人们相信现代资本主义是“获利本能”勃发和逐利的结果。韦伯则认为中国的官吏、古罗马的贵族、现代农民，他们的贪欲都不比任何人差，这种拜金欲是普遍存在的，就像人类历史一样古老，这也无法对16世纪和17世纪资本主义精神在西方兴起这个特殊问题给出因果说明。第三种说法是上述的马克思的说法，马克思在他的著作里对资本主义的起源给出了清晰的分析。尽管韦伯同意马克思的某些观点，但韦伯写《新教伦理与资本主义精神》的真正动因就是要反驳马克思主义者将资本主义的产生仅仅归因为生产力发展进而强调经济领域是其他一切领域之基础的观点。“我们必须消除这样的看法，即认为从经济的变革中可以推断宗教改革是历史发展的必然结果。”根据韦伯的理解，他认为资本主义精神的早期历史要比“上层建筑”理论家们所设想的复杂得多，韦伯拒绝把“发展规律”或“经济发展规律”作为对历史变迁的解释。韦伯认为资本主义的兴起，除了物质的因素之外一定有一种精神力量去克服根深蒂固的传统，才有可能实现社会的变迁。

资本主义为什么首先兴起于西欧而不是南欧？按理说南欧的经济发展较早，意大利在14、15世纪就已经出现了繁华的商业城市，但南欧的经济始终没有越过封建主义，跨进资本主义的门槛。韦伯认为主要原因在于旧教统治着南欧，旧教的影响渗透到南欧社会的方方面面。按照旧教的观点，人是上帝的仆人，人都是有罪的，要么苦修、禁欲，以便赎罪，要么把钱捐给教会，换取赎罪券。追求财富的欲望，在当时看来是卑鄙无耻的，即使富人们赚了钱也要在临终之际将巨额财产捐给教会，用以赎罪。在韦伯看来，恰恰是这些做法阻碍了经济的进一步发展。相反，在西欧国家，通过宗教革命使得荷兰、英国成为新教国家，新教的入世禁欲主义伦理，一方面要求新教徒不能挥霍财富，这促进了资本的原始积累；另一方面新教伦理不仅将追求财富视为合法，更是将这种追求视为上帝的旨意。他们以上帝的工具自居，将世俗的成就诠释为荣耀上帝的义务。在宗教氛围浓厚的 17 世纪，财富被正当化，人们创造出的巨额财富构成了他们拥有神性的积极标志。可以说新教伦理塑造了一批人的生活态度，由“出世禁欲”变为“入世禁欲”，他们依靠勤俭努力变得富裕起来，成为中产阶级。围绕着在天职中工作和追求利润，将信徒的生活全面地、有条不紊地组织起来，从而打破了封建秩序，发展出了资本主义。

马克斯·韦伯认为西欧的资本主义正是在这种新教伦理的指引下产生并发展起来的，资本主义兴起基本上是一种植根于宗教信仰的文化现象，西方通过宗教改革而形成新教文化。在《新教伦理与资本主义精神》一书的开头就指出：“在任何一个数种宗教并存的国家里，只要稍微看一下其职业状况的统计数据就会发现：资本拥有者、雇主、受过较高教育的熟练工人和现代企业中受过高级培训的技术或者经营人员，少有例外的，绝大多数都是新教徒。”[1] 新教伦理的“天职”观念和“预选”观念中产生出一种理智、冷峻、自律和忠贞不渝的态度，孕育了一种“资本主义精神”，即价值理性和工具理性的历史性有机结合而凝成的资本主义精神，这种精神促进了经营活动的理性化和再生产活动的规范化，从而使资本主义生产方式应运而生。它包括如下基本内容：以“蒙恩”“天职”和“入世禁欲主义”为核心构成其价值理性内涵；以市场逐利的经济生活、标准化的技术规则、形式化的官僚管理体制为基底构成其工具理性内涵。世俗合理化进程解构了传统宗教的神秘魔力和禁锢力，扭彼岸世界转向于此岸世界，化虚幻浪漫为现实世俗，把社会的理想追求融入日常的物质经济生活工作中，从而为社会的发展准备了充足的文化动力源。资本主义精神是资本主义社会产生的前提，这种精神对于近代资本主义的产生和发展起了巨大的推动作用。近代资本主义的基本特征就是“理性的行为与企业组织”，新教伦理实际上是将宗教的精神气质贯彻到经济领

1 [德] 马克斯·韦伯:《新教伦理与资本主义精神》，社会科学文献出版社 2010 年版，第 17 页。

域，这是造成经济生活合理化的重要原因，经济生活合理化又有助于创造出所谓的“资本主义精神”。

中世纪的欧洲是个宗教神学的时代，宗教的理念价值几乎占据了社会的一切，西方未能发展出实用价值，也就是韦伯所说的工具理性。资本主义产生的过程也就是西方社会世俗化和合理化的过程，在资本主义发展早期，宗教价值理性还制约或者指导着工具理性的扩张，世俗化过程始终与清教徒的信仰价值的追求连在一起。但是随着资本主义的发展，价值理性和工具理性之间的平衡张力被打破，获利的现实经济动机不断脱离伦理正当性精神追求的内在规制，合理化就是工具理性开始替代价值理性成为社会主流意识的过程。韦伯也不无忧虑地指出：“寻求上帝的天国的狂热开始逐渐转变为冷静的经济德性；宗教的根慢慢枯死，让位于世俗的功利主义。”[1] 韦伯在他所处的时代，就已经看到了新教伦理在资本主义社会的运行中已经不见踪影，所以发出了如上感慨。实则背后的原因是资本主义社会从宗教（理念价值）当中分离出了更为专业的政治理论（规范价值）和经济理论（实用价值），它们直接作用于经济运行，这让宗教对经济的影响变得没有那么直接，但是这些政治理论和经济理论背后依然是基督教的影子。

马克思虽然并不忽略精神性因素，但却始终将物质生产或经济因素作为理解人类历史的首要因素，而韦伯认为资本主义的兴起过程包含着双重因素：一方面，“不能单纯地只考虑资本积累这个因素，而置经济生活的合理化于不顾”；另一方面，也不能“单以宗教改革的精神，来说明资本主义的产生”。事实上，韦伯从未试图以任何“精神论的史观”，来取代唯物史观，二者皆可成立，只是“要局限在所选择的价值参照范围内”[2]。他在《新教伦理与资本主义精神》的结论中也明确表达了这一点。他说：“以对文化和历史所做的片面的唯灵论因果解释来取代同样片面的唯物论解释，当然也不是我的宗旨。因为任何一种解释都有同等的可能性。”[3] 韦伯十分重视马克思的思想，他曾说：

1［德］马克斯·韦伯：《新教伦理与资本主义精神》，三联书店 1987 年版，第 138 页。

2［德］马克斯·韦伯：《韦伯作品集Ⅴ：中国的宗教、宗教与世界》，广西师范大学出版社 2004 年版，第 438 页。

3［德］马克斯·韦伯：《新教伦理与资本主义精神》，群言出版社 2007 年版，第 174 页。

“现代学者们，尤其是哲学家们的诚实性，可以从他对尼采及马克思的态度中来衡量”“我们每个人今天在精神上所体会到的世界，已是一个深深受到尼采与马克思影响的世界”[1]。雅斯贝尔斯在关于马克斯·韦伯的纪念谈话中也讲道：“韦伯承认马克思的历史唯物论是将资本主义的自我认识当作一种科学发现的第一步。”苏国勋指出：“韦伯既不是通常意义上的观念论者或文化决定论者，更不是独断论意义上的唯物论者，因为在他那里宗教观念是通过经济伦理而对人的行动起作用，并非纯粹观念作用于人。”[2]

（三）赫希曼范式：政治理念决定社会变革

赫希曼在《欲望与利益：资本主义胜利之前的政治争论》一书中，着重梳理了政治观念（意识形态）的变迁对资本主义产生所带来的影响，他认为封建王朝末期统治阶级及其幕僚已经开始形成或接受了新的政治理念和意识形态，这为后来资本主义社会的产生做好了政治思想准备。他在书中明确指出要将书中把赚钱职业视为一种高尚职业的论述，与韦伯的基督教新教伦理命题以及相关争论做一比较。他在书中写道：

> “本书认为，欢迎并推动17、18世纪工商业扩张的既不是一些社会边缘群体，也不是反叛性的意识形态，而是来自当时‘权力结构’和‘既定秩序’中心的流行意见，来自君主，尤其是其幕僚和其他相关社会名流所要解决的问题。自中世纪末以后，特别是由于17、18世纪战争和内战日益频繁，人民要寻求一种与宗教戒律相当的行为规范，一种新的行为和决策规则，使统治者和被统治者都服从必要的纪律与约束。人们出于这种考虑对工商业的扩张寄予厚望。
>
> 韦伯及其追随者，还有他的绝大多数批评者，首先关心的是使某些人类群体以理性方式一心追求资本积累的心理学过程。我所讲

1［德］施路赫特:《理性化与官僚化》，广西师范大学出版社2004年版，第58页。

2［德］马克斯·韦伯:《新教伦理与资本主义精神》，社会科学文献出版社2010年版，序言第5页。

述的故事把一些人是出于被迫视为当然，转而强调那些今天所谓的知识、管理和行政精英对这一现象的反映。这种反应受到喜爱，并不是因为赚钱本身受到嘉许，而是由于人们认为它有个有益的连带作用：它使从事这种活动的人‘不再产生祸害’，更确切地说，它的优点是对君主的胡作非为、专横统治和危险的对外政策施加了限制。韦伯宣称资本主义的行为和活动是绝望地寻求个人救赎的间接（最初无意识的）结果。我则认为，资本主义形态的传播在很大程度上归因于一种同样绝望地寻求避免社会崩溃的办法，由于内部和外部秩序的不稳定性，这种危险在当时一直存在。显然，这两种主张可以同时成立：一个与具有宗教情怀的新精英阶层的动机有关，另一个与不同的守门人的动机有关。然而韦伯的观点魅力如此之大，使后一种观点完全被人忽视了。”[1]

如果我们要给赫希曼的这种分析思想加一个标签，那可以称之为“政治决定论”，虽然赫希曼写这本书只想引起大家对统治当局政治思想变化给社会变迁所带来的影响的重视，他并未讲政治是社会变迁的决定因素。就像韦伯写《新教伦理与资本主义精神》一书一样，他只是认为马克思或者后来的马克思主义者过分强调经济决定论，韦伯认为除了经济之外，宗教对社会变迁的影响也极为重要，但是韦伯并不否定经济在这个过程中所产生的影响。韦伯写《新教伦理与资本主义精神》的真正动因就是要反驳后来的马克思主义者将资本主义的产生仅仅归因为生产力发展，进而强调经济领域是其他一切领域之基础的观点。

（四）三种范式可以融合互补，形成新范式

前面所述是研究资本主义产生的三种范式，实则也是研究现代西方社会

1［德］阿尔伯特·赫希曼:《欲望与利益：资本主义胜利之前的政治争论》，浙江大学出版社 2015 年版，第 129—130 页。

产生的三种范式，但我们知道现代化并不等于西方化，也就是说马克思、韦伯、赫希曼三人就具体而言，确实是研究“西方社会”现代化是如何实现的，而不能笼统地论述“现代社会”如何产生，三人尤其是马克思和韦伯对这一问题的研究，都实现了从具体到一般，从形象到抽象，三人的研究范式，确实是可以在研究不同文明的国家现代化转型中使用或者借鉴。有着与西方社会不同文化传统的中国、印度以及伊斯兰国家，如何进入现代化或者说如何实现现代化转型，除了一般规律之外，也必然有着自身独特的逻辑和方式。

如果我们用社会大众非此即彼的“化约论”态度来看，马克思因为强调物质的首位的、决定性的因素而往往被人们贴上“经济决定论”的标签；韦伯则为了平衡世人对马克思的误读，从研究各国宗教入手，强调了各民族精神因素对社会发展的推动作用，进而被贴上“文化决定论”的标签；赫希曼通过对大革命前统治阶级政治思想演变过程的考察，指出了政治思想对社会变迁也具有重要作用，我想很可能也会有人为其贴上“政治决定论”的标签。但我想，如果马克思、韦伯和赫希曼三个人有机会坐到一起，不但不会吵架，而且会彼此视为知己。

中国社科院郑飞博士在其《马克思与韦伯社会理论比较研究》一书中对韦伯和马克思的异同做了深入分析，并对人们为何在物质因素和精神因素关系问题上将马克思和韦伯视为截然对立的两极做了解释：那就是韦伯所处的时代正是马克思思想深刻影响德国精神文化生活的时期，这一时期正是第二国际以及德国学界对于历史唯物主义之机械的经济决定论解释大行其道的时期。1890 年德国莱比锡大学教授保尔·巴尔特在《黑格尔和包括马克思及哈特曼在内的黑格尔派的历史哲学》中，用庸俗社会学观点把历史唯物主义歪曲为“经济决定论”“技术经济史观”，并且把历史唯物主义承认历史必然性同机械决定论、社会宿命论相提并论。“经济决定论”后来成为第二国际对马克思主义学说的正统解释，在这种“经济决定论”看来全部社会历史的发展不过是自发形成的自然过程，经济关系在其中起着唯一的决定性作用，全部社会历史都被还原为经济关系，历史沦为由经济力量决定的一种宿命论。韦伯关注的是“他那个时代”的“马克思主义”，他在早期对马克思主义或明或暗的批评，主要是针对这种庸俗化的“经济决定论”而并非针对马克思本人。

尤其是在韦伯思想的后期，他将马克思视为他在社会经济学和社会学思想见解上的一个先驱，并对马克思的著作进行了详细的研究。他在《社会科学和社会政策中的客观性》中，称赞马克思是一位伟大的思想家，并将"理念型"的思想归功于马克思。[1]

马克思对于社会变迁理论做出了原创性的贡献，用辩证唯物主义的分析方法给了我们一把解读世界的钥匙，虽然马克思强调经济是历史发展的引擎，但是并未否认政治的、法律的和哲学的理论，宗教的观点对历史进程的影响，只不过这些内容马克思、恩格斯并未得以展开充分论述。晚年恩格斯在他的一些著作和通信中反复强调社会系统中诸因素相依互动的综合动力论思想。他指出：

> 我们是在十分确定的前提下进行历史创造活动的，其中经济的前提和条件归根结底是决定性的，但政治的前提和条件，历史文化传统，也起着一定作用，尽管不是决定性的作用。我们把经济条件看作归根结底制约着历史发展的东西。
>
> 政治、法律、哲学、宗教、文学、艺术等的发展是以经济发展为基础的。但是，它们又都互相作用并对经济基础发生作用。并非只有经济状况才是原因，才是积极的，而其余一切都不过是消极的结果。这是在归根结底总是得到实现的经济必然性的基础上的互相作用。……在这些现实关系中，经济关系不管受到其他关系——政治和意识形态的——多大影响，归根结底还是具有决定意义的。[2]
>
> 马克思的一般哲学视野却显然能够覆盖韦伯提出的问题，无论在具体论点上存在何种差异，韦伯都可以视为马克思开创的现代性批判的力量效应，由于韦伯的思想触及一些马克思不曾面对过的问题，其现代性诊断可以视为马克思工作的延续，扩展了马克思现代性研究的规划，深化了我们对现代性的认知。[3]

1 [德] 马克斯·韦伯：《社会科学方法论》，华夏出版社 1999 年版，第 163 页。

2《马克思恩格斯选集》(第 4 卷)，人民出版社 1995 年版，第 730 页。

3 郑飞：《马克思与韦伯社会理论比较研究》，北京师范大学出版社 2019 年版，第 131 页。

韦伯在《新教伦理与资本主义精神》一书中对资本主义产生中精神因素作用的考察，可以说是从另一个角度丰富了马克思对社会制度变迁的看法。

赫希曼在《欲望与利益：资本主义胜利之前的政治争论》一书中阐述的思想，恰恰将马克思和韦伯缺失的那一环给补充上了。韦伯的宗教伦理即理念价值如何作用于个人的实用价值，即宗教伦理的这种作用是在个人的精神层面，从而影响个人的思维和行动，但是我们知道个人的理性最终可能会导致集体的非理性，受宗教影响个人的行动如何转化成为有秩序的集体行动和国家民族行为，韦伯的理论在逻辑上是有缺失的。赫希曼所讲的恰恰是“规范价值”，以及是除去了韦伯教会体系之外的，世俗社会王权贵族这些政治上的当权者的思考，以及他们的思想认识演变过程。可以说赫希曼为我们梳理了西方资本主义制度建立之前的政治思想史，在这个基础上指出西欧封建王朝末期政治意识形态的演变也对资本主义制度的产生发挥了巨大的作用，而且是直接的推动作用，是直接原因。当时处于“权力结构”和“既定秩序”中心的君主，尤其是其幕僚和其他相关社会名流，要寻求一种与宗教戒律相当的行为规范，一种新的行为和决策规则，使统治者和被统治者都服从必要的纪律与约束，从而避免社会崩溃。也就是说统治者是从政治统治的角度出发，希望通过发展经济（哪怕是用一种从未用过的，对贵族阶级利益有损害的新的方式）来避免社会崩溃。由此可见，赫希曼重点是从政治，从统治当局的角度出发来考察研究社会变迁的原因，认为政治意识形态的变化会导致统治当局推进新的经济政策以及政治政策改革，从而推动社会变革。

马克思与韦伯围绕现代性的起源、发展、后果、趋势，从各自独立的视角都发展出了对现代社会结构和机制的透视，其内容涉及经济、政治、文化、社会等各个子系统，构成了庞杂的学术体系。赫希曼则是在两个庞杂的学术体系当中发现了一处缝隙，并通过自己的研究，将这处缝隙给弥补了上去。同时正因为规范价值是理念价值和实用价值之间过渡的桥梁，其起到的是过渡、衔接的作用，所以在分析的过程中要么会滑向“经济决定论”，要么会滑向“文化决定论”，所以赫希曼的“政治决定论”并未像“经济决定论”和“文化决定论”那样流行。三个人的观点综合到一起，就可以完整、准确地向世人展现现代社会起源以及影响社会变迁的三因素，由此，导致社会变迁的文化、政治、经济因素全部被统筹在内，不偏不倚、逻辑自洽的体系出现了，我们暂且将这一分析体系称为“文化政治经济学”。

第三章

文化政治经济学：一个新范式

文化价值体系中最高一层的理念价值，其核心是本民族的终极关怀，它是在漫长的人类发展过程中形成的，具有很强的历史惯性，不仅不会轻易改变，而且无时无刻不在影响和制约着人类社会的发展和走向。任何一个国家在向现代化转型的过程中，经济、政治制度的选择，都在不同程度上受到当时、当地社会文化价值观的约束，这些经济或者政治制度只有在符合整个群体价值观的前提下，才能够顺利推进，否则，将会遇到极大的阻力，甚至可能不得不半途而废。同时，新的社会实践一旦推进，就必然会形成与其适应的新文化，将会对传统文化造成一定的冲击和改变，使传统文化得以演变和更新。

文化政治经济学的核心思想，就是一国的文化价值体系与该国的社会政治经济发展系一体两面，文化价值体系的三层次与社会有机体的三个结构之间存在复杂的互动关系。社会政治经济发展的过程，就是社会实践和社会文化价值体系的复杂多维的互动过程。有些改变起源于观念的变化，从而推动实践的变化，有些则是从实践开始，推动了观念的更新。本书的重点就是将社会学领域中社会价值体系的最新研究成果和马克思主义学说结合起来，在分析生产力决定生产关系、经济基础决定上层建筑的过程中，深入分析文化价值体系在这个社会实践和变迁的过程中是如何与经济基础和上层建筑影响互动并发挥作用的，以期更加完整、立体、透彻地解释人类社会发展、演进的运行逻辑。

一、作为有机体的人类社会

社会离不开自然，但社会又不同于自然，自然界是自在的存在，人类社会是自为的存在。马克思认为人类社会是一个具有自我组织、自我调节、自我更新和自我意识的有机整体。社会有机体不同于生物有机体，它不是形成于物种规定的本能活动，而是根源于人的实践活动，直接形成于人们的交往活动之中。社会是人们交互作用的产物，正是这种以工具、语言等为中介的个人之间的交往形成了社会有机体。个人之间的交往必须借助一定的规范才能进行，交往的规范化、制度化形成了交往的秩序和结构，从而形成了社会制度。

社会交往制度的体系构成了社会有机体的结构，基本的结构就是经济结构、政治结构和文化结构。政治、经济、文化三位一体，构成一个完整的社会结构。政治、经济、文化三方形成互动结构，这种互动可以是相互促进，也可以是相互解构，或者是其他复合性质的互动，它们其中的某个问题必定同时是另外两个问题，它们几乎不可能分开来思考。

一个社会当中，政治和经济总是结构性地结合着，这为我们所熟知，而文化问题又是政治和经济的一个深层次结构。文化领域虽然并非国家综合实力的直接体现，也并不直接就是物质利益和权利，但它关系到一个民族的道德理想、价值观念以及意识形态，构成了一个国家的“信仰体系”，并为人们的社会行动提供正当性依据。文化对人具有教化作用，即人创造文化，文化又塑造人。文化对整合人们的思想观念、形成群体的统一意志、确立集体目标、实施全民动员和达成整体目标起着重要的构建作用。的确，不同的文化传统是各个民族相区别的最主要标志，会深刻地影响一个民族（国家）在政治、经济方面的选择。分析一个社会的发展变化，分析一个民族国家的政治和经济的演进，不能不考虑其本民族文化传统在此过程中所发挥的作用。

二、文化和实践：人类社会的一体两面

社会本就是一个由人的客观实践和主观意识构成的有机体，社会结构和文化价值体系是这个社会密不可分、互为你我、互为前提的两面。在第一章，我们引入了社会学领域中关于文化的概念，选择了苏国勋对文化价值体系进行三个层次划分的观点，并对文化体系中三个层次之间的互动关系做了介绍，并以此为基础，将文化的三个价值层次做了转换，**用“终极关怀”来近似替代理念价值，用“意识形态”来近似替代规范价值，用“科学知识和经济理论”来近似替代实用价值**。用不同学科中概念的转换，来转换分析范式，从社会学转换到马克思主义政治经济学的范式，并试图通过分析、归纳，将社会学的文化价值体系引入马克思的政治经济学当中，从而将其综合成一个新的文化政治经济学范式。

（一）作为实践的社会结构

马克思主义的核心原理就是生产力决定生产关系，经济基础决定上层建筑，生产方式决定着政治结构、文化结构乃至整个社会结构，从而形成了以生产方式为基础，逐层整合而成的社会有机体。马克思主义哲学确认实践是社会的本质，所以从实践出发去理解社会，即从生产实践的内在结构——生产方式出发去理解和剖析社会结构。社会的整体化、有机化就是通过生产方式对社会内部结构的规范来实现的。生产方式决定着政治结构、文化结构以至于整个社会结构，从而形成了以生产方式为基础，逐层整合而成的社会有机体。

社会是一个自适应、自协调、自组织的有机系统，它的发展动力机制不在其外部而在其内部，社会整体建构的各种因素、各个子系统既是发展的结果，也是发展的动因。人类社会实质上是在空间和时间上表现出来的人的实践活动和实践关系，社会发展主要是社会关系的变化以及社会结构的变迁。人们自己创造自己的历史，社会发展不过是人的实践活动在时间中的展开。

人的实践活动和实践关系是多层面的，马克思认为人的实践有三种基本类型，即制造物质生活资料的实践、创立和改造社会关系的实践以及创造精神文化的实践。这三种实践既互相区别又互相作用，构成了社会生活的基本领域，即物质生活、政治生活和精神生活，这三种实践又内在地包含着三重关系，即人与自然的关系、人与人的关系，以及人与其意识的关系。人们之间的经济交往、政治交往和精神交往及其规范化，形成的经济关系、政治关系和思想关系，构成了人们之间基本的社会关系，这三种关系的规范化、制度化则构成了一个社会特定的经济结构、政治结构和文化价值体系。

在此，我们将经济结构和政治结构，近似地替换为经济基础和政治上层建筑，将文化价值体系替换为观念上层建筑，虽然它们并非完全等同。比如，上层建筑包含着政治上层建筑和观念上层建筑，观念上层建筑主要是指意识形态，只是文化价值体系当中规范价值的一部分。

（二）作为意识的文化价值体系

为了转换分析范式，所以我们也将社会学文化价值体系中理念价值、规范价值、实用价值这三个层次近似地替换成文化政治经济学中所使用的终极关怀、意识形态和经济理论科学知识的概念。[1]终极关怀、意识形态和经济理论科学知识三者之间的相互关系，几乎完全等同于文化价值体系三层次之间的关系。

> 在常态下，文化价值体系的三个组成部分之间保持一种上下层级的隶属关系：上层统领、支配下层，下层归属、服从上层；上层发布给下层的是信息或指令，下层提供给上层的是资源或能量，中间层次则是连接上下两层的中介。最上层的理念价值（终极关怀）与超验的形而上环境接壤，最下层的实用价值（经济理论科学知识）与经验的自然环境相连，中间层次的规范价值（意识形态）则是把超验理念变成实际行动的过渡桥梁；理念价值（终极关怀）为全民族所共有，不像规范价值（意识形态）和实用价值（经济理论科学知识）那样，不同地域不同行业可以有自己的特点，理念价值（终极关怀）是民族文化的灵魂、核心，它的精神总是投射到规范价值（意识形态）和实用价值（经济理论科学知识），或者说规范价值（意识形态）和实用价值（经济理论科学知识）总是蕴含着、体现着理念价值（终极关怀）。
>
> 三者呈现为一种环环相扣、相辅相成的互动关系，本质上是一种既相适应，又有一定张力的动态调适关系。三者合在一起构成统一的价值体系，通过诱发人们行为的动机，指引并规范着人们的行动，从而使人们的行动从基于意志自由的个体层面上的冲突无序，

1 传统的马克思主义理论中，使用意识形态概念和经济理论、科学知识的概念，本书所讲的文化政治经济学中，将传统文化、终极关怀等概念也纳入分析框架。

转变到集体层面上的和谐有序，进而使社会生活保持“秩序”状态和稳定局面（治）。反之，当三者关系由张力变为对立冲突，价值体系出现混乱错位，人民行动就会失范，社会就会出现动荡和无序（乱），社会秩序就会由治变乱。

文化价值体系的三个层次之间，具有相对独立性，保持着开放性，理念价值统领规范价值和实用价值，但是又允许二者发生变化，甚至在同一理念价值之下可以容纳不同的规范价值和实用价值。理念价值就是我们传统文化中的“体”，规范价值和实用价值都属于“用”的范畴，既可以“中体中用”，也可以“中体西用”。同样，规范价值支配实用价值，但是规范价值也可以适用不同的实用价值，比如，社会主义制度既可以与计划经济体制相适应，也可以和市场经济体制相适应。理念价值、规范价值和实用价值三者之间有着巨大的弹性和适用性。在不同文明体系冲突和融合的过程中，这一特性体现得尤为明显。

（三）文化价值体系和社会结构的对应关系

马克思是从实践的视角来拆分社会体系，文化价值体系则是从意识的视角来拆分社会体系。实践和意识，是人类社会的一体两面，虽然“归根结底”意识是由物质决定的，但是自从人类社会产生的那一刻起，不管是个人的实践和意识，还是人类整体的实践和意识，都已经是互为条件、互为依存、互相影响的关系（图 3–1）。

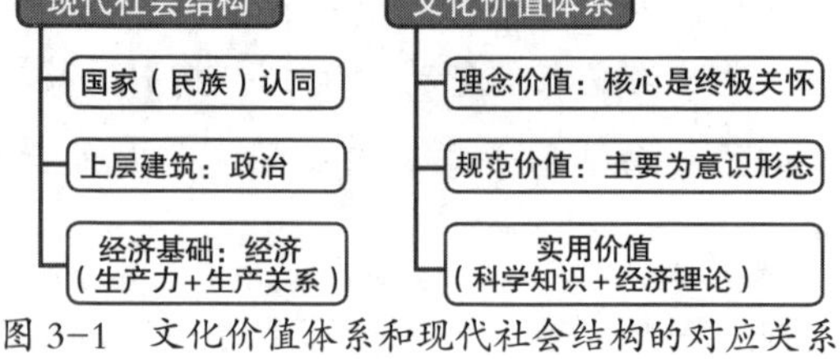

图 3–1　文化价值体系和现代社会结构的对应关系

我们将马克思主义的社会结构分析框架和社会学中关于文化价值体系的分析框架，做一个对应、结合，将其所包含的不同层次做一个对应关系的梳理：

文化价值体系中最低一层的实用价值，主要是指科学知识和经济理论，它们反映的是社会的科技水平和社会经济活动实践，用马克思主义政治经济学的语言就是反映着一个社会的生产力水平和生产关系性质，也就是一个社会的"经济基础"在意识上的映射；中间一层的规范价值，主要是指一个社会的意识形态，它们反映的是一个社会政治层面的相关内容，一个社会国家、政治组织方式、法律规章制度，用马克思主义政治经济学的语言对应的就是"上层建筑"在意识方面的映射；而最上一层的理念价值，反映的是一个民族区别于其他民族的精神气质，对应的是该民族的"宗教信仰"或者"传统文化"，可以说是一个民族或者国家在意识方面的映射，其核心是终极关怀。由于马克思主义是一种发源于近代的新兴学说，所以马克思主义并不是哪个民族与生俱来的传统文化，但马克思主义所追求的实现人的全面解放和实现共产主义社会也可以看作一种新型的终极关怀。近代一些殖民地或半殖民地国家在抵御外侮，寻求独立富强之时，很多民族和国家都选择了马克思主义，走社会主义道路，无数仁人志士为实现共产主义理想前赴后继。这种道路选择，很大程度上是受马克思主义所追求的共产主义信仰的感召和引领。

由此我们看到，终极关怀、意识形态和经济理论科学知识都是一个社会的文化、政治、经济等实践活动在人们观念上的反映，由三个层次构成的社会价值体系完全可以和社会结构的三个层面一一对应。

三、价值体系与社会实践的互动关系

（一）实践和意识的量子纠缠

通过上文的介绍，我们可以看到在人类社会的经济、政治、文化（民族认同）每一个层面上，都体现出了物质和意识的对应关系。“不是人们的意识决定人们的存在，相反，是人们的社会存在决定人们的意识。”“归根结底物质决定意识。”然而，马克思也说，意识与人类实践之间存在着持续的交互作用，革命活动仍是人类有意识地、意志坚定地行动的结果。正因存在于主（社会中的人）客（物质世界）之间的辩证法，人类逐渐将物质世界置于其目的之下，并随着目的的转化而生成新的需求。人类意识受到主体和客体之间的辩证性交互作用限制，在这一交互过程中，人类积极形塑了他生长于其中的世界，同时，后者也形塑了前者。

恩格斯曾指出，政治、法律、哲学、宗教、文学、艺术等的发展是以经济发展为基础的，但是它们又都互相作用并对经济基础发生作用。并非只有经济状况才是原因，才是积极的。事都是人来做的，也就是说实践的主体是人，人又被自己的意识支配，所以在人类有了意识之后，人类社会的发展过程中，物质与意识、理论与实践的关系就变成了鸡生蛋和蛋生鸡的关系，谁是鸡？谁是蛋？我更愿意相信意识是鸡，有着更多的主动性，鸡吃得多生的蛋就多，吃得少生的蛋就少，甚至可能情绪不好就决定今天不生蛋。而物质是蛋，被生下来后，客观规律决定了它总会孵化成鸡，这不是蛋自己能控制的。即物质的发展是受客观规律的支配，而意识——人的主观才更具有能动性。

人类社会的主要矛盾就是物质和意识的关系问题，而在这个主要矛盾中，矛盾的主要方面就是意识。没有人的意识，就没有人类社会，就只有自然界。人类社会的发展，自其诞生的那一刻开始，就是由人类的意识决定的，是因为有了人类意识，才让人类社会区别于自然，才让人类社会从自然界中划分出来、独立出来。人类的意识理所当然地成为人类社会这个矛盾中起决定性作用的主要方面，而物质只是矛盾的次要方面，属于从属地位。我们要研究人类社会就必须研究决定人类社会性质这一矛盾的主要方面——人的意识。

马克思主义是以唯物主义为哲学底色的，我们多数人在学习、理解和宣传马克思主义的过程中，都重点强调物质对意识的决定作用，比如，强调生产力对生产关系的决定作用，经济基础对上层建筑的决定作用，这是没错的。

生产力决定了必须有与之适用的生产关系，生产关系不能脱离生产力的水平去信马由缰、凭空想象。但是什么样的生产关系能与生产力相适应，这还是需要人的意识，由人基于目前的生产力水平来思考、设计出一种生产关系，来驱动机器的运转，组织社会的生产，促进社会的发展。如果没有人来设计一种生产关系，社会生产将无从组织、无从发展，所有的机器设备都是一堆废铁，不可能自动地运转并创造价值。

很长一段时间以来，我们对意识对物质能动的反作用学习和理解得不够，仿佛讲多了就会陷入唯心主义当中一样。人类社会发展到今天，我们知道，自然界的演进有其自身的规律，以科技为代表的生产力的发展也有其自身的规律和逻辑，不以人的意志为转移。我们当前要做的恰恰是认真研究意识，研究意识对物质能动的反作用，研究社会文化价值体系是如何在社会结构演进和变迁中发挥作用的。实际上，马克思也没有将其精力放在研究物理、化学、机器设备等自然科学上，而是终其毕生所有的精力都投入研究生产关系、上层建筑对生产力和社会发展的作用上。

马克思一直强调人的主观能动性，强调意识对物质的反作用，但是并未深究不同层次的意识是如何发生作用，如何具体地反作用于实践和物质的。实际上，每个人对经济、政治、文化都有主动或者被动的看法，社会意识影响着个人的意识，也就影响着个人的行动。

马克思分析了经济基础（实用价值）和上层建筑（规范价值），但是缺少对理念价值（民族精神）的分析，用经济基础决定上层建筑的理论来解释社会的运转和变迁并不完备：它可以解释一个社会内部不同阶级、不同集团的政治、经济抉择，但不能完全解释不同民族、不同社会的发展路径抉择。要想解释不同民族在发展路径上的不同抉择，就必须加上对该民族的终极关怀、民族文化的考察，对终极关怀、民族文化的考察就超越了阶级因素而上升为民族的精神理念层面，韦伯恰恰做了这方面的工作。他考察了各个国家不同的宗教和传统文化，以及这些宗教、传统文化对各个民族经济发展所带来的影响。

实用价值（科学知识和经济理论）向前发展，必然会指导物质实践、社会经济向前发展，提升物质文明；规范价值即意识形态政治理论不断完善向前发展，必然会指导人们的政治制度、社会组织向前发展，提升政治文明、制度文明；而不断加强对终极关怀（民族精神）的信仰，必然会提高整个民族的凝聚力和向心力。

科学知识和经济理论对生产力和经济发展的促进和指导作用，我们只要研究一下工业革命和现在的信息技术革命，就可以清楚地看到和感受到科学知识对生产力和经济发展的巨大促进作用。现代各国经济政策的制定无一不受到各种经济理论的影响，都是在各种经济理论指导下进行的，而非像之前封建君主、王公大臣那样出于个人的喜好。这一点，已经为我们大众所熟知，就不做过多介绍，下面我们重点对终极关怀（理念价值）以及意识形态（规范价值）和一国的传统文化是如何影响一国的民族认同、政治制度以及经济发展，进行专门而又简要的分析。

（二）理念价值对社会发展的影响

轴心时代不同民族在形成和发展过程中产生了不同的终极关怀，进而发展形成了不同的文明体。终极关怀是一个文明的内核，可以说终极关怀从产生之初就为这个民族未来的政治、经济走向设定了轨道，划定了边界。各民族也因终极关怀的不同，在今后的发展过程中逐渐演变形成各不相同的政治、经济制度，造就衍生出了各具特色并延绵不绝的传统文化。亨廷顿说，“政治和经济发展的主导模式因文明的不同而不同”，“民族国家是而且仍将是世界事务中最重要的因素，但它们的利益、联合和冲突日益受到文化和文明因素的影响”[1]。可以说，一个文明体的理念价值对于其社会的政治和经济起着巨大的决定性作用。

> 理念价值（终极关怀）为全民族所共有，不像规范价值（意识形态）和实用价值（经济理论科学知识）那样，不同地域不同

---

1 ［美］塞缪尔·亨廷顿:《文明的冲突与世界秩序的重建》，新华出版社 2010 年版，第 18 页。

行业可以有自己的特点，理念价值（终极关怀）是民族文化的灵魂、核心，它的精神总是投射到规范价值（意识形态）和实用价值（经济理论科学知识），或者说规范价值（意识形态）和实用价值（经济理论科学知识）总是蕴含着、体现着理念价值（终极关怀）。

人类文明，在古代大都是以各种宗教信仰的形式，为人们提供一种面对大自然时的勇气，使之产生共同的文化归属感、共同的精神凝聚力，对社会产生整合力，为政治解决利益冲突提供文化条件，从而缓解激烈冲突和社会矛盾，维护社会稳定，减少文明延续过程中自残的可能性。从源头上看，古代文明中的宗教是从原始文化的自然崇拜、图腾崇拜和祖先崇拜中演变而来的，原始文化演变为宗教也是一个复杂的过程。原始宗教和政治权力诞生时可以说就是连体儿，所以一个文明体，也就是一个国家和宗教的综合体，在社会发展的过程中经过复杂的“历史文化裂变”才得以相对分离。

国家的出现就是在原始生产力能够为社会提供剩余产品的情况下，出现了专门化的统治阶级和约定俗成的社会规范，这种能够实现的统治和约定俗成的社会规范，是文明的象征，因为它用“秩序”和“文明规定”否定了人和人关系中的不确定性，摆脱了弱肉强食的丛林规则，是人类社会发展的一个重大进步。走上文明之路的社会，可以通过国家权力的形式支配所拥有的财富和资源，而且将其视为合情合理的事情，排除了氏族内的暴力争夺和部落间无休止的报复行为，对古代文明的延续和发展起着至关重要的作用。在这个意义上说，国家性的政治权力是氏族部落中原始政治文化发生革命性变化的产物。

人类社会文明起源于轴心时代，西方、印度文明是一种宗教文明，宗教影响了社会的方方面面，既起到了提供信仰、提供救赎的功能，又靠教义、靠宗教法律，起到了组织社会秩序，组织教徒、信徒之社会功能。这些都是在其发展出世俗之社会组织——国家之前就已经存在的，所以其国家建立必须接受宗教信仰，也必须接受宗教法律。在这些宗教社会中，宗教既是理念价值，提供终极关怀，又是规范价值，向社会提供及维护现世社会之秩序。

宗教高于国家，教义、宗教法律高于世俗权力和世俗法律。

在这些宗教文明体中，原始宗教既是一个民族的终极关怀，又是一个政权的意识形态，承担着维护、支撑该政权的功能。自公元3世纪起，几大教派宗教成为促进和维护政治统一的因素：自224年起，伊朗宗教成为萨珊王朝的支柱；自君士坦丁大帝起，基督教成为罗马帝国的支柱；自7世纪起，伊斯兰教成为阿拉伯帝国的支柱。与文化交往相对自由的古代世界相比，现在有一道鸿沟出现在这个人道的世界中。战争同时成为宗教战争：拜占庭和萨珊王朝之间的战争，拜占庭和阿拉伯人之间的战争，后来西方国家和阿拉伯人之间的战争，以及之后的十字军东征。

比较而言，欧洲文明、阿拉伯文明在成长发育的不同阶段都有不同的特点，其政治和宗教的关系也不尽相同。阿拉伯文明，在很长时期内曾经是政教合一的，直到现在仍然有很多政教合一的国家，宗教在政治当中发挥着巨大的作用。欧洲文明在基督教产生前的情况比较复杂，在基督教产生的初期是政教分离的，“上帝的归上帝，凯撒的归凯撒”，后来被罗马国王宣布为国教。随着社会的发展，更为专业的政治伦理学发展起来，成为政权的意识形态，宗教的意识形态功能才开始退去，退居信仰领域，作为世俗社会的“终极关怀”而独立存在。但是终极关怀依然指导、制约着意识形态，即理念价值通过影响意识形态来间接影响政治和经济。

就西方社会来说，基督教对政治的影响在中世纪最强，近代资本主义社会产生之后，西方产生了独立的意识形态理论来指导政治实践，但是这些意识形态（规范价值）也是受理念价值的影响，即西方社会的意识形态也是深受基督教的影响。所以诸多研究意识形态的西方学者，都认为意识形态是从资本主义产生之后才开始产生的，这也有一定的道理。

与之不同的是中华文明，中国并非宗教社会，中国是早熟的文明，在周朝之前也是靠原始宗教统治，但是从周朝开始逐步走向人文化，开始“祛魅”，社会得以启蒙，春秋战国时期道家、儒家开始形成，成为世俗化的社会。孔子曰：“周监于二代，郁郁乎文哉！吾从周。”孔子“祖述尧舜，宪章文武”，以定六经（因《乐经》散失而为五经），五经即为道之文，是体认华夏中国之道的不二法门。到了汉朝开始，儒家成为官方意识形态，所以中国的儒家既是中华文明的终极关怀，又是官方社会的意识形态。姚中秋在《道统与宪法秩序》一书中说：

> “五经包含诸多实体性价值、政治核心价值……它们塑造着中国人对于政治之基本想象，从而支配着中国人之‘秩序意向’。任何时代之立国者之首要伦理与历史责任即是认同这些价值、基本原则，将其灌注于自己创制之宪法、法律之中。当然，具体制度形态必然因时、因势而异，然而，王者易制而不易道。唯有不易道，此一治理架构虽然与此前不同，然仍是华夏的、中国的。并且，唯有如此，此一治理架构才具有稳定性、持续性。”[1]

（三）规范价值对社会发展的影响

文化价值体系当中的规范价值，近似于狭义的意识形态概念，主要是指政治法律思想，是隐蔽在典章制度中的意义，并在具体法律条文、政治制度、乡规民约、风俗习惯中得以体现。但是社会学关于规范价值对社会发展影响的专门分析较少，而意识形态对政治经济发展影响的分析较多，所以在此我们用意识形态来替代规范价值，直接借用意识形态领域的研究成果，来分析意识形态对政治和经济的作用，从而展现规范价值对社会发展的作用。

中国地质大学（武汉）马克思主义学院汪宗田教授在其《马克思主义制度经济理论研究》一书中，将意识形态对政治对经济发展的影响做了简洁而精当的分析，在此我就直接引用汪宗田教授书中的观点，用以展现文化政治经济学中规范价值对社会发展的作用。

1. 意识形态对政治的作用

首先，意识形态具有制度辩护功能。

1 姚中秋：《道统与宪法秩序》，中央编译出版社 2017 年版，第 10 页。

意识形态的制度功能主要表现为论证现实社会制度的合理性和合法性。意识形态具有鲜明的阶级性和政治性，它的首要任务就在于为一定的统治阶级、社会集团或整个国家提供合法性的辩护，为社会的经济制度和政治制度等的合理性、公正性进行论证，以便从制度到思想等多方面维护和巩固一定的统治阶级、社会集团或整个国家的合法统治与管理。意识形态通过对社会现存的政治经济法律制度以及权力结构和社会秩序的合理性、合法性进行论证，减少被统治阶级和其他社会团体的抵触和敌对，使之得到社会成员的普遍认可、支持和拥护，从而具有合法性、权威性，进而保证社会的稳定发展。相反，如果统治的合法性受到怀疑乃至否定，统治阶级的动员和贯彻能力将会被削弱，最终导致政治动荡。因此，政治共同体、政权、统治阶级的合法性，在社会政治生活中具有极为重要的意义，它是保证社会政治统治稳定发展的必不可少的思想政治基础。任何一个有头脑的统治阶级或政治集团，都会在意识形态上论证它的权力结构的合法性，要不然它就无法将本身的统治地位长久地维持下去。

其次，意识形态具有导向功能。

意识形态是社会阶层、集团、阶级的根本利益在观念上的体现。它对于一定社会集团和阶级具有绝对的价值定位和行为导向的功用。统治阶级在社会中居于统治地位，那么统治阶级就将代表它的根本利益的意识形态合理化为全社会的价值取向，并且使其对整个社会都具有价值导向和行为规范的作用。意识形态不仅大致确定一定社会集团、社会阶级的实现目标，而且还对社会未来的发展做出预测和描绘，并且从理论上加以论证这些目标实现的必然性。因此，某种意识形态一旦形成，一定社会集团、社会阶级的整体价值追求和行为目标就要与意识形态的思想保持一致，从而使处于这种社会共同体的成员甚至整个社会成员具有同样的意志、共同的目标和统一的行动。意识形态在现代的政党政治社会中往往反映了一个政党的思想路线和政治路线。因此，意识形态上的混乱和偏差往往反映了一个政党在思想上和政治上的错误，有时它会导致全局性的瘫痪，甚至毁灭性的衰败。毛泽东说过，思想政治工作是一切工作的生命线，政治是经济的集中体现，经济利益的斗争最终都要通过政治权利的斗争表现出来。因为一个政党只有在掌握政权的基础上才能实现自己的经济目标，才能从根本上争得经济利益。也就是说，做好意识形态工作是取得其他各项工作胜利的重要前提。

最后，意识形态具有批评功能。

在每种社会形态中往往有三种不同的意识形态：一是反映这个社会占统治地位的经济制度和政治制度，并为其服务的意识形态；二是反映已被消灭和正在被消灭的旧经济制度和政治制度的旧意识形态；三是反映现存社会里孕育成长着的新社会因素的意识形态。这三种意识形态之间不可避免地要展开斗争，这是社会阶级斗争的重要方面。斗争的实质是维护现存国家政权还是反对现存国家政权。因此，占统治地位的意识形态为了巩固本国的政权和经济制度，一定会批判异己的意识形态。例如，在美国，反映旧制度的封建主义和反映新制度的社会主义思想就受到占统治地位的资产阶级意识形态的批判和打击，几乎毫无立足之地。[1]

2. 意识形态对经济的作用

任何一种意识形态都是在其载体和主体——某一特定的团体、阶级的实践过程中形成的，也是为该团体、阶级的整体利益服务的。在社会经济过程中，任何个人、团体、阶级的目标首先是保护自己的既有利益，其次是实现既有利益的增长。在实现这两个目标的过程中，意识形态的经济功能主要有：

第一，意识形态的节约功能。

意识形态通过政治宣传、社会教化，固定人们的行为范式，设定人们的行为界限，为人们应该如何行为提供价值理念上的共识，

1 汪宗田：《马克思主义制度经济理论研究》，人民出版社 2014 年版，第 116-117 页。

进而减少人们合作行为的摩擦费用。意识形态的伦理道德的约束力，还会减少执行制度规则的运作成本，提高制度运行的管理效率。在社会成员相信这个制度是公平的时候，个人就不会违反规则或侵犯别人产权，社会执行规则和产权的费用就会大量减少。

第二，意识形态的约束功能。

这种功能是克服“搭便车”行为的有效工具。所谓搭便车，是指人们在狭隘的个人主义利益原则的支配下，不负（付）任何费用从他人或其他团体那里获得好处，产生偷懒、欺骗、偷盗等机会主义行为。意识形态能迫使一些团体不再按有关成本与收益简单的享乐主义的和个人计算来行事。意识形态能够修正个人行为，成功的意识形态教育有利于人们提高对诚实、信赖、忠诚、良心等品德的效应评价，从而使搭便车或违反规则的行为减少。当社会形成一种有效的和积极的道德风尚，大多数人能够自觉地信奉某种意识形态所提倡的价值观念和伦理道德时，就可以有效地克服和抑制人与人交往中的机会主义行为倾向。意识形态无论在个人相互关系的微观层次上，还是在组织的意识形态的宏观层次上，它都提供了关于过去和现存的整体性解释，因此意识形态能够纠正个人行为，减少搭便车的现象。

第三，意识形态的激励功能。

意识形态所描述的社会或团体的理想和目标，对社会或团体成员更具吸引力和说服力，能激发社会或团体成员的信心和热情，获得所有成员的支持，愿意做出短期利益牺牲，采取集体行动，以实现行动的规模经济。在社会经济生活中，任何社会或团体采取的激励行动都不是盲目的、无意识的，而是受其意识形态影响和支配着。对社会团体以至整个社会来说，意识形态的作用在于使团体的行为披上代表全社会利益的外衣，表明其合理性，减少其他团体的抵触，尽可能争取社会的认同与支持。对此，马克思说，因为每一个企图取代旧统治阶级的新阶级，为了达到自己的目的，不得不把自己的利益说成是全社会全体成员的共同利益。

> 第四，意识形态调节经济运行的功能。
>
> 意识形态调节经济运行的功能，被称为第三配置。传统的理论认为，政府与市场是调节经济运行的两种手段，但这不能完全解释人类经济史中的经济运行状况，意识形态也是调节经济运行的手段。事实上，在原始社会早期，既无国家，市场又极为脆弱的情况下，社会经济是靠什么调节的呢？在恩格斯看来，这主要靠意识形态。在研究易洛魁的氏族时，他发现那里的“一切问题都由当事人自己解决，在大多数情况下，历来的习俗就把一切调整好了”。而习俗在当时来说恰好是意识形态的主要形式。在市场出现、国家起源后，习俗在经济生活中的作用并没有消除，只不过调节功能减弱。意识形态以一定的价值体系为标准，依靠内心理念调节和指导个人、企业和国家之间的利益关系，要求节制个人利益，从长远的总体上维持和发展整体的利益。市场经济活动是人与人之间的一种交互、交换和交往活动，这种交换活动应遵循公平竞争和于人于己的互惠原则。这除了经济法规和政策调节外，还要有意识形态的调节和规范，才能保证市场经济健康有序发展。[1]

意识形态在克服“搭便车”方面起到的作用，也为道格拉斯·诺斯（Douglass C. North）所重视，他将意识形态理论和产权理论、国家理论一起，当作其制度变迁理论的三块基石，成为其新经济史学理论体系的重要组成部分。在他著名的《经济史上的结构和变革》一书中，诺斯专门拿出一个章节——《第五章意识形态和白搭车问题》，依次探讨了意识形态的本质、意识形态的变革和成功的意识形态的特征，并对意识形态对经济学和经济史的意义做了详细论证。比如，诺斯在书中讲道：

> 如果没有一种关于意识形态的清晰理论，或更广泛意义上的关于知识社会学的理论，那么，我们揭示现行资源配置或历史变革的能力便会有很大的缺口。

1 汪宗田：《马克思主义制度经济理论研究》，人民出版社 2014 年版，第 117–119 页。

> 任何成功的意识形态都必须克服搭便车问题。其基本目标是为不按简单的、享乐的、个人对成本收益计算来行动的团体注入活力。这是主要的意识形态产生的重大推动力，因为没有这种行动，无论维持现存秩序，还是废除现存秩序都不可能。[1]

意识形态本身就是社会经济、政治、法律制度在意识上的反映，并经过系统化、理论化之后的思想体系。这个体系的形成过程，自然也是为它所反映的社会经济制度和政治法律制度以及权力结构和社会秩序的合理性、公正性进行论证的过程。所以意识形态最直接对应的是对政治的影响，它通过影响政治，进而创造良好的社会环境和运行机制，保证社会稳定，再由政治介入影响经济运行，节约制度的维护成本，促进经济发展。但是意识形态也可以通过影响经济理论从而直接影响经济的运行，即规范价值可以通过影响实用价值，从而影响实际经济的运行。比如，意识形态可以对现存的不合理的经济制度安排，给予合理化的解释，从而保障一定阶级团体的利益。再比如，是实行自由主义市场经济还是实行计划经济，这些抉择都受到意识形态深刻的影响。

其实，文化价值体系的每一个层次并不可能单独存在，必然是要三个层次上下结合，互相影响，所以虽然我们在上文单独将意识形态（规范价值）对一国政治、经济实践的影响做了分析，但意识形态在对这些社会实践发挥作用的过程中，必然也夹杂着理念价值和实用价值的影响。

四、社会变迁的文化政治经济学分析

梳理完马克思学说中的社会实践体系和社会学当中的文化价值体系这两个体系不同层次结构和内容的对应关系之后，接下来我们要将两个体系进行

1［美］道格拉斯·C. 诺斯:《经济史上的结构和变革》，商务印书馆 1992 年版，第 55、62 页。

融合，并对两个体系中不同层次结构和内容的相互关系进行推演，以期更全面、系统和准确地揭示社会变化发展的规律。

（一）传统马克思主义的分析框架

生产力和生产关系的矛盾分析，是马克思主义政治经济学的基本原理和基本方法，也可以说是马克思主义经济学的基本范式。正是从生产力和生产关系的矛盾分析入手，马克思主义为我们揭示出了人类社会产生、发展、变迁的基本规律。

首先，马克思认为生产力是最活跃的因素。现代社会，科技革命成为实现生产力发展的突破口和根本途径，而科技又是不以人的意志为转移、不断向前发展的，这就是说生产力会一直不断向前发展，不断发展的生产力必然要和原地不动的生产关系发生矛盾冲突，这样原先内部和谐的关系被打破了，生产关系成为生产力发展的阻碍，这就要求调整生产关系以适应新的生产力发展要求。同时生产关系的变革也会破坏上层建筑和经济基础之间的适应关系，上层建筑也必须主动或被动地根据经济基础的变化做出变革或者调整。

我们又知道生产关系和上层建筑代表了利益安排和人与人的不同地位，在阶级社会中，在当前生产关系中得利的阶级或者集团，为了自己的利益，他们会自觉地利用掌握的国家机器，采取行政、立法甚至更加激进的手段来维护这些既有的生产关系和与这些生产关系相适应的上层建筑，保证它拥有、占有生产资料的特权，保障他们的阶级或集团利益，他们倾向于阻碍任何变革甚至变革的倾向。

但新的生产力会造就新的利益群体甚至新的阶级，当新旧利益群体的矛盾达到不可调和的地步的时候，就会爆发阶级斗争和社会革命，通过社会暴力革命的方式构建新的上层建筑，并利用上层建筑的权力从行政、立法的层面来确定新的生产关系。马克思对此有过经典的记述："社会的物质生产力发展到一定阶段，便同它们一直在其中活动的生产关系或财产关系（这只是生产关系的法律用语）发生矛盾。于是这些关系便由生产力的发展形式变成了生产力的桎梏，那时社会革命的时代就到来了。随着经济基础的变更，全部庞大的上层建筑也或慢或快地发生变革。”

（二）文化政治经济学的分析框架

现在我们知道，在社会结构的各个层面其实都有相应的社会文化价值体系与之对应，现在我们再将文化价值体系作为一个维度，加入生产力发展要求生产关系变革，进而推动上层建筑变化的社会变迁过程，以考察经济基础、上层建筑和文化价值体系三者之间的互动过程，以及这种互动是如何推动社会制度变迁的。

首先，生产力是最活跃的因素，现代社会，科技革命成为实现生产力发展的突破口和根本途径，而科技又是不以人的意志为转移不断向前发展的。**当新的科技发明、生产技术在某一经济领域应用取得了成功之后，会引发大量新的社会舆论来研究解释这一新的变化，如果旧的理论无法有效解释，就会创生出能够解释这一现象的新的经济理论，有了新理论的支持和舆论推广，新的技术和生产力会被更大规模推广使用。**

这时候能够从新生产方式获得利益的阶级就会产生自己的社会思想，这些初期的思想即新阶级意识形态的雏形，可以为新的生产力和生产关系，为自己集团或阶级的利益辩护和发声，也就是我们中学历史课本中经常讲的一句话“为革命做好思想准备和舆论准备”。同时，在新的思想指引下，新兴集团或阶级也可能会逐渐产生自己的政治组织，以便更有力地争取自己阶级或集团的利益，也就是“为革命做好组织准备”。

我们又知道生产关系和上层建筑代表了利益安排和人与人的不同地位，在阶级社会中，在此生产关系中得利的阶级或者集团，为了自己的利益，他们会自觉地利用掌握的国家机器，采取行政、立法甚至更加激进的手段来维护这些既有的生产关系和与这些生产关系相适应的上层建筑，以保证他们拥有占有生产资料的特权，保障他们的阶级或集团利益，因此倾向于阻碍任何变革甚至变革的倾向。

这时候整个社会的意识形态领域首先发生了分裂。新旧生产关系的斗争首先发生在意识形态领域，当新的意识形态逐渐成熟，并被大多数人所接受认可的时候，新兴阶级的动员能力、组织能力会得到极大的加强，在时机成熟的时候就会变成新的政治组织，进行反对现有国家权力的斗争。如果推行顺利，就会“和平演变”，例如，英国的“光荣革命”；如果遭到强力阻挠，就会爆发社会暴力革命，例如，法国大革命。但无论如何，代表新的生产力的新兴阶级最终将取得国家政权，之后会利用取得的国家政权，变革旧的生产关系和上层建筑，推动建立适应新的生产力发展要求的生产关系和上层建筑，从而保护和扩大自身的利益。新的生产关系确立之后，可以使社会的经济基础得到巨大发展，反过来也会继续加强这一经济理论和意识形态，并使得上层建筑进一步做出适应经济基础的改革。至此，一个建立在新的生产关系经济基础之上的新社会产生，虽然新社会当中仍然会存在一部分旧的生产关系，仍然会存在旧的意识形态，但是已经不再是主流。

当然有的社会变革并不是按照这种顺序发生的，有时候也会是另一种演化路径，比如，有的社会形态，其经济基础和上层建筑皆是落后的，但是这个社会中的先进分子通过接受外来的新的经济理论和新的意识形态，并将这些新思想推而广之。要么通过上层路线让统治阶级接受新思想，推行新的经济政治制度；要么通过下层路线，发动群众通过暴力革命，建立起新的先进的上层建筑。但是因为意识形态的转变自有其规律，如果新的经济理论和意识形态极大地超越了落后的经济基础，反而会限制甚至阻碍生产力的发展，那么新建立的上层建筑的运行就会面临诸多阻力。如此一来，新建立起的上层建筑也必须改变、调整以适应落后的生产力，也必须产生新的意识形态以对社会现状做出令人信服的解释。也就是说意识形态和上层建筑并非越先进越好，不能照搬照套，必须与本国的经济发展阶段相适应。除此之外，意识形态和上层建筑也必须与本国的民族文化传统相适应。由于不同的民族有着不同的文化传统，所以在社会政治经济制度变迁的过程中，各民族依然会因为文化传统的不同，而产生或者选择不同的意识形态，建立各不相同的上层建筑或者说有着各具特色的上层建筑。比如，在20世纪，世界各地民族独立的浪潮当中，有些民族选择了马克思主义的社会制度，有些则选择了资本主义的社会制度。

在这个过程中我们可以看到，是生产力（科技）的发展首先引发经济理论（实用价值）的变化，同时与新的生产关系相适用的新的经济理论也会产生新的意识形态（规范价值），新的意识形态一旦被社会成员广泛接受，成为主流意识形态，占领社会思想领域之后，新的意识形态就会要求改变上层建筑的架构，以适应新的经济基础。上层建筑的改变是意识形态改变所带来的必然而然的结果，虽然改变的方式有可能是通过和平手段，也有可能是通过暴力革命。所以，社会的变迁并非生产力发展就会直接、机械地导致生产关系和上层建筑的变化，物质的、生产力的作用，必须通过意识的也就是文化价值体系的改变而发生作用。

经济发展理论、意识形态以及终极关怀都是“文化政治经济学”理论体系当中所说的“文化”的组成部分。一方面，文化价值体系内部的这三个层次之间，在不同的社会有不同的表现形式，三者的关系也并非完全统一、协调；另一方面，不同社会的社会实践在政治、经济方面，也存在不同的形式。一个社会的文化价值体系的各部分与社会实践中的各部分也存在适应或者不适应的情况，社会实践的发展，包括生产力和生产关系的发展变化，经济基础和上层建筑的发展变化，与整个社会的文化价值体系的发展变化并非完全同步和协调，与文化价值体系中的不同层次也并非完全同步和协调。简言之，就是人类社会经济基础和上层建筑会出现不匹配，文化价值体系三个层次之间也会出现不匹配，它们之间关联互动，互相影响，只有彼此都相互适应的情况之下，社会才会进入一个稳定良性的发展状态。

当然，上述分析是在阶级社会整体社会制度发生巨大变迁的时候，才会有大规模的社会革命，这主要是指人类历史上出现的从原始社会、奴隶社会、封建社会、资本主义社会到社会主义社会演变的过程中，才会有的历史规律。

在马克思主义被广泛传播并在苏联、中国等地区取得了革命胜利，建立了社会主义国家之后，也在不断地倒逼资本主义社会出台各种缓和阶级矛盾的政策，也就是说资本主义社会也在不断地做生产关系方面的调整以不断适应生产力的发展要求，虽然这些调整都并未改变资本主义生产关系的性质。所以当今社会，更多时候社会的变革并不是调整全部社会的生产关系，而是改革具体的经济制度和政治制度，在细节方面做局部的调整，以适应经济和社会的发展。比如，制度经济学派提出的诱导性制度变迁和强制性制度变迁理论，对于当今社会也有很强的解释力。

五、文化政治经济学的突破与创新

（一）理论的局限

马克思主义政治经济学通过研究生产力和生产关系，以及由此构成的经济基础和上层建筑之间的关系，深刻地剖析了人类社会的发展规律，在此基础上设计并追求建立一个全新的共产主义社会，由此描绘、规定了未来社会的基本特征：在这个社会中，经济基础、上层建筑以及这个社会为民众所提供的终极关怀都是崭新的，即经济基础是公有制，上层建筑是消灭了阶级对立的社会制度，终极关怀是全人类都能够全面自由发展的共产主义社会。

受时代的局限，马克思只看到了资本主义在西方国家取得成功，未能看到世界其他地区的国家在向现代化转型过程中所遇到的各种问题和障碍。马克思的政治经济学主要以英国为例，分析西方国家由封建社会向资本主义社会变迁的过程，分析资本主义社会的运行规律和根本矛盾，并未深入分析具有不同传统文化的国家在向现代化转型过程中可能会存在的不同道路选择，以及可能会遇到的文化理念方面的阻力和影响。比如，中华文明以及伊斯兰文明为主的前现代国家，能否向现代化转型？在转型过程中传统文化对政治经济有何影响？是否需要将政治经济学中国化或者伊斯兰化？

所以在后人实践马克思主义的过程中，遇到了各种问题：首先，社会主义并非在社会生产力高度发达的资本主义国家实现，而是在“帝国主义链条上最薄弱的一环”俄国实现，之后在中国、中亚、东南亚、南美的部分国家实现。这些国家都是先有了社会主义的上层建筑，然后回过头去改造社会的经济基础，最后是用共产主义信仰来替代本民族的文化传统。这是马克思未曾预料到的，即使马克思在给俄国查苏利奇的回信中，有过关于落后地区和国家或许可以跨越资本主义的“卡夫丁”峡谷的论述。其次，资本主义社会并未因为社会主义的出现而就此消亡，世界上出现了资本主义和社会主义长期共存的局面。两种社会形态在经济制度、政治制度和意识形态方面存在巨大差异，在“二战”之后迅速分裂为两大阵营，并长期“冷战”，后因苏联的解体而结束“冷战”，但是两种制度之间的斗争或竞争并未因此而消失。随着经济全球化的到来，实行两种制度的国家之间还必须存在政治、经济、文化等各方面的交往，如何看待，如何处理两种制度之间的差异，以及因为差异所引起的矛盾冲突，也是马克思时代未曾遇到过的问题。在这种情况下，我们无法完全参照马克思、恩格斯书本中的具体论述来建设社会主义，如何将马克思主义原理和方法论与社会主义国家的具体国情相结合，来指导他们的社会主义建设？这既是一个理论问题，又是一个实践问题。

（二）实践的探索

习近平总书记在庆祝中国共产党成立 95 周年的讲话中指出：“时代是思想之母，实践是理论之源。实践发展永无止境，今天，时代变化和我国发展的广度和深度远远超出了马克思主义经典作家当时的想象。同时，我国社会主义只有几十年的实践，还处在初级阶段，事业越发展新情况新问题就越多，也就越需要我们在实践上大胆探索，在理论上不断突破。”[1]

的确，时代发展到今天，已经为我们提供了诸多的观察样板：苏联在资本主义世界最薄弱的环节建立了社会主义国家，并带领一批东欧国家实行社会主义制度，然而却在 20 世纪 90 年代遭遇失败。中国通过前后 30 年的探

1 习近平：《在庆祝中国共产党成立九十五周年大会上的讲话》，人民出版社 2016 年版，第 9 页。

索，成功实现了从前现代国家向现代国家的转型，正在跨越马克思晚年所说的“卡夫丁”峡谷。

中国共产党长期以来都是在实践探索中发展马克思主义：在农村包围城市和武装夺取政权的革命实践过程中，我们总结产生了毛泽东思想，又用毛泽东思想来指导革命实践并最终取得成功；在建设社会主义市场经济体系的实践过程中，我们总结产生了中国特色社会主义思想体系，又用中国特色社会主义理论体系指导我们的经济发展取得了巨大的成功。目前的中国在深度融入全球化的过程中，在深入总结前后三四十年探索实践的基础上，需要继续将马克思主义与中国实践相结合，继续发展马克思主义，在价值观领域将马克思主义彻底中国化，在道路自信、理论自信、制度自信的基础上，树立文化自信，重塑中华文明体系，使中国在政治、经济、文化三个层面得以内在自洽、协同发展，进而为重建全球政治经济秩序和治理体系提出中国方案。

中国是社会主义实践较为成功的国家，马克思主义政治经济学的未来发展可能有两个重要方向：第一个方向是以中国特色社会主义建设的实践为例，研究社会主义政治经济学的基本规律，这类似于当年马克思以英国为例，研究资本主义政治经济学的基本规律。第二个方向是加入“文化”的维度，将政治经济学拓展、建设成为“文化政治经济学”，形成一种新的分析范式，在充分承认和尊重不同文明传统的前提下，研究如何将马克思主义在经济基础和上层建筑方面的普遍性与各民族各国家的特殊性相结合，从而发展出一套可以指导不同国家和地区根据自身情况实现现代化转型、推动自身文明进步的社会理论。这一方向同样也可以先以中国为例，即中国要首先创建“中国特色社会主义政治经济学”。

（三）突破与创新

通过前面的介绍，我们知道文化价值体系的三个层次之间是存在互动关系的，而马克思主义当中“马克思主义政治经济学”只研究了第一层经济基础和第二层上层建筑这两层的互动关系（当然生产力和生产关系这一层含在经济基础当中，是更低一层的关系），对应在文化价值体系当中就是，马克思主义只研究了第一层实用价值和第二层规范价值的关系。显然马克思的学说并未探讨第二层上层建筑与第三层民族精神、终极关怀之间的互动关系，对不同民族的终极关怀对上层建筑（意识形态）以及经济基础（经济发展理论）所具有的巨大的影响和制约作用论述不足，重视不够，即上层建筑是否需要与这个国家或者民族的传统文化和精神气质相融合、相匹配的问题，这也涉及上层建筑的普遍性能否和各民族的特殊性相适应的问题。马克思主义政治经济学可以说是放之四海而皆准的普遍原理，但是这个普遍性必须跟不同国家、民族的特殊性相结合才能发挥作用。而这个特殊性，不仅是一国政治上的特殊性和经济上的特殊性，更多的是指这个国家所固有的独特的文化传统，并从该国文化传统的角度去理解由该项传统所决定的政治和经济上的特殊性。

研究总结中国成功的实践经验，我们发现，其中最重要的一条就是中国共产党始终能够坚持解放思想，实事求是，将马克思主义与中国的具体实践相结合，这是我们能够取得社会主义建设胜利的最根本经验。在成功实践的基础上，我们才能够形成理论自信、制度自信、道路自信和文化自信。

本书所提出的“文化政治经济学”分析范式，就是在习近平总书记提出的“研究中国特色社会主义政治经济学”命题的指引下，在深入分析文化自信与其他三个自信之间关系的基础上提炼总结出来的。文化政治经济学，就是以马克思主义哲学为灵魂，以马克思主义政治经济学和科学社会主义学说为基础和主干，加入了文化的维度，即在研究生产力与生产关系、经济基础和上层建筑关系的基础上，再加入经济基础和上层建筑共同构成的社会实践与社会文化之间的相互关系分析。在分析的过程中，借用社会学中对文化的研究成果，从价值体系的角度，对文化的构成和层次做了拆解，将文化细分为理念价值、规范价值和实用价值三个层次，而这三个层次当中的规范价值和实用价值恰恰对应的是人类的政治和经济，规范价值和实用价值既是政治和经济实践的反映，也对政治和经济有能动的反作用。文化价值体系中最高一层的理念价值，其核心是本民族的终极关怀，近似于我们日常所讲的民族传统文化，它是在漫长的人类发展过程中形成的，具有很强的历史惯性，不仅不会轻易改变，而且无时无刻不在影响和制约着人类社会的发展和走向。任何一个国家向现代化转型的过程中，经济、政治制度的选择，都在不同程度上受到当时、当地社会文化价值观的约束，这些经济或者政治制度只有在符合整个群体价值观的前提下，才能够顺利推进，否则，将会遇到极大的阻力，甚至可能不得不半途而废。同时，新的社会实践一旦推进，就必然会形成与其相适应的新文化，将会对传统文化造成一定的冲击和改变，使传统文化得以演变和更新。

在制定一国的政治经济改革政策的时候，必须加入对该国传统文化的分析，重视传统、研究传统，在整个文明体系的框架内，将一国传统文化与该国政治、经济创造性结合，将理念价值、规范价值和实用价值整合成和谐统一、逻辑自洽的新的文化价值体系和社会实践体系，改革才能够算是真正成功。

在马克思主义政治经济学中加入文化的维度，可以使其更加全面和综合，使其在指导各国社会实践转型方面更有针对性也更具指导性。当然，将文化维度加入政治经济学，使得政治经济学的研究领域从二维变成三维，且文化自身又面临着传统文化与现代文化、国内文化与外来文化的区分、冲突以及融合，这些因素再与政治、经济相结合，无疑将会构成一个庞杂的理论体系。限于篇幅，在此只能将最基本与最核心的问题进行阐述，错误和遗漏在所难免，整个理论体系的构建需要在今后不断地完善和发展，才能更好地解释社会、解释现实，并指导实践。比如，在中观和微观领域，文化政治经济学依然可以具有很强的解释力：一个企业的生产、销售过程可以看作企业的经济基础，其盈利模式和商业逻辑可以看作企业的实用价值，企业的组织架构可以看作企业的上层建筑，章程管理运营制度看作企业的规范价值，而企业文化又可以统领企业上层建筑和经济基础的理念价值，生产经营和组织架构是企业的实践过程，盈利模式、商业逻辑、章程制度和企业文化可以看作实践的反映，这六者之间的互动关系，完全可以用文化政治经济学的分析框架进行分析，进而发展出独具特色的文化制度管理学。

第四章

源远流长：中华文明的延续之谜

孔子创立的儒学实现了中华文明终极关怀的双重突破，既实现了人的终极关怀的超越突破，又实现了社会治理和社会秩序的超越突破。但现代人对儒学的理解存在偏颇，在后来的发展过程中也出现了所谓的心性儒学、政治儒学之争，其实大可不必，中华文明的独特之处或者说早熟之处，就是在于同时实现了个人的终极关怀和社会秩序的双重突破，心性儒学对应的就是个人的终极关怀，政治儒学对应的就是社会秩序，儒学的“仁”和“礼”，心性和政治本就密不可分。

在第一章我们讲过，在轴心时代中国就已经产生了双重突破，中华文明是世界上第一个建立起了完整文化价值体系的文明。这套文化价值体系在轴心时代建立之后，经过不断发展、磨合以及实践，终于在汉朝定型，儒家理念成为中华文明的价值轴心，至隋唐时期，中华文明逐渐确立了以儒家为主体，儒、释、道三家既独立又互补的文化传统，维系着社会的稳定和朝代的变迁，主导了中国近两千年的社会发展格局。时至今日，我们仍然享受着这个文化传统的恩泽。

下面我们就以中国作为案例，用文化政治经济学的分析框架来解析这个伟大文明几千年发展演变的历史脉络，试图向世人展现——我们生活的当下，其实一直深植于我们的历史当中，护佑我们中华民族生生不息繁衍发展的是黎民百姓，是仁人志士，是王侯将相，更是我们的古老文明。

一、农耕时代：中华文明的形成与稳定阶段

（一）与命与仁——传统社会的理念价值

1. 原始宗教阶段

人类的早期，面对恶劣的生存环境，面对无常的自然灾害，出于维持生存的本能，人们试图搞清楚周遭的一切，并为这些现象建立起因果关系。当时的人们可以真实地感受到自然中有种种神秘的力量在左右着世界，左右着他们的生活，但却无法解释，所以很自然地产生了对大自然的敬畏，对神秘力量（鬼神）的敬畏，从而产生了阿尔弗雷德·韦伯（Alfred Weber）所说的各种类似太阳崇拜、图腾崇拜、偶像崇拜的神魔主义。随着时间的推移，这套神魔主义认知被不断地系统化、理论化、仪式化，这就产生了人类原始的宗教。

文明的出现，几乎无一例外都是始于宗教，靠宗教来解释世界，靠宗教来维护秩序，甚至依靠宗教来产生权力和政治。那个时期，人类文化的一切都

是由原始宗教供给，宗教就是社会文化，宗教为人们提供精神凝聚力，使之产生共同的文化归属感，为解决利益冲突提供文化条件，从而缓解利益冲突和氏族部落矛盾，维护社会的稳定。总之，宗教影响着人类生活的方方面面。

中国古代，“商人尚鬼”，从殷墟发现的大量祭器和甲骨文卜辞可以判断，商朝社会是依靠以祭祀和占卜为特点的宗教文化来提供社会秩序。商代人信奉最高的“帝”，认为死后的祖先“先公先王”可以“宾于帝”，在“帝”左右，从而保证他们作为子孙后代在人间的统治能够得到“帝”的青睐。祖先是人与“帝”之间最佳的中介，于是祖灵鬼神成为向“帝”祈福的对象。商人借助天、帝和祖灵鬼神来增强可信度，“帝”的青睐是其统治正当性的终极基础，而祖先保佑是其正当性的根本保证。[1]

2. 中华文明的双重突破

周灭商后，就开始用人文取代了宗教，周人把敬祖的虔诚与尊尊、亲亲、贤贤的人文态度联系起来，把殷人对祖先的虔诚转化为周人对人间秩序的遵守。

为了稳固统治，周公制定了一整套详尽周密的管理制度，大至天下九州、天文历象，小至沟洫道路、草木虫鱼。凡邦国建制，政法文教，礼乐兵刑，赋税度支，膳食衣饰，寝庙车马，农商医卜，工艺制作，各种名物、典章、制度，无所不包。广义的周礼指宗法制度，包括嫡长子继承制、分封制、宗庙祭祀制度；狭义的包括吉礼、嘉礼、宾礼、军礼、凶礼。

周礼并不只是一些仪制，而是跟整个政治社会体制结合起来在全国推行的典章制度，它以身份认定人的阶层、资源分配、权利和责任，以身份贯带德行的等级制管治人民。接受自己的身份，按自己身份做人做事，在这个过程中，仁爱、忠信、孝义成为整个社会的共识，因为权利与责任是稳定的、明确的，没有空子可钻，国家和百姓都会长治久安。

这套理念的背后是周人的宗教信仰系统，“观乎天文，以察时变，观乎人文，以化成天下”，天帝授命天子（人间的王），天子代天牧民，行赏赐，主国政，用兵务农。从天子、诸侯、大夫、黎民，各从其类。因为这种等级制

---

1 王鸿生：《历史的瀑布与峡谷：中华文明的文化结构和现代转型》，中国人民大学出版社2007年版，第104页。

是天道以天象的形式，即天文星宿的分布、从属、运行等关系，启示给人的。敬天，乐命，仁厚，守礼，知法，尽心，那就世界昌明，人心乐善，五谷丰登，万物有序，文明在兹了。

钱穆认为周公制礼不仅为中国建立了一统政治，“而尤其要者，在使政治制度，附就于社会伦理而存在。故政治上之一统，其最后根底，实在下不在上，在社会不在政府，在伦理而不在权力”[1]。在钱穆看来，周代政治的基础在于宗法，而宗法为中国在政治上的一统确立了社会伦理基础，其实质是将靠宗教信仰统治改为靠人文性的政治伦理统治。实质上，周公把大一统政治的文化基础建立在以宗亲为基础的社会伦理之上，是在为周朝政治统治的正当性打造一种可靠的价值文化基础。

> 六德、六行、六艺、十二职事等，都是在陶养人民的实践理性，要让人从生命总体的提升来体现其礼乐教养。也就是说，周公的制礼作乐，并不只如王国维《殷周制度论》之类论析那般，只是典章制度方面的事，而更是推动着一种社会文化运动，让国家成为一个文化实体，而非只是一个政治实体。“中国”的含义，即在此文化实践中才足以表现出来。[2]

周朝享祚800年，是我国历史上最长的朝代，很多人将其归结为制度，但龚鹏程认为周之所以为周，不只是它的封建井田等制度，更是它的文德礼乐。这套周礼周文，凝合了克殷以后的四夷万邦，也让几百年后王室业已衰微时，孔子、孟子仍对之钦迟向往不已，这就是文化的力量。中国人自诩礼乐文明之邦、自觉文化高超、相信文化力优于政治力，都是在这段时间确定的。

周礼实际上是把殷人的“宗教”改变为周人的“教化”，把宗教信仰人文化，使得中国人的终极信仰从尚神转变为人伦，这就把人从神圣的、神化的、不可更改的秩序当中解放出来，释放了人的主动性和创造性，使得人们

1 钱穆：《周公与中国文化》，此稿成于1958年10月，原载《中国学术史论集》（一），（台北）联经出版事业股份有限公司，1998年。

2 龚鹏程：《中国传统文化十五讲》，北京大学出版社2006年版，第214页。

的思想和精力都放在了如何思考和构建一个此世的美好社会，如何完善和维护一个此世和当下合理的社会秩序。正是周人用“人文”替代了商人的“尚鬼”，中华文明才得以实现了双重突破，既实现了人的终极关怀的超越突破，又实现了社会治理和社会秩序的超越突破，让中华文明成为世界上最先“祛魅”的文明，进而也是最成熟、最先进的文明。

孔子在周礼的基础上又进行了完善，通过“仁”和“礼”，体现出了中华文明终极关怀的内外双向进路：儒学理论的基本逻辑是从内在的人性出发外推出一系列的社会秩序规范，如仁、义、礼、智、信、孝、悌、忠、恕、勇，都是人性内涵的品质，也是社会道德的规范要求，同时还都是仁义在社会生活不同层面的延伸。仁义既是个体人格内在的道德精神境界，又是一种社会外在的道德价值规范，具有先验的理想目标预设韵味。人之所以为人，异于禽兽，甚至成为贤人，是看其是否在追求“仁”，而人类社会之所以成为社会，或者要想创建一个和谐社会、大同世界，在中国看来，是看其是否能够遵守“礼”。

孔子、孟子都把人性道德的本源定义为仁义，认为仁义不仅是人的道德本性，而且是人之为人的基本前提，并将“仁义”作为人生不可推脱的担当和生命存在的最终意义；“士不可以不弘毅，任重而道远。仁以为己任，不亦重乎？”人们向着成仁而存在，以“仁”作为存在的目的和根据，孔子讲为成仁可以杀身，孟子讲为取义可以舍生，“志士仁人，无求生以害仁，有杀身以成仁”。仁义是人之生的价值目标，是人之死的价值追求，人是可以以死来成就“仁”这个终极关怀的。缺失仁义，人就与禽兽无异。

与“仁”联系在一起的是“礼”，“克己复礼为仁。一日克己复礼，天下归仁焉”。如果说“仁”表达了在“天命”信仰下通过对内在道德的自我追求而获得生命存在之意义的话，“礼”就是“天命”信仰在传统和规制中的外化。在孔子那里，“礼”并不局限于具体的制度和规范，它具有理想性，“礼”是制度本身，也是制度之精神内核。“礼”是建立理想社会的标准和依据，克己复礼，就可以创造理想社会，体现了价值判断的标准，是价值的根源。依据或者符合这套社会伦理而建立的王朝、所实施的政治制度就会得到人们的拥护，而违背这套社会伦理而建立的王朝、政治制度就不会长久。

孔子创立的儒学实现了中华文明终极关怀的双重突破，既实现了人的终极关怀的超越突破，又实现了社会治理和社会秩序的超越突破。但现代人对儒学的理解存在偏颇，在后来的发展过程中也出现了所谓心性儒学、政治儒学之争，其实大可不必，中华文明的独特之处或者说早熟之处，就是在于同时实现了个人的终极关怀和社会秩序的双重突破，心性儒学对应的就是个人的终极关怀，政治儒学对应的就是社会秩序，儒学的“仁”和“礼”，心性和政治本就密不可分。

在对人性的理解方面，儒学表现出了一种“为天地立心，为生民立命，为往圣继绝学，为万世开太平”的自信的人文理念，排除从信仰的角度对全知全能神的依托。儒学始终立足于地，仰视于天，谆谆劝导于人，儒学视野里的文明基点建立在复杂的人性之上，其理想的人格模范是“圣王”，理想的政治是“仁政”，最终的社会理想是“天下大同”，这都是基于对人性的诉求，而不是对神性的诉求。

儒家的终极关怀，虽然强调人只有追求“仁”，才可以成人（仁）。但这种追求绝不是拯救哲学中仅仅通过个人信仰上帝，通过冥想打坐就能实现的。儒家思想不是形而上，而是体用不分，体用不二的，它将人之所以为人的终极关怀，贯穿到社会中每个氏族、每个家庭、每个个人的人伦日用当中，是在与当下的他人及他物相联系的过程中实现的，在社会实践中才能实现。

儒家不仅提出了终极关怀“仁”的目标，并且为实现“仁”这个目标规定了方法和路径：格物、致知、诚意、正心、修身、齐家、治国、平天下，这就是儒家终极关怀体系当中所包含的由内圣而外王的双重要求进路。可以说对儒学而言，离开了与他人及他物相互联系的现实过程，个体生命的安身立命就只能是空中楼阁。同样，儒学的理想世界建立在人世间，超越世界与现实世界是融为一体的，儒家的理想社会——大同之世就是存在于现实世界之中的。

> 大道之行也，天下为公，选贤与能，讲信修睦。故人不独亲其亲，不独子其子，使老有所终，壮有所用，幼有所长，鳏、寡、孤、独、废疾者皆有所养，男有分，女有归。货恶其弃于地也，不必藏于己；力恶其不出于身也，不必为己。是故谋闭而不兴，盗窃

乱贼而不作，故外户而不闭，是谓大同。[1]

“格物、致知、诚意、正心、修身、齐家、治国、平天下”的人生理想，“不患寡而患不均”的分配思想，“杀身成仁、舍生取义”重道义、轻功利的义利思想，“天下大同”“和谐社会”的社会理想，这些不光是中华民族历代典章制度的精神依托，也深刻地规范着中国人的思维方式和行为方式。中华民族的任何一个朝代、任何一个人都在为实现这一个大同世界的美好理想而不断努力、不断奋斗。

3. 华夷之辨——文化认同

华夷之辨，或称“夷夏之辨”，就是讲用什么标准来区分华夏与蛮夷。一般认为有三个标准：一是种族标准，华夏本就是族称，夷蛮戎狄也是族称，这是以种族血缘为标准。二是地理标准，华夏民族居住在中原地区，自称中国，其他少数民族居住于四方，《礼记·王制》：“东方曰夷，南方曰蛮，西方曰戎，北方曰狄。”三是文教意义，将是否认同周礼、认同华夏的礼乐文化，作为区分标准。

《诗经·大雅·民劳》说：“民亦劳止，汔可小康，惠此中国，以绥四方。”在此看出“中国”与“四方”开始相对，天下之中央有一国，与四方各国对应。“中国”作为一个与“四方”相对的概念除了空间上的区别外，还具有价值判断。周公说“皇天既付中国民越厥疆土于先王，肆王惟德用……”表明“中国”之具体内涵在于天命与德治的应和关系上。因此，“中国”乃是有德之地。在《左传》有“德以柔中国，刑以威四夷”。《大学》载：“唯仁人流之，摒诸四夷，不与同中国。”孟子说：“吾闻用夏变夷，未闻变于夷者也。陈良，楚产也，悦周公仲尼之道，北学于中国。”（《孟子·滕文公上》）可见“中国”与“四夷”相对，用以代表文明昌盛之地、礼仪之邦。这个概念及夷夏之分，孟子也很清楚地将之推本于周公。

龚鹏程认为把自己民族及其所在地视为宇宙中心，是世上许多民族或国家常有的概念。但文王、周公所提的中国概念则与之不同：第一，这个观念

1 胡平生、张萌译著：《礼记》，中华书局 2017 年版。

并不起于民族中心主义。第二，这个观念反而是后起的，我国早期并没有其他民族常有的民族中心意识。“天下意识”本来就是超越我族中心的，故后来天下与中国两个观念仍可相结合。第三，自居中国充满文化自豪感，认为自己的文化高于周边邦国，这种态度仍不脱我族中心心态。但中国观并不只是这种感情态度，更包含着实质的文化内涵。即中国之所以能为中国须有德，须是礼仪之邦。第四，这些实质文化内涵亦非就本民族本邦国已具备者说，不是以自己为标准的论断，而是说须达至这些实质文化内涵方足以称为中国。非“我即中国”，乃“我成为中国”。中国观，亦因此而是一项文化实践活动。这个活动具体表现于文王的修德和周公的制礼作乐。文王之德，成于克殷之前，使周朝的建立具有天命的正当性。周朝建立之后，周公的制礼作乐则让周朝真正成为中国。

“周礼”成为周王朝建立领主制封建国家政治机构的组织原则之后，其作为周族的典章、制度、仪节、习俗的总称的意义不仅依然存在，而且被扩大、推广到整个华夏族的势力范围。在当时，用不用“周礼”，已成为区分“夷狄”与“诸夏”的主要标志。这里的礼仪是指《周礼》《仪礼》《礼记》以及《春秋》。其中《春秋》是华夏礼仪的宗旨，三礼是具体的规则。

东周末年，诸侯称霸，孔子著春秋大义，提出尊王攘夷，发扬文化之大义。如楚国自称蛮夷，其后文明日进，中原诸侯与之会盟，则不复以蛮夷视之；而郑国本为诸夏，如行为不合义礼，亦视为夷狄。显然在之后的中国，我们主要认同的就是第三条标准，即中华民族是多民族融合而成，我们自2000多年前就已经用文化认同取代了种族认同和地理认同。

华夷之辨显示出中国文化内在的自我肯定与自我确证，以华夏民族的客观存在为实际依托，以超越民族界限的普世文化为最高理想的民族融合理论。中华民族的文化传统几千年来绵延不绝，是世界文明发展史上的奇迹，这都源于在春秋战国时代我们已经实现了双重突破，已经形成了完整的文化价值体系，这套文化价值体系有着极大的开放性和包容性，不同血缘和种族都可以在这套价值体系之中和谐共处，获得持久的认同和亲和，并自觉地继承和发扬，这就形成了中华民族无与伦比的向心力和凝聚力。

从此之后，中华文明绵延至今，薪火不断：先秦诸子百家争鸣，两汉经学兴盛，魏晋南北朝玄学流行，隋唐佛教崛起，儒释道三家并立，再到宋明发展成为理学，中华文明在理念价值层面基本保持了儒家思想为主导的大传统。

（二）隆礼重法——传统社会的规范价值

1. 儒家的礼治思想——克己复礼

“礼”最早是指夏商周三代的制度、规则和礼仪体系。孔子认为，西周初期确立的经世治国制度及相关的人文文化，是最接近他认定的人与社会理想的状态。他说：“周之德，可谓至德矣”“吾学周礼，今用之，吾从周”“周监于二代，郁郁乎文哉，吾从周”。孔子一生以维护、恢复“周礼”为己任，他的各项政治主张都是从这一总目标出发而提出的。他继承周礼，而逐渐发展出了儒家的礼治思想。

“礼”是中国传统文化的核心，也是中国传统社会的核心政治概念，同时也是传统政治法律制度的灵魂。中国人所有的思想行为都要在“礼”的规制之下，礼既是标准，又是限度。“礼”既规范着人们的日常行为又维系着制约官员权力的制度体系。钱穆曾这样解释过“礼”的概念：“礼”是一个家庭的准则，管理着生死婚嫁等一切家务和外事。同样，“礼”是一个政府的准则，统辖着一切内务和外交，比如，政府和人民的关系，征兵、签订合约和继承权位等。广义上的“礼”，既包括成文的规则仪式，也包括不成文的习俗惯例。狭义上的“礼”，则不包括国家的法律条文，仅指社会道德规范和风俗习惯。

> 礼既涵摄政治、经济、军事、法律、文化、教育、宗教、道德诸领域以及日常生活的各个方面，其重要性也就变得无所不在。《礼记·曲礼上》有云“道德仁义，非礼不成，教训正俗，非礼不备。分争辨讼，非礼不决。君臣上下父子兄弟，非礼不定。宦学事师，非礼不亲。班朝治军，莅官行法，非礼威严不行。祷祠祭祀，供给鬼神，非礼不诚不庄。是以君子恭敬撙节退让以明礼”。这段关于礼的经典表述，不但突出了礼的规范性质，而且表明，总名为

礼的这种社会规范，也是当时各种活动及行为最终的和唯一的判断标准，具有普遍的和最高的权威性。[1]

荀子《荀子·礼论》说：

礼起于何？曰：人生而有欲，欲而不得，则不能无求；求而无度量分界，则不能不争。争则乱，乱则穷。先王恶其乱也，故制礼义以分之，以养人之欲，给人之求；使欲必不穷乎物，物必不屈于欲，两者相持而长，是礼之所起也。

故礼者，养也。刍豢稻粱，五味调香，所以养口也；椒兰芬苾，所以养鼻也；雕琢刻镂，黼黻文章，所以养目也；钟鼓管磬，琴瑟竽笙，所以养耳也；疏房檖貌，越席床第几筵，所以养体也。故礼者，养也。

礼义所要解决的首先是人们基本的日常生活，对人生的各种欲望需求做了分别，长幼、贵贱、贫富、各色人等，其所养耳、目、口、鼻、身体、威望者各不相等，故其服饰、饮食、房舍、声乐亦各有等差，以满足不同程度的欲求。有这样一套规范，既可以让人吃饱、穿暖、住好，满足人对物质生活的要求，同时还能让人赏心悦目，给予精神生活的享受。礼是为人民的美好生活服务的，它首先是从物质经济入手，满足和规范人的最基本的欲望和物质生活需求。故礼者，养也。

其次，礼也是规范社会秩序的一套手段。即这套秩序既包含普遍性，又承认特殊性，各自归位，各司其职，不至于混乱。礼，其所以能养，便在于它的“分”和它的“别”。荀子《荀子·礼论》说：“君子既得其养，又好其别。曷谓别？曰：贵贱有等，长幼有差，贫富轻重皆有称者也。”董仲舒在《春秋繁露·度制·第二十七》中讲，孔子曰：“不患贫而患不均。”故有所积重，则有所空虚矣。大富则骄，大贫则忧，忧则为盗，骄则为暴，此众人之

1 梁治平：《为政：古代中国的致治理念》，生活·读书·新知三联书店 2020 年版，第 268 页。

情也。圣者则于众人之情，见乱之所从生，故其制人道而差上下也，使富者足以示贵而不至于骄，贫者足以养生而不至于忧，以此为度而调均之，是以财不匮而上下相安，故易治也。

礼是“养人之欲、给人之求”，是中国先哲对人性以及自然、社会通盘思考之后的社会治理解决方案。“人生而有欲，欲而不得，则不能无求；求而无度量分界，则不能不争。争则乱，乱则穷。”人的欲望是无穷的，但是一定时间、一定范围内的资源又是有限的，如果不节制欲望，人与人之间就会产生纷争，要解决这一矛盾，主要是靠礼义来规定、限制人类的欲望，同时又可以满足人民的需求而不过分，不会因为过多地索取而导致自然生态的破坏，“使欲必不穷于物”“使物必不屈于欲”，避免导致人类社会的争斗和战乱，使得社会可以和谐共处。中华民族之所以源远流长，也受益于这种“以礼为制”的可持续的发展观。

广东省文物考古研究所研究员、中国考古学会理事卜工在其《文明起源的中国模式》一书中说道，礼治的发生和发展、完善和成熟是中国古代社会的独特经历，是中华文明的核心特点，也是中华文明起源的基本脉络。还有学者认为，“古礼是一种社会联系方式，是一种社会管理体制，是一种社会运行机制，是当时社会制度的主要内容，是中国古代社会最大的政治”[1]。可以说从“周公制礼”开始，中华民族发展出来的这套“礼教”是一套内容丰富、完整的文化价值体系，既包含中国人的理念信仰（理念价值），又具有法律规范内容（规范价值），还包括社会习俗养成（实用价值），逻辑自洽，体系完整，是中华民族得以源源不断、和谐有序发展的最根本的精神和制度保障。

2. 法家的法治思想——一断于法

“法”在古汉语中比“礼”出现得晚，“礼”在春秋战国之前是一个无所不包的概念，“法”被认为是从“礼”中派生、衍生出来的一个概念。“法”和“礼”一样，也是规范人民的行为准则，但是“法”更强调外部的强制性。

在规范价值层面来看，中华文明在政治上也非常早熟，周代已经实现了

1　翟玉忠：《国富新论——中国经济学轻重之术》，中央编译出版社 2013 年版，第 40 页。

完备的礼治秩序，但礼治秩序实现于周，也瓦解于周。春秋战国礼崩乐坏，礼治之下的封建宗法秩序全面解体，在此背景下，基于重建社会秩序的思考，涌现出诸子百家，分别提出了各自的学说。诸子百家对于社会构建、政治理念的思考和著述，颇为丰富，且相互争鸣，盛况空前，使得春秋战国时期成为我国思想和文化最为辉煌灿烂、群星闪烁的时代。据《汉书·艺文志》的记载，数得上名字的一共有 189 家，4324 篇著作。其后的《隋书·经籍志》《四库全书总目》等书则记载“诸子百家”实有上千家。只是流传较广、影响较大、较为著名的有 10 家，并逐步发展成学派。

吕思勉在《中国政治思想史》中讲：“然则先秦诸子，有没有错误之处呢？自然是有的，其错误而且还颇大。假使先秦诸子而真见用于世，见用社会，而真本其所学以行事，其结果，怕会弄得很糟。”[1] 吕思勉认为先秦诸子的思想，大都是落伍的。他认为农家是根据神农时代的思想发展而来，道家是根据黄帝时代的思想发展而来，墨家是根据夏禹时代的思想发展而来，儒家和阴阳家是根据西周时代的思想发展而来，法家和兵家是根据东周时代的情况发展而来。法家之学，在先秦诸子中最为新颖，只有这一家（法家）见用于时，而且见用之后，能取得天下，确非偶然之事。“春秋战国之际，与礼治崩坏相对应，‘法’之观念转盛，‘法家’学说勃兴。礼、法分途，法胜于礼。秦灭六国，将此一转变推至极端。”[2]

法家是中国历史上提倡以法治为核心思想的重要学派，强调国家秩序，以富国强兵为己任。商鞅、慎到、申不害皆是法家代表人物，三人各有特点侧重，分别提倡重法、重势、重术。法是指健全法制，势指的是君主的权势，要独掌军政大权，术是指驾驭群臣、掌握政权、推行法令的策略和手段。韩非则提出了将三者紧密结合的思想，成为法家思想的集大成者。韩非说：“凡治天下必因人情。人情者有好恶，故赏罚可用。赏罚可用则禁令可立，而治道具矣。”“故明主之治国也，适其时事以致财物，论其税赋以均贫富，厚其爵禄以尽贤能，重其刑罚以禁奸邪。使民以力得富，以过受罪，以功致赏，

1 吕思勉：《中国政治思想史》，中华书局 2014 年版，第 19 页。

2 梁治平：《为政：古代中国的致治理念》，生活·读书·新知三联书店 2020 年版，第 281 页。

而不念慈惠之赐。此帝王之政也。”法家明确表示不要亲情，不要恩惠，因为亲情和恩惠会连带出许多复杂的因素，把社会秩序搞乱。

法家的人性论理论基础则是毫不隐讳地承认利己，承认性恶。以人性有恶为出发点，积极倡导君主专制，以法术势行霸道，推行酷刑重典，“恩威并重”，治百官万民于下。儒家强调“列君臣父子之礼，序夫妇长幼之别”，着重于贵贱、尊卑、长幼、亲疏之“异”，所以强调以因人而异的“礼”为社会民众的行为准则。而法家则强调“不别亲疏，不殊贵贱，一断于法”，希望以一刀切的、一视同仁的法律，约束百姓的行为，重点强调“同”。

法家思想作为一种主要派系，他们提出了至今仍然影响深远的以法治国的主张和观念，这就足以见得他们对法制的高度重视，以及把法律视为一种有利于社会秩序的工具。这些体现法治建设的思想，一直被沿用，成为中央集权者稳定社会的主要手段。

秦国任用了法家的商鞅进行变法，使得国力强盛，最终实现大一统。之后以“郡县制”替代“分封制”，车同轨、书同文，使得当时的秦王朝成为全球最早的现代意义上的国家，中国也在后来 1000 多年的历史长河中遥遥领先于西方。法家思想在混乱的战争年代，确实起到了富国强兵的作用，但随着天下一统，只依靠法家外部的严刑峻法进行统治的方法已经不合时宜，刚刚一统的秦朝也迅速被农民起义推翻。所以必须有一套能够得民心、顺民意的意识形态，让百姓心悦诚服地接受这个王朝的统治，社会才能稳定发展。这时候儒家思想因其强大的社会凝聚力，而走到了历史的前台。

3. 中国的经学时代——隆礼重法

经学时代这一概念是冯友兰先生提出的，他的《中国哲学史》把中国思想史划分为子学时代和经学时代，经学时代是指有主流思想的时代。经学一般意义上理解就是研究经典著作之学，但自董仲舒提议独尊儒学之后，经学成为官方确认的国家意识形态，用以统一人民的思想，这个词就有了特殊含义。

经学的真正确立是在汉武帝时期。

春秋战国时期，诸侯百国相互征伐，诸子百家相互争鸣，秦始皇统一中国后，政权却又迅速垮台，汉高祖刘邦凭借武力取得天下。但武力可以一时统一中国，要维护长久的统一必须依靠统一的文化。借鉴秦“二世而亡”的教训，董仲舒提出要维护汉朝的长久与统一，必须“推明孔氏，抑黜百家”。汉武帝接受了董仲舒“独尊儒术”的建议，置五经博士，罢百家之学的博士，博士弟子毕业后，优秀者可任政府官员或地方属吏，改变了政府人员的构成，文人为主的政府得以实现。五经博士及其弟子，以“五经”为研习对象，从而形成了经学。

董仲舒提出独尊儒学，就是从春秋诸子百家中挑选出儒家思想作为整个社会的正统思想，这不光在中国思想史上，在人类思想史上都是一大创举。

从中国文化的历史来看，经学出现的前提是汉王朝运用国家的力量把历史上自然形成的文明经典宣布为国家经典，设立博士制度专门研究，于是“五经”成为国家政治、法理、意识形态的根据。将中华文明的经典在国家制度层面确立其地位，保证其传习，欲使之永久不变，客观上为中华文明的传承提供了体制上的保障，这也就确立了经学在中国学术体系中的核心地位，经学学术于是迅速发展起来，成为汉代学术的主流形态。孔子儒家对学习的重视与经学结合起来，赋予了中华文明作为一个崇尚学问的文明的特色。汉代儒学和经学合为一体，儒学也确立了作为主流思想的地位，与中央集权的统一相适应。[1]

儒家虽然从汉代起取代了法家的地位，成为正统的意识形态，但实际上儒家思想已经极大地吸收、借鉴了阴阳、墨、名、道、法各家之长，尤其是重点吸收融合了法家思想，赋予礼以法的意义，形成了融法于礼、礼法并施、隆礼重法的思想。前文讲到的荀子，他既反对儒家重视礼治而轻视法治的作用，又反对法家重视法治而忽视道德的作用，荀子把礼与法相结合，开礼法融合之先河。荀子认为礼是“治之始”，而法是“治之端”，“人君者，隆礼尊贤而王，重法爱民而霸”。要想国家长治久安，必须隆礼重法。

实际上，“独尊儒术”以后儒法两家的关系，是一种显文化和隐文化的关系，即儒学备受推崇，以正统的意识形态身份起作用，而法家虽受贬抑，但仍以隐蔽的心照不宣乃至“日用而不知”的方式起作用。[2]“天道之大者在阴

1 陈来:《中华文明的核心价值——国学流变与传统价值观》，三联书店 2015 年版，第 86 页。

2 张岱年、程宜山:《中国文化精神》，北京大学出版社 2015 年版，第 106 页。

阳。阳为德，阴为刑；刑主杀而德主生。”（《汉书·董仲舒传》）自东汉以后，这种德刑融合、礼法一体的统治体制，成为中国传统社会的基本政治格局。

> 礼与法并为礼法，德与刑合为德刑，儒生与文吏融合为士大夫。由此确立的礼法观念和德主刑辅格局，支配中国社会达二千年之久。[1]
>
> 传统中国的政治文化是一种礼法文化，传统中国的统治体制是一种礼法体制。之所以要礼法合治，其直接原因是礼治与法治并不是相互对立和互相排斥的，在政治统治中它们有各自不同的功能。礼是“王道”政治的要求，“礼足使人诚服”；而法则是“霸道”政治的要求，“刑足使人慑服”。传统中国的统治者既需要“王道”，也需要“霸道”。这种“霸王道杂之”的政治统治，需要“礼法相济”“隆礼尊法”。[2]

汉武帝从根本上改变了战国以来的思想政治格局：从诸子之学转移到五经之学，从而也导致了士人、官僚体系思想的根本变化，进而导致了政治制度、社会治理制度的根本性变化。自汉朝开始，克己复礼的儒家思想深入人心，孟子从性善论推导出他的仁政治国理论，奠定了中国长达2000年的“德政一体、以德统政”的道德政治，成为主导中华文明发展的政治理论和意识形态。汉朝因为有了官方的意识形态建设，政权有了合法性的理论支撑，并得到全民认同，所以中国社会开始进入长治久安的稳定时期。在之后中国发展的历史当中，任何一位帝王将相即使手握权力，都不得不遵守这套为世人所接受的伦理价值，因为一旦违背，一方面会有士大夫阶层集体起来反对，甚至出现“文死谏”的情况，中国士大夫阶层素有“从道不从君”的传统，他们并不将自己看作皇帝的家臣，而认为自己有替天行道的责任，本着修身、齐家、治国、平天下的纲目，维护社会秩序，这是一种儒家贯穿始终的政治主体意识；另一方面如果士大夫阶层依然不能阻止皇权的专横滥用，就会有农

1 梁治平：《为政：古代中国的致治理念》，生活·读书·新知三联书店2020年版，第315页。

2 俞可平：《礼法合治与中国人的行为方式》，载《中国治理评论》2021年第1期。

民或地方军官仗义起兵（起义），举起“替天行道”的大旗，来按照儒家这套意识形态重建新的王朝。中国历史上“道统”制约“政统”的传统由此形成。

4. 中国古代的政治实践

在这套理念价值和规范价值的指引之下，中国历史上逐步建立起了近乎完备的社会政治、经济、文化制度。

在原始社会，通过血缘关系、部落聚集，人群的规模较小，部落首领或者酋长掌握权力，还谈不上大规模的社会组织。奴隶社会和封建社会的组织方式基本是氏族贵族统治和封建贵族统治，君主将土地分封给自己的亲戚或者官员，这些人在自己分封的土地上享有实质性的自治。这是一种化整为零的管理方式，因为政治形态不发达，管理能力有限，面对大面积的国土和居民，只能用这种方式来组织管理。中国的周朝是典型代表，周天子共设 71 处封地，其中 53 处由他的亲戚治理，剩下的分给其他文武官员。这种方式到了后期带来了很多的弊端，封地发展壮大之后，不听君主号令，相互征伐，抢占领地，导致社会生灵涂炭，动荡不安。

公元前 221 年秦灭六国，中国建立了大一统的中央集权国家，中央机构实行“三公九卿制”，地方上彻底废除“封诸侯，建藩卫”，用郡县制代替分封制，用中央选拔任命的官僚代替世袭的贵族来统治广阔的疆域和众多的人口，由此中国成为世界上第一个现代意义上的国家。秦初灭六国设 36 郡，后又在河套地区设九原郡，在两广地区设南海、桂林、象三郡，共为 40 郡。郡下设县，万户以上设县令，不满万户设县长。县以下设乡，乡以下设亭，亭以下设里（里即村落）。十里一亭，亭有长；十亭一乡，乡有三老、有秩、啬夫、游徼（分别掌教化、听讼、赋税、循禁贼盗）；最基层的是里，里的头人为里正。中国建立了统一的多层次的官僚行政机构，提倡非人格化的行政机构，采用任人唯贤的标准选拔官员，用以取代之前贵族治国的传统。皇帝制、三公九卿制和郡县制是一套完整的政治制度，此后 2000 多年的中国社会万变不离其宗，基本沿用了这一制度。

汉随秦制，汉高祖将郡县制保留，但是也对跟随他建功立业的大将以及刘姓家族进行了分封。汉景帝听取晁错的建议开始削藩，导致了七王之乱，虽被镇压，但是削藩并未成功。汉武帝采取主父偃的建议，实行推恩令，诸王侯的支庶受封为列侯，不少王国也先后再分为若干侯国。按照汉制，侯国就隶属于郡，位居第七位与县平级。因此推恩令施行之后，中央直辖土地不断扩大，王国藩地越来越小，封建制被瓦解，西汉开国百年之后，中国终于变成了一个彻底的郡县制国家，这套政治体制在中国基本稳固下来，成为维护中国大一统政治格局的先进制度。

汉代是中国第一个真正意义上的王朝，文景之治为汉代打下了牢固的政治和经济基础。虽然自秦汉起，已经在探索建立这样的制度，但是不但粗疏，而且与贵族掌控权也没有完全断绝关系。这一制度的最终确立是在隋唐，隋朝在吸取了历史的经验教训之后，建立了当时世界上最完备的文官制度，设立内史省、门下省、尚书省为最高政务机关。唐朝在隋朝的基础上进一步确立和完善了文官制度，中央设三省六部，一定程度上保持了各部门的专业分工和权力平衡，提升了国家治理能力。与之配合的是，唐朝还沿用、完善了隋朝开始的科举取士制度，从民间为政府公开选拔人才，形成了极其严密的官僚及其培养体系。文官制度的意义在于使政府相对独立于皇家，官员可以来源于民间，不但要比皇家子弟勤奋、了解民情，而且随时可以撤换，不会因世袭而陈陈相因；又因为“为人谋而忠”的儒家传统和“士为知己者死”的感恩，所以比贵族更忠于社稷。“中国历史上的科举制度对世界文明的贡献，是堪与物质文化领域中的四大发明相媲美的。从对世界文明的影响看，科举制度可以称为‘中国的第五大发明’。”这两项制度，奠定了中国传统政治后一千年的稳固基础。《唐六典》更是中国传统政治留下的最大、最有价值的行政法典，是中国此后 1000 多年传统社会的楷模和基础，从世界历史论，也是如此。这也使得唐朝成为全球最为强盛的国家，当时的生产总值占了全球的 3/4。中国的这套政治制度，即使在元、清少数民族统治时期，也未有大的变动。文人和官僚合二为一的制度，在西方直到19世纪的英国才开始出现。从汉代的“三公九卿”再到唐朝的“尚书六部”，古代中国的社会治理能力与治理体系远远超越西方。

西方贵族社会功名可以世袭，财富可以传承，更容易造成起点的不公平，从而形成阶层固化，不利于社会的发展。中国古代社会确立了以知识和文化来确定社会地位的价值体系，知识取代财富作为历朝历代中决定社会升迁和社会地位的标准。这一价值体系的好处显而易见，知识文化不像财富那样可以继承，每个人都需要靠自己后天的努力来学习才能获得社会地位，从而培育全社会尊师重教、崇尚知识、崇尚理性的社会文化氛围。这一制度设计还可以使社会精英周期性地“向下流动”，从而让更多底层的优秀人才有机会晋升，并用自己的才华为社会做贡献。

（三）重本饬末——传统社会的实用价值

1. 中国古代的科学技术

人类历史上，中国是精耕农业出现最早，也是延续最久的地区。中国的农耕技术在周朝就已经十分发达，当时已经有了相当先进的耕作和选育种技术，发展出了劳动力密集的精耕农业。在战国时期《吕氏春秋》一书中有《上农》《任地》《辨土》及《审时》四篇农书，其内容包括如何选种、精耕细作、合作轮种、防治虫害、合理施肥等。在秦汉年间就订立了二十四节气，掌握了农时，并且发展出了领先世界的种植技术，铁犁、耧车、翻车、风车等都开始应用在农业领域。同时冶炼技术的发展，也极大地促进了生产力的提高，铸铁（生铁）冶炼技术的发明是在春秋晚期，而战国发明的铸铁柔化技术，更是促进了当时铁制工具的广泛使用，秦汉时期炒钢技术和百炼钢工艺日渐成熟，铁制工具的广泛使用，便利了砍伐树林，开垦荒地，促进了耕种效率的提高、农业的发展以及水利灌溉技术的进步。

农业生产需要时间周期，农业的耕种和收获是以年为时间单位的，只有稳定，才能春种秋收，才能不断地提高耕作技术、提高产量。农业生产又需要延续性，包括土地、工具的占有才能长久，因为农业技术和生产资料需要延续和积累，今天的收获就是明天的种子。财富的延续，主要是土地的继承。这两点，对农耕生产必不可少，要稳定，就要人与人之间和谐合作，要延续，就要重视血缘的纯正，要分清正支和旁支，要保持以辈分为基础的等级制。这也是区别于游牧社会的特征，游牧社会没有严格的地域观念，他们的生产资料也就是生活资料是流动的，因而家庭观念就比较淡薄。[1]

《周髀算经》原名《周髀》，是中国最古老的天文学和数学著作，约成书于公元前1世纪，主要阐明当时的盖天说和四分历法。唐初规定它为国子监明算科的教材之一，故改名《周髀算经》。此书采用最简便可行的方法确定天文历法，揭示日月星辰的运行规律，囊括四季更替、气候变化，包含南北有极、昼夜相推的道理，给后来者的生活作息提供有力的保障，此后历代数学家无不以《周髀算经》为参考，在此基础上不断创新和发展。日本学者能田忠亮便以《周髀算经》中的北极星（北极璇玑）到北天极的距离，归算出其成书年代大约在公元前5世纪到7世纪之间。《周髀算经》在数学上的主要成就是介绍并证明了勾股定理，代表着当时世界上最高的数学水平。

《九章算术》是《算经十书》中最重要的一部，成书于公元1世纪左右。其作者已不可考，一般认为它是经历代各家的增补修订而逐渐成为现今定本的，西汉的张苍、耿寿昌曾经做过增补和整理，其时大体已成定本。最后成书最迟在东汉前期，现今流传的大多是在三国时期魏元帝景元四年（263）刘徽为《九章》所作的注本。《九章算术》内容十分丰富，全书总结了战国、秦汉时期的数学成就，同时在数学上还有其独到的成就。《九章算术》不仅最早提到分数问题，也首先记录了盈不足等问题，《方程》章还在世界数学史上首次阐述了负数及其加减运算法则。它是一本综合性的历史著作，是当时世界上最简练、有效的应用数学，它的出现标志中国古代数学形成了完整的体系。

在医学方面，战国时期已经有内科、外科、儿科、妇科之分，扁鹊创造了汤药、针灸等疗法，这一时期成书的《黄帝内经》《扁鹊内经》全面总结了当时的医学成就，至今仍是我国乃至世界的医学宝典。到了秦汉阶段，中国的医学在药物方剂和临床医术上取得了重要进步，如《神农本草经》的问世标志着有中国特色的药学系统形成，张仲景的医学巨著《伤寒杂病论》和华佗发明的麻沸散、五禽戏则反映了当时临床医术的水平。

英国学者李约瑟（Joseph Needham）在他所著的《中国科学技术史》中写道："中国文献清楚地向我们展示了一个又一个不平凡的发明和发现，考古证据或绘画实物证实中国的发明与发现比欧洲的或照搬采用的发明与发现一般

1 许嘉璐：《中华文化的前途和使命》，中华书局2017年版，第211页。

往往领先很长时间……不管你探究哪一页，中国总是一个接一个地居世界第一。”[1] 中国古代的天文、地理、数学、医学等领域内所取得的成就，极大地造福了包括中国人民在内的世界各国人民。

2. 中国古代的政治经济学——轻重术

中国在 2000 多年前的秦汉时期，就有了发达的市场经济，当然这个市场经济是以农产品和手工产品为主的市场经济。许倬云在《万古江河》一书中写到中国的精耕农业和农舍手工业之间相辅相成，前者提供粮食，后者补足粮食以外的生活必需品。同时，农舍手工业的产品，可以作为商品，为农户增加非农业性收入。

“农舍手工业的产品，散布于广大的农村，必须有集散的机制，各地的地方性的特产，也须有流通机制。为此，商品营销与流转，遵循道路运送，市集交换集散，遂构成一个经济交换体系。”[2] 许倬云在《汉代农业》一书中，专门讨论汉代农业性市场经济系统的形成。这一经济体系，建立在逐级集散的市场网，并有相应的道路网络，联系各处的是市集与城镇。中国各地，经由市场网，有商品的集散与流通。市场网依附于道路网，以经济交换功能，将中国凝聚成一个难以分割的经济共同体，其整合的坚实，竟可超越政治权力的统合。中国从战国到汉代，城市经济已经相当发达，《史记·货殖列传》中的富人，颇多由工商业致富。

姚中秋在《道统与宪法秩序》一书中也持同样的观点，他认为：

> 单就经济领域而言，自战国始，中国就已是市场经济体制。……春秋后期，封建制渐行瓦解，土地产权集中于大夫之手，而形成完整之私人所有权制度，故而可以自由交易。人民也从封建共同体中游离出来，享有在社会结构和地域上的流动自由，形成相互平等之士农工商“四民”社会。相对完整之产权与自由而平等之国民结合，足以形成广泛的市场交易。而当时各国所指定之国家法

1 ［英］李约瑟：《中国科学技术史》，科学出版社 1990 年版。

2 许倬云：《万古江河》，湖南人民出版社 2017 年版，第 120 页。

律也即刑律，是为市场经济交易提供保护的。[1]

中国税务杂志社综合研究组研究员王小强得出的结论是：汉代一般小农之家，其收入中有近 2/3 来自市场交换。他近乎愤怒地抨击了将中国古代硬说成欧洲封建社会自给自足经济的观点，他说：

> 两千多年前，标准小农在种粮食而不是经济作物的情况下，三分之二都要进入市场流通领域。如果考虑到不太标准的小农，再加上丝绸、棉花、茶叶、烟草、陶瓷、花卉、煤炭等产业，史料大量记载，成村、成乡、成地区，几乎 100% 的专业化商品生产，量变足以发生质变了，怎么能和封建西欧不加分别，囫囵吞枣，愣说中国古代也是自给自足的自然经济呢？[2]

中国之所以在 2000 多年前秦汉时代，就产生了几乎将全社会成员融入全国性市场网的农业性质的市场经济，翟玉忠认为原因有两个：

一个就是许倬云说的依托于全国道路网的市场网形成了庞大的商品逐级集散机制。另一个就是得益于中国当时金融上的创新，即贱金属货币铜钱的大量使用。

李锦彰在《货币的力量》一书中写道："中国不仅最早只选用铜作为币材，而且从殷商开始直到清朝中期的数千年漫长岁月中，金属铜一直持续不断地作为中华帝国的主要货币材料，这在世界货币史上是鲜有的。金、银、铁是在铜作为币材选择之后，作为辅助币材被使用的。黄金可能是进入铁器时代后，以它特有的稀缺性和充当储藏价值的适当性一直也作为货币使用，但一直没有像欧洲等世界其他民族或国家那样在相当长的时期将其作为货币主体。"[3]

翟玉忠认为：与古代西方商品交换多用金银不同，铜币可用于小额贸易，

1 姚中秋：《道统与宪法秩序》，中央编译出版社 2017 年版，第 157–158 页。

2 王小强：《最发达的市场经济》，《香港传真》，2011 年 1 月 31 日，第 41–42 页。

3 李锦彰：《货币的力量》，商务印书馆 2004 年版，第 31 页。

能够将包括乞丐在内的最大多数民众卷入全国性大市场之中，这是中国市场经济得以长期繁荣的关键，也是西方市场经济长期不发达的“金融瓶颈”，所以翟玉忠认为中国古代并不是自给自足的自然经济。生产足够用于交换的剩余产品的精耕农业、农舍手工业、遍布全国的市场网、铜币的长期大量使用，使中国早在2000多年前就产生了高度发达的市场经济，并在高度发展的市场经济的基础上，产生了高度发展的中国古典政治经济学——轻重术。

轻重术主要是在《管子》一书中记载。对《管子》一书的来历有不同说法，《千年金融史》中表述为：“唯一可以归于稷下学宫的著作是一份集合了许多文章的作品，名为《管子》。《管子》以齐桓公与管仲的虚构对话体写作，这两位人物都生活在齐国。人们认为，文本本身是在公元前4世纪由稷下学宫编撰的，在其后200到400年的汉朝也对它进行过编撰与修改。”[1]

《管子》一书内容庞杂，涉及政治、经济、军事、科学、哲学、外交及自然科学等各个领域，是国家建设的总结，但其重点还是在经济领域，对农产品商品的生产、交换、分配、流通及国家货币金融政策、宏观经济管理都有着精当的论述，认为治国的首要任务是发展生产，充实国库，满足民众物质、精神两方面的需要，主张治国理财要厚生、富民，实为经济学、金融学之鼻祖，可以说政治经济学的富国裕民传统就起源于中国。《管子》是先秦诸子中对经济问题论述最多、最集中的一部。在现存《管子》76篇中，涉及经济问题者超过1/2，以论述经济问题为主者约占1/3强，这在先秦诸子百家之中是绝无仅有的，就是在后来直到明清的诸多思想家的著述中，也是很独到的。

管仲学派经济思想的出发点，简单说就是利益驱动四个字，管仲认为趋利避害是一般老百姓的人性，善于利用这个人性就可以不费力气地实现国泰民安。《管子·禁藏》篇中说：

> 夫凡人之情，见利莫能勿就，见害莫能勿避。其商人通贾，倍道兼行，夜以继日，千里而不远者，利在前也。渔人之入海，海深万仞，就彼逆流，乘危百里，宿夜不出者，利在水也。故利之所在，虽千仞之山无所不上，深源之下无所不入焉。故善者执利之

1［美］威廉·N. 戈兹曼：《千年金融史》，中信出版集团2017年版，第116页。

在，而民自美安。不推而往，不引而来，不烦不扰，而民自富。如鸟之覆卵，无形无声，而唯见其成。

百姓无宝，以利为首。一上一下，唯利所处。利然后能通，通然后而国。(《管子·侈靡》)

李学俊在其《中国古代的社会主义》一书中讲，管仲这个发现被司马迁写入《史记·货殖列传》:“人各任其能竭其力，以得所欲。故物贱之征贵，贵之征贱，各劝其业，乐其事，若水而趋下，日夜无休时，不召自来，不求而民出之。岂非道之所符，而自然之验邪！”人们误以为这个思想最早来自司马迁，L. 杨格（Leslie Young）甚至撰文说亚当·斯密的“看不见的手”是剽窃了司马迁的理论。[1]

因此，管仲非常重视市场的作用，特别强调市场建设以及重视利用市场手段满足人民生活需求，促进国家昌盛。(市者，天地之财具也，而万人之所和而利也。正是道也。《管子·问》) 他将市场与国土、政治、货币和军备放在同等重要的地位，认为市场是国君立国为政必须理解掌握的五项天地大道之一。(地者，政之本也，朝者，义之理也，市者，货之准也，黄金者，用之量也，诸侯之地千乘之国者，器之制也。五者其理可知也，为之有道）并且详细论述了市场的重要作用。他认为“市者，货之准也”，这句话包含两层意思：一方面是指“价之准”，即市场可以让货物在交易中获得其应有价格，从而体现出自身价值；另一方面也可以指“量之准”，即市场可以让各种货物在此互通有无、调整余缺。(市者，货之准也。是故百货贱，则百利不得。百利不得，则百事治。百事治，则白用节矣。……故曰，市者可以知治乱，可以知多寡，而不能为多寡。为之有道）管仲认为有了市场“则万物通；万物通，则万物运；万物运，则万物贱；万物贱，则万物可因；万物可因，则天下可治”。虽然市场不能直接生产出货物，但是通过观察市场的表现，可以知道各类货物的产量多少，可以知道国家（各个地方）的治乱兴衰。正因为管仲知道市场的作用，所以书中多处强调要建立市场，便利民生，比如，管仲认为在方圆 150 里以内，都应该建立集市，方便贸易，便利

1 L. 杨格:《市场之道：司马迁与看不见的手》，载《太平洋评论》1996 年第 2 期。

民生。（“岁有市，无市则民乏矣。”“方六里命之曰暴，五暴命之曰部，五部命之曰聚。聚者有市，无市则民乏。”《管子·乘马第五》）

管仲在强调市场有利作用的同时，也看到了自由市场经济的不利方面。管仲深知，齐国大资本操纵市场，控制物价，就会出现市场失灵，无法根据供求关系来配置资源，决定价格的公平机制，国家对此也无能为力。（“今则不然，民重而君重，重而不能轻；民轻而君轻，轻而不能重。”《管子·揆度》）因此，他指出市场机制不会自动实现均衡，均衡是动态、暂时的。（“衡，无数也。衡者，使物一高一下，不得常固。”《管子·轻重乙》）市场错配会导致生产过剩与短缺的经济危机交替出现。（“物适贱，则半力而无予，民事不偿其本；物适贵，则什倍而不可得，民失其用。然则，岂财物固寡而本委不足也哉？夫民利之时失，而物利之不平也。”《管子·国蓄》）市场是社会财富的分配方式，完全由市场配置资源，必然形成资本决定分配社会财富的根本原则，造成社会严重的贫富悬殊，进而危害国家安全。（“分地若一，强者能守；分财若一，智者能收。智者有什倍人之功，愚者有不赡之事。然而人君不能调，故民有相百倍之生也。”《管子·国蓄》）

如何在利用市场的同时，又能抑制市场的这种负面作用，正确地管理国家的经济发展呢？《管子》书中至少提到了以下两种方法。

其一，利用财政政策，直接进入市场施行平准。

“凡将为国，不通于轻重，不可为笼以守民，不能调通民利，不可以语制为大治。”“天下善者不然，民重则君轻，民轻则君重。此乃财余以满不足之数也。故凡不能调民利者，不可以为大治。”所谓“财余以满不足”即指政府财政直接入市买卖货物，调节平抑物价。《管子·国蓄》指出：“夫物多则贱，寡则贵，散则轻，聚则重，人君知其然。故视国之羡不足而御其财物。……视物之轻重而御之以准。”这就是说，各种商品都是多则贱，寡则贵，抛售则价跌，囤积则价涨。君主懂得这个道理，可以根据国内市场物资的余缺状况来控制国内市场的财物，再观察物价的涨落而用平准之法来控制。这样既可以调节物价高低，又可以从中获利。

稳定物价是管仲宏观经济调控的重要主张。据《管子·国蓄》载：“凡轻重之大利，以重射轻，以贱泄平。万物之满虚随财，准平而不变，衡绝则重见。人君知其然，故守之以准平。”“以重射轻”，物价下跌时，官府就要收购市场上的货物；“以贱泄平”，物价上涨时，官府就要以较低的价格将所掌握货物投放市场，以平抑物价。《管子·乘马数》记载：齐桓公欲立“乘马”之策，管子提出要发布平准号令，即“出准以令，守地用人策”。守，指掌握或控制。农业生产为土地之用，故称地用；物价政策为人的筹谋，故称人策。实行“高下之策”，即指物价政策。

管仲将国家控制谷物价格的方法称为“准平”。《管子·国蓄》载：“夫民有余则轻之，故人君敛之以轻；民不足则重之，故人君散之以重。敛积以轻，散行以重，故君必有十倍之利，而财之横可得而平也。”国家在民间物资有余时，低价购进；在民间物资匮乏不足时，再以较高的价格售出。这样，君主不但有十倍的盈利，而且物资财货的价格也可以得到调节，避免巨商大贾操纵市场。又说：“凡五谷者，万物之主也。谷贵则万物必贱，谷贱则万物必贵。两者为敌，则不俱平．故人君御谷物之秩相胜，而操事于其不平之间。故万民无籍，而国利归于君也。”

其二，利用金融货币政策，进行间接调控。

轻重术中蕴含着丰富的金融思想和使用金融手段进行宏观调控的论述，《管子·国蓄》记载：“人君铸钱立币，民庶之通施也。”“先王……以珠玉为上币，以黄金为中币，以刀布为下币，三币握之则非有补于暖也，食之则非有补于饱也。先王以守财物，以御民事，而平天下也。”这是讲国家一定要掌握铸币权，才能够守住国家的财富，加强国家的建设，从而统治天下。

《管子》中除了讲国家要掌握铸币权直接掌握货币之外，还讲到了控制货币就可以控制其他商品及其流通。“五谷食米，民之司命也。黄金刀币，民之通施也。故善者执其通施以御其司命，故民力可得而尽也。”（《管子·国蓄》）

管仲已经认识到货币和物价的关系，并能够熟练运用。《管子·山至数》中有一句对货币与物价关系的高度概括——“币重而万物轻，币轻而万物重”。管仲指出：“国策出于谷轨，国之策货，币乘马者也。今刀布藏于官府，巧币、万物轻重皆在贾人。彼币重而万物轻，币轻则万物重，彼谷重而谷轻。人君操谷币，金衡，而天下可定也。此守天下之数也。”（《管子·山至数》）货币、谷物和万物之间存在相反的“轻重”关系，所以主张国家通过控制货币和谷物，以调节诸种商品货物的“轻重”关系，实行“敛轻散重”的物价政策，平衡物价，抑制兼并，打击商人贵族，巩固统治，增加国家收入，以达到“无籍而赡国”“不益赋而天下用饶”的目的。

“黄金者，用之量也。辨于黄金之理则知侈俭，知侈俭则百用节矣。故俭则伤事，侈则伤货。俭则金贱，金贱则事不成，故伤事；侈则金贵，金贵则货贱，故伤货。货尽而后知不足，是不知量也；事已而后知货之有余，是不知节也。不知量，不知节，不可，为之有道。”（《管子·乘马》）黄金作为货币，是价值尺度。懂得货币的道理，就能让国家的各项事业发展得当。货币发行多了或者少了都是不对的，应该明白货币发行和国家事业的关系，懂得其中的规律。

对于货币的价格，管仲也有论述。管子曰：“善为国者，如金石之相举，重钧则金倾。故治权则势重，治道则势赢。今谷重于吾国，轻于天下，则诸侯之自泄，如原水之就下。故物重则至，轻则去。有以重至而轻处者，我动而错之，天下即已于我矣。物藏则重，发则轻，散则多。币重则民死利，币轻则决而不用，故轻重调于数而止。”《管子·揆度》也就是说币值的稳定非常重要，高了或者低了都不好，要将货币数量和社会商品的比例关系调整到合适的水平才行。

那如何统筹规划确定货币的发行数量？桓公问管子曰：“请问币乘马。”管子对曰：“始取夫三夫之家，方六里而一乘，二十七人而奉一乘。币乘马者，方六里，田之美恶若干，谷之多寡若干，谷之贵贱若干，凡方六里用币若干，谷之重用币若干，故币乘马者，布币于国，币为一国陆地之数，谓之币乘马。”（《管子·山至数》）管仲这里说的是按照全国的土地以及土地能够产出的谷物来计算全国货币的发行数量。显然，这里表达的就是货币的发行数量要与实体经济的发展相匹配的思想。

《千年金融史》中对《管子》一书中表现出来的金融理念也推崇有加，书中讲道：

> 《管子》认为货币不是经济政策的目标而仅是一个媒介。文中为了解释这个抽象的概念，选择了一个生动有趣的比喻,《管子》的作者写道“刀币者，沟渎也”，也就是说钱币就像将水引向田地的沟渠，或者像引导血液的血管。《管子》认为，货币就像沟渠一样引导着经济活动，这也就暗示了控制了沟渠的统治者，就控制了国家的全部财产。这一精辟的言论非常重要。欧洲的哲学家花了 2000 年的时间才完全理解了这一点。[1]

管仲于周庄王十二年（前 685）相齐桓公，卒于周襄王七年（前 645），任齐相 40 年，完成了齐国方方面面的改革实践，在战乱纷繁的春秋时代维护了齐国的安宁，又以“尊王攘夷”为号，使齐桓公“九合诸侯，一匡天下”，成为春秋时期第一位霸主。孔子因此反复赞美管仲大仁大义：“桓公九合诸侯，不以兵车，管仲之力也。如其仁！如其仁！”孙中山认为：“按经济学，本滥觞于我国。管子者，经济家也，兴鱼盐之利，治齐而致富强。”[2]《经济学家周报》主编管益忻教授也因此认为市场经济并不是舶来品，中国才是市场经济的故乡。

《管子》基于管仲在齐国的政治经济改革和实践，总结出关于国家政治经济发展的论述，可以说是中国古代的政治经济学，但由于汉代罢黜百家，独尊儒术,《管子》没能成为普遍学习的经典和国家取士的考试内容，所以朝廷上下真正懂得经邦治国的人才较少，但是《管子》中记载的平准手段、盐铁专营等思想和实践都得以保留。比如，汉朝在汉武帝时期推行均输法，即由国家在各地统一征购和运输货物的经济政策。在中央主管国家财政的大司农之下设立均输官，把应由各地输京的物品转运至各处贩卖，从而增加政府收入，抑制商人垄断市场，使物价稳定。平准法是国家平衡物价的政策，在长安和主要城市设立平准官，利用均输官所存物资，根据物价，贵时抛售，贱时收购。实行均输和平准使得京师所掌握的物资大大增加，平抑了市场的物价，打击富商大贾囤积居奇、垄断市场的行为。

---

1 [美] 威廉·N. 戈兹曼：《千年金融史》，中信出版集团 2017 年版，第 118 页。

2 孙中山：《孙中山全集》（第二卷），中华书局 1981 年版，第 510 页。

中国历朝历代几乎都是建立初期采取休养生息政策，即施行自由市场经济，让战乱后的国家恢复元气，但是自由市场经济带来的问题就是土地兼并，贫富差距过大，从而会影响整个社会稳定，甚至危及王朝统治。土地也就是最大的资源和财富，中国历史一直存在的历史周期率就是在土地兼并和平均地权之间循环往复。这时都需要对自由市场经济进行纠偏，也就是改革、变法，那就是加强国家对市场的干预、调节，打击地主、豪绅，政府的任务就是限制土地兼并，维持百姓基本的土地耕种，这是他们的生活保障，也是社会基本的公平和正义。如果变法成功，就能实现国家的中兴和强盛；如果变法失败，无力扭转这种局面，贫富继续分化，王朝会逐渐走向衰败，遇到自然灾害或者外敌入侵，往往会引发社会危机导致农民起义，从而改朝换代。

东西方文明在义利观和群己观方面具有重要区别。中华文明具有浓厚的重义轻利、重群轻己、重道轻功的价值倾向，主张“先义后利者荣，先利后义者辱”“正其谊（义），不谋其利；明其道，不计其功”，要求人们安贫乐道，知足常乐。重群轻己是重义轻利的自然延伸，因为“义”主要表现为为他人或利他，无数的他人抽象集合就是群体。儒学历来强调人对群体和社会的责任，孔子提出“修己以安人”，荀子提出“君者，善群也”“明分使群”“以群则和”。中华文明在处理个人与群体或个人与国家的关系时，必须在“义”的基础上，把国家或群体的利益放在首位，个人必须服从群体或国家的利益。否则，就是不仁不义。重道统，轻器物；重人伦，轻科技，是中国传统文化和传统价值观的重要特征。克己恕人、厚德载物、德得相通、天下为公、世界大同的道德理想等，是儒学为主干的中国传统文化共同追求的核心价值观念。道德理想人格和道德崇高社会的泛道德主义目标始终成为整个社会整体和每个社会成员个体的主导性价值追求。不得不说，这种强势的价值理性，制约和阻碍了工具理性的正常社会功能，并在近代以后严重阻碍了中国社会的转型与发展进步。西北政法大学资深教授赵馥洁认为：“传统价值观演变的主题基本上是以提高人的精神素质特别是道德素质为主题，因而在漫长的传统社会中，价值观念无论如何演变，从整体上却存在忽视物质财富价值、自然知识价值和科学技术价值的倾向。”[1]

中国古代有着繁荣的城市，都是发达的工商业中心，工商业可以自由发展，但是只许其有限度地谋利，并且剥夺商人通过科举考试参政的权力，从而将民间工商业的发展限制在一定程度内。政府的任务就是限制土地兼并，维持小农经济，重农抑商政策以及耕读文化都是保证这个社会稳定发展的价值理念，中国自古至今都在提防资本与权力的结盟。

中华民族的这套价值体系从秦朝开始到清朝结束，三种价值（文化、政治、经济）一直呈现良性互动的关系。理念价值是儒家的求仁，规范价值是隆礼重法，儒法并用、王霸杂之，实用价值是管子轻重术，经济制度是市场经济，官民结合。彼此之间相互支撑、互为依据，只要不发生大的灾荒，整个社会就处于稳定的平衡发展状态。但三者也并非一成不变，各个层面都随着社会的发展变化而有所演进，比如，理念价值从孔孟到儒释道结合，再发展到宋明理学、王阳明心学，政治制度（规范价值）也在不断演化，从汉朝的三公九卿十三曹，再到唐朝的尚书六部等，经济（实用价值）上也是日益发展，唐代用布帛做货币，宋代工商业首次超过农业成为国家税收的主体，开始使用纸币，同时发展出了大量有关市场经济理论、货币理论、财政理论与经济伦理学的思想。比如，以苏洵、苏轼、苏辙和陈亮、叶适为代表的事功学派偏重功利。叶适倡导言利，承认人心逐利的正当性，主张从人们的利益关系认识社会。叶适还提出了“适度人口论”“四民平等论”“劣币驱逐良币论”等。

二、近代转型期：中华文明的解构与动荡阶段

中国历史这种在政治经济文化上的三者平衡，持续了上千年，直到清末鸦片战争，西方的枪炮打破了天朝的平静，中国开始了一段历经百年的屈辱史、抗争史和变革史，在面临灭种灭族的危难中，被潮流裹挟着被迫开始了

1 赵馥洁：《价值的历程：中国传统价值观的历史演变》，中国社会科学出版社 2006 年版，第 7 页。

现代化转型的进程。

工业革命和对外殖民使西方世界的物质生产得到了极大的提升，经年累月的战争竞争也使得西方社会发展出了先进的枪炮和战争动员体制，在完成对非洲、美洲、南亚、东南亚的殖民之后，西方国家开始入侵中国。

说起这段历史，总要得出“落后就要挨打”的结论，以激励国人要奋发图强。但今天我们必须重新反思：我们当时真的落后了吗？如果落后了，到底是哪里落后了？

对于战争的失利，当时满朝文武以及民间的仁人志士也在反思，思来想去认为洋人船坚炮利，我们是科技落后了，必须学习西方的先进技术，但依然坚守中国的价值观，即可以在“技”的层面向西方学习，但是要在“道”的层面坚持东方传统。“如以中国之伦常名教为原本，辅之以诸国富强之术，不更善者哉！”梁启超说要与西方人竞争，要“再度野蛮化自己”。这一时期，“中学为体、西学为用”是对西方文化的基本态度，体现了中国人在文化方面很强的主体性意识。庙堂上下随之发起了“师夷强技以自强”的洋务运动，开始学西方的蒸汽机，开矿山、修铁路、造船、造军舰，要“师夷长技以制夷”。可是1895年甲午战争的惨败，标志着推进了30多年的洋务运动宣告失败，“中体西用”在实践上归于失败，这也直接引发了中国文化主体性的危机。

这次失败，让中国对坚守的“道”也开始质疑，中国社会再一次集体反思，认为只学西方这些器物不行，政治体制也要改革。资产阶级改良派进而掀起戊戌变法，不但要求在经济事务上变法，还要求从政体上进行改变。在战败的现实和沸腾的舆论双重压迫之下，清王朝开始主动或被动地推行政治体制变革：光绪的百日维新，慈禧的清末宪政改革，废除科举制度，推行西式教育，开始从军事、文化、教育、政治体制等方面全面学习西方。但随着甲午战争的失败以及八国联军侵华和辛亥革命的爆发，彻底瓦解了清王朝的统治，也标志着中国延续上千年的规范价值被彻底打破。

辛亥革命之后，我们又开始学美国的议会制度，执行过程当中各个省在议会上吵来吵去，社会反而更加动荡，于是有部分人宣称议会制度在中国水土不服，中国必须有皇帝，所以拥戴袁世凯复辟。可是复辟显然不得民心，护国运动将袁世凯赶下台，中国进入北洋政府时期。蒋介石又带领国民党依托黄埔军校的班底，组建军队，通过北伐形式统一了全国。可蒋介石代表大资产阶级利益，未能取得劳苦大众的支持，又被我党领导全国人民推翻，最终在 1949 年成立了中华人民共和国。

梳理这段历史的逻辑就会发现，首先是中国见识了西方工业革命后的强大，自身的经济、科技发展（实用价值）遭受了巨大冲击，开始“师夷长技以自强”，发起了洋务运动（学习实用价值）。然而，洋务运动依然未能改变中国落后挨打之局面，知识分子开始进一步要求中国必须在政治（规范价值）层面做出调整改变（比如，“百日维新”“清末宪政”），从而引发一场全面的政治变革。在这种背景之下，辛亥革命直接推翻了清王朝的统治，希望建立所谓“共和”的政治体制。在当时的人们看来，清朝的灭亡似乎印证了中国传统文化在实用价值和规范价值方面的落后与失败，于是人们开始对几千年传统文化最后一个堡垒“道统”（理念价值）也展开彻底批判，认为不建立新文化（理念价值），中国就不能实现自强。由此，新文化运动爆发，其对中国传统文化的批判、自省和对西方文化的引进、学习，最后引发了全盘西化的主张，想要彻底抛弃中国传统文化，希望用以“德先生”“赛先生”为代表的西方文明来改造中国。当时的众多呐喊、诸多思潮都将传统文化当作中国落后的总病根，凸显了中国的文化认同危机、文化自信危机。

赵汀阳曾深刻地指出：

> 凡是这类在物质方面处于劣势的文明，在面对现代化挑战时都会遇到这个类型的思想危机——这已经成为一个普遍模式，而不仅是中国问题——而其中的思想危机逻辑是这样的：一方面，自己有着伟大精神传统，因此相信自己有优秀的精神能力；另一方面，由于物质方面的明显失败，于是只好相信原来的精神传统是错误的，结果，对自己的信心就只剩下对能力的抽象信心。进而，既然西方是成功的，那么要成功就无非是把自己变成西方，因此，在现代化语境中，东方文化的自身认同就变成了“让自己也变成西方”，或者说让“自己扮演他者”这样一种悖论性的自身认同，虽然它确实

表达了自强的想象，可是这种自强却又是以否定自己为前提的。[1]

辛亥革命推翻清王朝之后，到底是学习英日德代表的君主立宪还是学习美国和法国代表的共和，都是当时政治制度（规范价值）的可能选项。但为何君主立宪和议会共和都未能在中国走通？这有着偶然性也有着历史的必然性。所谓的历史必然性就是这两种形式很难和中华文明最高层的理念价值保持一致。

马克思主义被“十月革命”的一声炮响送到中国，中国人发现马克思主义不但在价值观（理念价值）上与中国传统有共通之处，同时还能让国家走向成功（苏联例子），所以既获得了知识分子的认同也获得了广大工人农民的认同。毛泽东依靠传统儒家观念和共产主义理想，创造性地使用马克思列宁的政党理论和创新的组织方式，取得了知识分子和广大农民的支持，组织全国人民进行武装斗争，最终建立了中华人民共和国。

从这个过程我们可以看到，一个社会不管是面对内部压力还是外部冲击的时候，最容易做出改变的往往是实用价值所对应的经济领域，代价和阻力也是最小的。规范价值所对应的政治制度的变革（改良或者革命）却是非常艰难的，把握不好，往往会引起巨大的社会动荡。理念价值所对应的文明的变迁，则是最痛苦和漫长的过程，被改变的都是雅斯贝尔斯认为在轴心时代未实现超越突破的民族，也就是雅斯贝尔斯所称的“原始民族”，他们因为没有在轴心时代实现超越突破，所以只能不断地在精神上依附信仰轴心时代所产生的那三种终极关怀，要么选择融入中华文明，要么选择信仰基督教，要么选择加入伊斯兰教。而在轴心时代发生了超越突破的中国人、印度人、伊朗人、犹太人，这些民族的理念价值几乎很难被改变，这些民族也被雅斯贝尔斯称为“轴心民族”。

在非西方国家现代化的过程中，之所以会产生这种自我否定的思想危机，并能够成为普遍模式，皆是因为并未分清楚文化实则是分为三个层次，只是笼统认为物质落后于西方，则一定是本国文化或者说本国精神落后于西方。如果对文化做了理念价值、规范价值和实用价值三个层次的区分之后就会发现：对

1 赵汀阳:《没有世界观的世界》，中国人民大学出版社 2003 年版，第 72 页。

比已经现代化了的西方国家，这些非西方国家实用价值——也就是物质文化方面的落后当然是要首先承认的，但即使在规范价值——也就是政治文化方面，都不一定比西方落后，比如，晚清几场战争的失败，更大的原因是清王朝处于王朝晚期，腐败丛生，积弊日久，如果处于王朝的壮年时期，比如，康乾盛世之时，对英法及八国联军的战争并不一定会落得下风。而在理念价值——也就是一个民族的信仰、宗教、终极关怀领域，尤其是产生于轴心时代的中华文明、印度文明，比之于西方文明，比之于基督教，能够说落后吗？基督教、犹太教、伊斯兰教共同发端于希伯来文明，目前信仰伊斯兰教的国家和地区在经济上普遍不如信仰基督教的西方国家，但是我们能说伊斯兰教落后于基督教吗？我们只能说信仰伊斯兰教的这些国家和地区在政治经济上落后了，但不能够讲作为信仰作为终极关怀的伊斯兰教落后于基督教。同样我们可以说晚清的实用价值落后于西方资本主义国家，但是不能说我们的儒家文化的理念价值落后于基督教。中华文明是最早“祛魅”的文明，以“敬天尊道”为理念价值的中国或许比那些以一神教作为理念价值的文明体，更能适应现代社会。任何一个民族或许都应该在理念价值层面保持自己的信仰、宗教，但必须将规范价值和实用价值与时俱进，构建与现代社会相适应又能内部逻辑自洽的价值体系。

第五章

重构中华文明，实现伟大复兴

马克思主义和中华传统文化相结合，一方面，用马克思主义之所长，为中国提供了中国革命和社会建设所需要的规范价值体系和经济发展的实用价值体系，儒释道的“内圣”中加入了马克思主义，就能够开出社会主义中国的“外王”，中国才能够借此实现民族独立、经济发展，实现现代化转型，才有可能实现中华民族伟大复兴，庇佑支撑中华民族实现长久和谐发展。另一方面，要用儒家终极关怀之所长，完善马克思主义在理念价值方面之所短，将“共产主义”理想转化成更为中国人民所容易理解和亲近的中华民族伟大复兴的中国梦和中国传统口口相传的“大同社会”“天下为公”，使其彻底地民族化和大众化，赋予马克思主义广大的群众基础和持久的生命力。

近代以来，中国人民苦苦寻求、不断试验、反复比较，终于选择了马克思主义，并在中国共产党的领导下持续不懈奋斗，在这条道路上稳步前进，取得了革命、建设、改革的一个又一个胜利。因此，走马克思主义道路不是一时兴起的权宜之计，不是谁强加给我们的，不是天上掉下来的，而是中国人民做出的郑重历史选择，是经过实践检验的正确选择。没有马克思列宁主义的方法论和政党理论，中国传统文化中强调的“内圣”，很难开出现代社会的“外王”，很难在西方列强的侵略压迫之下取得民族独立和国家富强。

近代以来，中国在寻求救国救民、富国富民的征途中，也出现过一些人曾试图“割断历史”“全盘西化”，全盘否定中国传统文化，事实证明也是行不通的。实际上，中华民族在漫长的历史进程中形成的优秀传统文化，是中华民族的“根”和“魂”，是中华民族的文化基因和精神家园，是实现中华民族伟大复兴中国梦的重要精神支撑，是中华民族在世界文化激荡中站稳脚跟、坚定文化自信的坚实根基和突出优势。

改革开放至今，经过不懈的努力和探索，中国已经在规范价值和实用价值两个层面实现了马克思主义的中国化，既取得了社会政治经济建设的伟大成就，也形成了毛泽东思想和中国特色社会主义理论体系的理论成果，但是理念价值层面依然未能将马克思主义和中国的传统文化很好地结合，即未能在理念价值层面实现马克思主义的中国化。

理念价值关系到整个民族的历史发展路向和每个成员的思维方式与行为方式，没有统一的理念价值的统领，规范价值和实用价值层面都将无所适从。目前社会上很多不同思潮的出现，都与目前我国价值体系当中三个层面的价值未能实现统一和逻辑自洽有关系。

从这个角度来看，习近平总书记提出的研究中国特色社会主义政治经济学，以及在提出道路自信、理论自信、制度自信的基础之上，又专门补充提出了“文化自信”，提出了“中国梦”和“人类命运共同体”的伟大构想，实则是要在理念价值层面实现马克思主义的中国化，进而理顺和重构整个中华文明体系，使中国社会的政治、经济、文化三者形成有机、良性的互动关系，促进中国社会的长治久安，实现中华民族伟大复兴。

一、统一理念价值，彻底实现马克思主义的中国化

（一）马克思主义中国化的内涵

习近平指出:“马克思主义中国化，就是把马克思主义基本原理同中国具体实际相结合，深入研究和解决中国革命、建设、改革不同历史时期的实际问题，总结中国的独特经验，形成具有中国风格、中国气派的马克思主义。”2016年，习近平在哲学社会科学工作座谈会上的讲话中说:“马克思主义中国化取得了重大成果，但还远未结束。我国哲学社会科学的一项重要任务就是继续推进马克思主义中国化、时代化、大众化，继续发展21世纪马克思主义，当代中国马克思主义。”[1]

恩格斯曾明确指出:“马克思的整个世界观不是教义，而是方法。它提供的不是现成的教条，而是进一步研究的出发点和供这种研究使用的方法。”马克思主义是依靠实践智慧在实际应用中把普遍性和特殊性辩证地统一起来，马克思主义的真理不依存于独立的语言王国，也不依赖于宏大的叙说体系，而是根植于实践之中，从实践中抽象出来，又在实践中经受检验。马克思主义要在中国发挥作用，就不能本本主义，必须同中国当时当地的具体实践相结合。中国革命时期、建设时期和改革开放时期，具有不同的历史和客观条件，也面临着不同的历史和现实的实际问题，马克思主义中国化，必须从针对中国这些不同历史时期的不同历史任务出发，研究解决当时当地中国所面临的具体问题。

我们要在运用马克思主义基本原理指导我们社会实践的基础上，不断总结实践经验、提出和使用新的分析性概念，随着中国实践主题的变化，通过实践创新带动理论创新，运用马克思主义理论解答和解决中国社会带有根本

1　习近平:《在哲学社会科学工作座谈会上的讲话》，人民出版社2016年版，第9–10页。

性意义的时代问题，并依照中国社会历史的实际进程形成自己的理论逻辑，不断地进行理论性的创造，以此为基础逐步形成既超越马克思主义原初语境，又超越中国实践一般经验的理论成果，构建出中国马克思主义的理论体系。马克思主义中国化，要从理论到实践、再回到理论。

（二）马克思主义中国化的第三次飞跃

1. 马克思主义中国化第三次飞跃的必要性

我们目前对西方资本主义社会的研究和分析，往往集中于其经济和政治制度这两个领域，并拿这两个领域与中国进行比较分析。其实资本主义的建立和发展，除了在经济制度方面实行市场经济，在政治制度方面实行所谓的三权分立互相制衡之外，更为重要的一点是，资本主义的文化价值体系也是与其政治经济制度相适应的，资本主义的文化价值体系并不是和资本主义的经济、政治制度一样无中生有，完全由资产阶级发明创造出来的。资本主义的文化价值体系继承了基督教的文化传统，并通过宗教改革改造了传统基督教这个终极关怀，让其与现代资本主义社会相适应。正如本书第二章所述，西方资本主义建立的过程，首先是文艺复兴、启蒙运动、宗教改革，对西方基督教的终极关怀层面进行了改革，之后才有了资本主义生产方式的产生，发展出了西方经济学理论，最后才是三权分立等规范价值的产生，并以此促发了资产阶级革命，建立起了资本主义国家，逐渐形成了资本主义社会的规范价值和意识形态，使之与资本主义的政治制度和经济制度相适应。现代西方资本主义社会实现了对西方传统文明的改造和传承，进而使社会形成了包含理念价值、规范价值和实用价值，相对完整且互相自洽的文化价值体系，有了这套文化价值体系，西方社会的文化、政治、经济才得以迅速发展。

这也可以解释为什么在“二战”之后，很多殖民地独立以后虽然纷纷仿照西方国家建立了资本主义的国家政治经济制度，但是社会政治经济却始终无法取得西方发达国家那样的发展和进步。很大一部分原因是这些殖民地可以将西方的政治制度和经济制度照搬过去，但是西方社会的人文环境、社会传统却无法照搬。所以其照搬西方的政治、经济制度再先进，也无法在这些殖民地的传统社会中生根发芽。比如，很多非洲国家也建立了议会，形式上举行总统议会的民主选举，可实际上却依然是军事独裁统治，社会依然是部落组织，底层老百姓依然按照传统劳作生活。这些西方的政治经济制度不但不能帮助殖民地国家进步，反而割裂了社会大众和社会精英的沟通，所谓的先进的资本主义制度只能成为殖民地精英自说自话、愚弄民众的政治游戏。

中国社会现代化的过程，也是从打破传统社会思想意识形态的束缚开始的。从洋务运动的“师夷强技以自强”“中学为体、西学为用”开始，到康有为的《孔子改制考》《新学伪经考》，再到新文化运动的“打倒孔家店”，这都为中国社会的现代化进行了思想准备。在此基础上，中国社会的大众和精英都不再迷信孔孟，并最终选择了马克思列宁主义，在中国共产党的领导下，推翻了三座大山的压迫，取得了新民主主义革命的胜利，成立了中华人民共和国。在中华大地上建立起了社会主义的国家制度，改变了帝王将相时代的规范价值和意识形态，并用这套社会主义的实用价值（马克思主义政治经济学）改造经济基础，建立计划经济体制。可以说如何建设社会主义的政治制度和发展社会主义经济，是有马克思主义理论指导的，但是如何在建成社会主义社会后，重新塑造这个社会的文化价值体系，尤其是如何对待这个社会的原有的理念价值和传统文化，不管是马克思还是列宁，都没有成熟的理论。

当社会主义实践在这个具有古老文明的东方大国次第展开的时候，毛泽东敏锐地发现，虽然建立起了社会主义的政治和经济制度，但在人民群众中自私自利的封建小农思想依然存在，在广大干部和社会精英当中封建官僚思想、资产阶级思想也普遍存在。在帝国主义对中华人民共和国经济上实行封锁，军事上进行威胁，政治上推行和平演变的大背景下，新生的社会主义制度并不稳固。“社会主义社会……始终存在着阶级、阶级矛盾和阶级斗争，存在着社会主义同资本主义两条道路的斗争，存在着资本主义复辟的危险性，存在着帝国主义、社会帝国主义进行颠覆和侵略的威胁。这些矛盾，只能靠无产阶级专政下继续革命的理论和实践来解决。”[1] 毛泽东认为社会主义事业要

1《中华人民共和国宪法·序言》，一九七五年一月十七日中华人民共和国第四届全国人民代表大会第一次会议通过。

取得最终的胜利，必须在改造经济基础的同时还要通过文化大革命，批孔斗私，用共产主义价值观来改造人民群众和广大干部的思想。

毛主席领导共产党带领全国人民建立了中华人民共和国，实现了民族独立，可以凭借其无与伦比的个人魅力在那一代人当中重建信仰，但是时间太过短暂，随着其去世，以及后来的实用价值层面的改变，中国社会旧的理念价值被打倒，新的理念价值却并未建立和巩固，中国社会在理念价值层面（信仰层面）出现了真空，以及随之而来的混乱。可以说毛泽东意识到了社会主义的规范价值（上层建筑）和实用价值（经济基础）必须有与其相匹配的理念价值，整个社会才能正常运转，但是他选择的是继续用共产主义信仰来替代中华民族的传统理念，这在当时的情况下，可以说是最具合理性的一种探索。因为毛泽东所领导的共产党就是用共产主义信仰团结和引领了优秀的中华儿女，推翻了三座大山，取得了抗日战争和解放战争的巨大胜利。在社会主义建设时期，毛泽东希望继续发挥共产主义信仰的引领和感召作用，用来对抗长期存在的小农意识和开始滋生的官僚主义，并继续带领中国人民取得社会主义建设的伟大胜利。

作为一种诞生于人类历史的全球化、现代化阶段，实现了社会主义从空想到科学之变革的先进思潮，马克思主义在历史唯物主义和辩证唯物主义的基础上，创立了科学社会主义和马克思主义政治经济学，是世界观、价值观和方法论的统一。但是，一方面，由于马克思主义并非产生于轴心时代，换言之，马克思主义并非伴随着某个民族的产生发展而来，而是在资本主义社会已经充分发展的情况下，为解放无产阶级和创造一个更加平等、公正的美好社会而创立的革命理论，所以虽然马克思主义是科学的、先进的理论，但马克思并未在终极关怀方面投入过多的精力，即使有实现人的全面自由发展和实现共产主义这个崇高的信仰，但是因为缺少民族底蕴和群众基础，这就导致马克思主义虽然在指导革命、社会建设方面无往而不胜，但在日用伦常和安身立命的终极关怀方面对普通民众缺乏足够的吸引力，甚至可以说马克思主义并不能为人民大众提供严格意义上的终极关怀。另一方面，马克思主义从诞生之初，就无时无刻不在面临着资产阶级的诋毁和攻击，由于西方资本主义社会在终极信仰方面延续了基督教上千年的传统，且在宗教改革之后，能够与资本主义社会的政治、经济制度，以及意识形态和经济理论内在逻辑自洽，所以依据马克思主义所建立起来的社会主义国家，在终极关怀方面就必然存在着天然的劣势。

具体到我国来说，在中国共产党领导的中国人民革命、建设和改革的长期历史实践中，马克思主义作为一种信仰系统，主要是通过把个人生命意义的追求融入作为一个过程的共产主义运动中来发挥作用。在这一点上，作为革命队伍中的普通一兵雷锋，他“把有限的生命投入到无限的为人民服务之中去”的言行，的确堪称具有典型代表意义的现身说法。我们依靠马克思主义取得了革命和建设的巨大成功，马克思主义也成为我们官方的意识形态，但是“把有限的生命投入到无限的为人民服务之中去”这一途径的基本前提，就是要求人们自觉地把实现共产主义作为自己的理想追求，并将自我的生命持之以恒地投入“为人民服务”当中。这样的要求，在社会主义初级阶段恐怕无法让全体社会成员长时期保持，这就必然会在终极关怀层面削弱马克思主义对普通民众的影响力，很难替代儒家传统成为普通民众的终极关怀。这也是马克思主义作为当代中国的主流意识形态，虽已超过半个世纪，但其民族化、大众化却依然存在明显不足的一个重要原因。马克思主义无法为普通民众提供终极关怀，则其整个社会文化价值体系的三个层次之间就无法做到逻辑自洽，普通民众就会对这套理论的规范价值和实用价值产生怀疑，这套价值体系就会存在巨大的不稳定性。

马克思主义理论在规范价值和实用价值方面有着无与伦比的科学性和先进性，但是我们依然需要对其进行中国化之后，才能应用于我们中国的实践，照搬照套的本本主义只会让我们在革命和建设中付出巨大代价，这已经是被无数历史和事实证明了的。马克思主义在终极关怀方面存在着先天的劣势和不足，我们就更不能照搬照套，必须结合中国的实际，在对马克思主义规范价值和实用价值中国化的基础之上，再对马克思主义的理念价值进行补充和完善，进行中国化，才有可能产生适合我国国情的，内在统一、逻辑自洽的价值体系，才会指导我们的社会主义事业继续取得成功。

不管是从文化价值体系的理论来看，还是从现代资本主义社会延续西方传统社会终极关怀的实践经验来看，我们都应当将马克思主义与中国传统文化中的终极关怀体系深度融合，借助儒家文化早已凝聚的人生理想和道德规范，将马克思主义在理念价值方面的主张中国化，用中华民族传统的话语体系进行表达，也就是要将马克思主义旺盛的生命力嫁接到中华文明的主干上，与中华文明的内核融为一体，才有可能最快、最直接、最普遍并且最终让中国最广大的人民群众所接受，从而实现马克思主义中国化的第三次飞跃，也是最彻底的一次飞跃，那就是在理念价值层面实现马克思主义的民族化和大众化。

2. 马克思主义中国化第三次飞跃的可行性

上面只是我们通过文化政治经济学的分析框架，对中国社会以及马克思主义中国化做的逻辑推演，马克思主义所蕴含的理念价值（终极关怀）能否像我们设想的那样与中华文明中的终极关怀有机融合，实现其民族化和大众化呢？我认为是极具可行性的。

文化是一套价值系统，信仰或曰终极关怀构成了价值系统的内核，这个内核在文化变迁中具有高度的稳定性。近代中国遭遇了“三千年未有之大变局”，但作为具有悠久历史与成熟精神气质的中华文明，其终极关怀并未因社会与文化的浅层次与短时间的变动，而出现基本存在形态的根本变更。中华民族的传统文化，是上千年的历史积淀，蕴含在全体人民的血脉之中，幻化在全体人民的日常生活当中，很难被别的文化所替代。

将马克思主义吸收、融合、同化到中国传统文化的大树上来，变成我们中国传统文化的一部分，这并不是天方夜谭。中国人民之所以能够在 20 世纪初，历史地、必然地选择了马克思主义，或者说马克思主义之所以能够超胜于其他形形色色的现代思想流派而成为现代中国的主流意识形态，固然主要是由于马克思主义适应了现代中国救亡图存、走向富强文明的现实需要，同时也与民族文化选择的深层价值取向有着内在的关联。因为只有马克思主义的理念和我们的传统文化是最接近、最吻合的。中华文化博大精深、源远流长，每一个中国人特别是中国的知识分子无不受到传统文化的熏陶影响，留下深刻烙印。马克思主义虽然诞生于西方，但它和中国传统文化有着许多共性或相通之处。马克思主义与中国革命相遇的时候，正是通过这些共性和相通之处发生作用，也正是这些相通之处在一定程度上削弱了中国人在接受马克思主义上的认知障碍，减轻了对于异质文化的排斥和抗拒，奠定了他们接受马克思主义的心理基础，使得马克思主义和中国文化之间的交流、融汇具有了可能性，这也是马克思主义得以中国化的深层理论契机。

中华优秀传统文化与马克思主义有着天然的契合相通之处，其中蕴含着丰富的具有社会主义和马克思主义特征的朴素的思想因素，比如，大道之行、天下为公、大同社会的思想与共产主义理想；废私立公、贫富有度、与天下同利的思想与消灭私有制、实现共同富裕的主张；以民为本、以政裕民、安民富民的思想与马克思主义的群众观；万物自生、不信鬼神、重视人事的思想与马克思主义的无神论；以道制欲、不为物使、俭约自守的思想与马克思主义的消费观；克己奉公、集思广益、群策群力的思想与马克思主义的集体主义思想；知行合一、以行为本、知易行难的思想与马克思主义的认识论；道立于两、阴阳共生、物极必反的思想与马克思主义的辩证法之间，都有着天然的契合相通之处。

除此之外，北京大学李翔海教授认为马克思主义所蕴含的终极关怀与儒家的终极关怀之间，在基本理论特质上表现出了相当的契合性：

> 都主张从社会性来看待人的本质并对“人性”归根结底保持了乐观的态度，都强调在生命终极意义的安顿方面可以“自我做主”即依靠人自身的躬行践履就能得到满足，都主张在人间建立理想的社会形态而不是把希望寄托于上帝之城，都是在与当下的他人及他物相联系的过程之中实现的，而不是在“末日审判”中以个体生命或灵魂去面对上帝，等等。这就使得马克思主义成为虽直接源起于西方，但却在人归根结底自我做主而不是皈依于外在的上帝这一根本的理论关节点上堪称与儒家具有高度类同性的终极关怀价值系统。[1]

二者间的特殊关联在深层价值取向上规约了现代中国的文化选择，走向

1 李翔海:《马克思主义与儒家终极关怀比较探析》，载《中国特色社会主义研究》2015 年第 5 期。

马克思主义的内在必然性，是马克思主义中国化之后能够适应时代需要、对现当代中国社会与人生发挥现实作用并有力地促进中国社会与文化的发展和变迁的重要前提。

马克思主义中国化的第三次飞跃，就是要实现马克思主义的民族化和大众化。这里所说的民族化，不同于一般意义上理解的民族化，一般意义上的马克思主义的民族化指的就是马克思主义的普遍原理与各民族的具体实践相结合，具体到中国，马克思主义的民族化指的就是中国化。本书所说的民族化是狭义的民族化，即从文化政治经济学的角度看，指马克思主义中所包含的终极关怀思想与本民族的终极关怀相融合，并且是以民族特有的形式表现出来，唯有如此，才能够被全体民族的人民自然而然地接受，从而也就使得马克思主义通过民族化进而实现了大众化。

马克思主义的民族化，并不是要用马克思主义完全取代中国传统文化，而是要将马克思主义所蕴含的理念价值吸收、融合、同化到中国传统文化的大树上来，与中华民族绵延5000多年的传统文化相融合，变成我们中国传统文化的一部分，成为中国传统文化的新发展。马克思主义民族化最核心的就是将马克思主义的终极关怀和中华传统文化中的终极关怀结合起来，和民众的精神世界相融合，形成全民族新的理念价值，在理念价值层面重塑中国人民的精神信仰问题，以解决中国目前理念价值混乱、缺失所带来的一系列问题。

3. 马克思主义中国化第三次飞跃的手段——文化自信

在前文中国近代转型期中华文明的剧烈震荡阶段，我们讲过由于近100年以来，中国受列强的欺辱，中国社会的主流精英对中国传统文化采取的大都是全盘否定态度，这是因为他们并不知道文化是一套包含三个层次内容的价值体系，所以在看到中国经济、军事不如人的情况下，就全盘否定了中国文化。近代以来对中国文化不自信的多数论调，本质上都受西方中心主义的影响，这种心理形成的深层原因就是近代西方的强大和中国的弱小在认知上的反映，最后由实力认知转化为文化认知。

全盘否定中国传统文化，既带来了民众信仰的迷茫和价值观的丧失，也让我们在与西方资本主义社会的国际交往中，只能以意识形态浓厚的马克思主义话语进行交流，这极易引发误解和冲突。为了融入世界，减少意识形态方面的冲突，我们干脆放弃社会主义的话语体系，而改用西方资本主义的话语体系进行交流。但是用西方资本主义的话语体系，是无论如何也无法解释清楚中国的国家建设的，再者西方资本主义本就在用其狭隘偏见的意识形态攻击社会主义，我们如果也用他们的这套话语体系，本身就掉入了其话语体系的陷阱。

习近平总书记在2014年文艺工作座谈会上的讲话指出："改革开放以来，我国经济发展很快，人民生活水平提高也很快，同时我国社会正处在思想大活跃、观念大碰撞、文化大交融的时代，出现了不少问题。其中比较突出的一个问题就是一些人价值观缺失，观念没有善恶，行为没有底线，什么违反党纪国法的事情都敢干，什么缺德的勾当都敢做，没有国家观念、集体观念、家庭观念，不讲对错，不问是非，不知美丑，不辨香臭，浑浑噩噩，穷奢极欲。现在社会上出现的种种问题病根都在这里。这方面的问题如果得不到有效解决，改革开放和社会主义现代化建设就难以顺利推进。"

习近平所讲的这些国内、国际问题，核心原因就是近代以来我们全面否定中国传统文化带来的负面效应。要想解决这些问题，依然是要依靠将马克思主义和中国实际相结合，实现马克思主义中国化的第三次飞跃，即实现马克思主义和中国传统文化相结合，将马克思主义融入整个中华民族传统的信仰价值体系里面去，形成在理念价值和终极信仰层面的中国方案，完成马克思主义的民族化、大众化。但因为长久以来的观念，甚至在新中国成立之后，在改革开放之后，中国传统文化在很多人的心中，包括在广大党员干部的心中，依然被认为是腐朽、落后的象征，在这种情况下，不可能实现马克思主义中国化的第三次飞跃。要想实现马克思主义彻底的中国化，首先必须为中国传统文化正名。所以我们看到：

2014年2月24日，在中央政治局第十三次集体学习时，习近平提出："要讲清楚中华优秀传统文化的历史渊源、发展脉络、基本走向，讲清楚中华文化的独特创造、价值理念、鲜明特色，增强文化自信和价值观自信。"

2014年3月7日全国两会期间，习近平在参加贵州代表团审议时指出："体现一个国家综合实力最核心的、最高层的，还是文化软实力，这事关一个民族精气神的凝聚。我们要坚持道路自信、理论自信、制度自信，最根本的还有一个文化自信。要从弘扬优秀传统文化中寻找精气神。”

2014 年 10 月 15 日，习近平在文艺工作座谈会上的讲话中指出：“增强文化自觉和文化自信，是坚定道路自信、理论自信、制度自信的题中应有之义。”

2014 年 12 月 20 日，习近平和澳门大学学生座谈时指出：“五千多年文明史，源远流长，而且我们是没有断流的文化。建立制度自信、理论自信、道路自信，还有文化自信。文化自信是基础。”

2016 年 5 月 17 日，习近平在哲学社会科学工作座谈会上指出：“我们说要坚定中国特色社会主义道路自信、理论自信、制度自信，说到底是要坚定文化自信。文化自信是更基本、更深沉、更持久的力量。”

2016 年在庆祝中国共产党成立 95 周年大会上的讲话中，习近平将“三个自信”扩展为“四个自信”。他指出：“坚持不忘初心、继续前进，就要坚持中国特色社会主义道路自信、理论自信、制度自信、文化自信，坚持党的基本路线不动摇，不断把中国特色社会主义伟大事业推向前进。”“文化自信，是更基础、更广泛、更深厚的自信，在 5000 多年文明发展中孕育的中华优秀传统文化，在党和人民伟大斗争中孕育的革命文化和社会主义先进文化，积淀着中华民族最深层次的精神追求，代表着中华民族独特的精神标识。”

朱宗友在《中国文化自信解读》一书中提出：“文化自信是指一个国家、民族或政党等文化主体对自身文化理想和文化价值的高度肯定，对自身文化生命力和创造力的高度信心，并相信自身文化能够激励本民族、社会和国家不断前行。它不仅是一个国家、一个民族、一个政党对自己民族的理想信念、传统文化价值的充分认定，对本民族文化生命力及其发展前景的充分肯定，是一种发自内心地对文化的自信心和自豪感，而且还是对自身民族文化的一种理性认识，既可以表现在对本民族优秀传统文化的认同，也可以表现在与外来文化交流时能够保持自身特色而不被同化。”[1]

习近平总书记将“三个自信”扩展为“四个自信”，尤其是不断、反复、重点强调“文化自信”，正是看到了中国的问题所在，也看到了使命和方向所在。要想解决中国人的信仰问题和价值观问题，解决中国在世界上的话语权

1 朱宗友：《中国文化自信解读》，经济科学出版社 2017 年版，第 6 页。

问题，解决与其他文明的平等对话问题，必须从传统文化当中汲取力量，这就必须为传统文化正名，而为传统文化正名的手段就是党中央正大光明、毫不含糊地提倡“文化自信”。

习近平在2014年纪念孔子诞辰2565周年国际学术研讨会上的讲话中指出：“优秀传统文化是一个国家、一个民族传承和发展的根本，如果丢掉了，就割断了精神命脉。我们要善于把弘扬优秀传统文化和发展现实文化有机统一起来，紧密结合起来，在继承中发展，在发展中继承。”“从历史的角度看，包括儒家思想在内的中国传统思想文化中的优秀成分，对中华文明形成并延续发展几千年而从未中断，对形成和维护中国团结统一的政治局面，对形成和巩固中国多民族和合一体的大家庭，对形成和丰富中华民族精神，对激励中华儿女维护民族独立、反抗外来侵略，对推动中国社会发展进步、促进中国社会利益和社会关系平衡，都发挥了十分重要的作用。”

“文化是一个国家、一个民族的灵魂。历史和现实都表明，一个抛弃了或者背叛了自己历史文化的民族，不仅不可能发展起来，而且很可能上演一幕幕历史悲剧。文化自信是更基础、更广泛、更深厚的自信，是更基本、更深沉、更持久的力量。坚定文化自信是事关国运兴衰、事关文化安全、事关民族精神独立性的大问题。”[1]

在庆祝中国共产党成立95周年大会上的讲话中，习近平指出：“文化自信，是更基础、更广泛、更深厚的自信。在5000多年文明发展中孕育的中华优秀传统文化，在党和人民伟大斗争中孕育的革命文化和社会主义先进文化，积淀着中华民族最深层的精神追求，代表着中华民族独特的精神标识。”党的十九大报告指出，“中国特色社会主义文化，源自中华民族五千多年文明历史所孕育的中华优秀传统文化，熔铸于党领导人民在革命、建设、改革中创造的革命文化和社会主义先进文化，植根于中国特色社会主义伟大实践”“是激励全党全国各族人民奋勇前进的强大精神力量”。

第三次马克思主义中国化与前两次马克思主义中国化不同的是，前两次主要是发生在政治领域和经济领域，在这两个领域，中国更多的是扬弃了历

1 习近平：《在中国文联十大、中国作协九大开幕式上的讲话》，人民出版社2016年版，第6页。

史传统，借鉴了马克思主义，而第三次马克思主义中国化，却是要更多地依靠中国传统文化，依靠中国传统文化中的理念价值来容纳、完善和支撑马克思主义。近代的新文化运动，因战争的失利和国力的衰弱而一步一步地走向了全盘否定传统文化。新中国成立后的“文化大革命”，也因革命的胜利要继续革命，全面“破四旧，立四新”[1]，在运动中用马列主义全面否定、全面替代传统文化。经过上百年的不断反思以及实践，通过观察对比分析东西方文化及其表现，现在我们知道从价值体系的角度来看，中国文化“与命与仁”的理念价值极其成熟而且灿烂，至今依然领先于世界，这一理念价值是基于对人性的通透理解，既是中国社会日常运转的底层逻辑，也是中国人民精神世界当中崇高的理想追求，它具有巨大的包容性和进取性，可以容纳、吸收、支撑人类政治、经济的一切优秀成果。习近平在纪念孔子诞辰 2565 周年国际学术研讨会上的讲话中指出：“包括儒家思想在内的中华优秀传统文化中蕴藏着解决当代人类面临的难题的重要启示，比如，关于道法自然、天人合一的思想，关于天下为公、大同世界的思想，关于自强不息、厚德载物的思想，关于以民为本、安民富民乐民的思想，关于为政以德、政者正也的思想。……中华优秀传统文化的丰富哲学思想、人文精神、教化思想、道德理念等，可以为人们认识和改造世界提供有益启迪。可以为治国理政提供有益启示，也可以为道德建设提供有益启发。”1988 年，诺贝尔物理学奖得主、瑞典科学家汉内斯·阿尔文指出：“人类要在 21 世纪生存下去，必须回首两千五百多年前，去汲取孔子的智慧。”

党中央提出的文化自信就是对近代以来全面否定中国传统文化的一种纠偏，“中华民族在几千年历史中创造和延续的中华优秀传统文化，是中华民族的根和魂”“抛弃传统、丢掉根本，就等于割断了自己的精神命脉。博大精深的中华优秀传统文化是我们在世界文化激荡中站稳脚跟的根基”。我们通过道路自信、理论自信、制度自信，肯定了前两次马克思主义中国化的成果，也要通过文化自信来肯定我们的传统文化，只有肯定并接纳了我们的传统文化，才有可能实现马克思主义与传统文化的融合，才可以用融合后的文化自信来

1 “破四旧，立四新”指的是破除旧思想、旧文化、旧风俗、旧习惯。树立新思想、新文化、新风俗、新习惯。

为前三个自信提供精神动力，才能重构中华文明的价值体系，永葆中华民族的长远发展。

（三）共创中国梦，实现中华民族伟大复兴

2012 年 11 月 29 日，在国家博物馆，中共中央总书记习近平在参观“复兴之路”展览时，第一次阐释了“中国梦”的概念。他说：“大家都在讨论中国梦。我认为，实现中华民族伟大复兴，就是中华民族近代以来最伟大的梦想。”他称，到中国共产党成立100年时全面建成小康社会的目标一定能实现，到中华人民共和国成立 100 年时建成富强民主文明和谐美丽的社会主义现代化国家的目标一定能实现，中华民族伟大复兴的梦想一定能实现。

2013 年 3 月 17 日，中国新任国家主席习近平在十二届全国人大一次会议闭幕会上，向全国人大代表发表自己的就任宣言。在将近25分钟的讲话中，习近平 9 次提及“中国梦”，他讲：“中华民族具有 5000 多年连绵不断的文明历史，创造了博大精深的中华文化，为人类文明进步作出了不可磨灭的贡献。经过几千年的沧桑岁月，把我国 56 个民族、13 亿多人紧密凝聚在一起的，是我们共同经历的非凡奋斗，是我们共同创造的美好家园，是我们共同培育的民族精神，而贯穿其中的、更重要的是我们共同坚守的理想信念。”

“实现全面建成小康社会，建成富强民主文明和谐美丽的社会主义现代化国家的奋斗目标，实现中华民族伟大复兴的中国梦，就是要实现国家富强、民族振兴、人民幸福，既深深体现了今天中国人的理想，也深深反映了我们先人们不懈追求进步的光荣传统。”

中国梦意味着中国人民和中华民族的价值认同和价值追求，意味着每一个人都能在为实现中国梦的奋斗中实现自己的梦想。中国梦具有广泛的包容性，成为回荡在 14 亿多人心中的高昂旋律，是中华民族团结奋斗的最大公约数和最大同心圆。中国梦是国家情怀、民族情怀、人民情怀相统一的梦，中国梦的最大特点就是把国家利益、民族利益和每个人的具体利益紧紧联系在一起，体现了中华民族的“家国天下”情怀。中国梦是国家的梦、民族的梦，归根结底是人民的梦。中国人民素来有着深沉厚重的精神追求，具有伟大的

精神梦想。人民是中国梦的主体，是中国梦的创造者和享有者。

为什么要用中国梦来概括中华民族伟大复兴？正如习近平总书记指出的："中国梦是一种形象的表达，是一个最大公约数，是一种为群众易于接受的表述。"中国梦，就是将马克思主义中对共产主义的追求融合到中华民族对大同社会的追求当中去，并借用了中华民族化的形式。

我党历来注重传统文化的继承和弘扬，提出的"以人为本"，建设"小康社会""和谐社会"都是取自中国传统文化，普通老百姓不一定理解什么是共产主义社会，但是他们更容易接受中国传统文化当中一直追求的"大同社会"。"大道之行也，天下为公，选贤与能，讲信修睦。故人不独亲其亲，不独子其子，使老有所终，壮有所用，幼有所长，鳏、寡、孤、独、废疾者皆有所养，男有分，女有归。货恶其弃于地也，不必藏于己；力恶其不出于身也，不必为己。是故谋闭而不兴，盗窃乱贼而不作，故外户而不闭，是谓大同。"

"中国共产党人不是历史虚无主义者，也不是文化虚无主义者……在带领中国人民进行革命、建设、改革的长期历史实践中，中国共产党人始终是中华优秀传统文化的忠实继承者和弘扬者，从孔夫子到孙中山，我们都注意汲取其中积极的养分。中国人民正在为实现'两个一百年'奋斗目标而努力，其中全面建成小康社会中的'小康'这个概念，就出自《礼记·礼运》，是中华民族自古以来追求的理想社会状态。使用'小康'这个概念来确立中国的发展目标，既符合中国发展实际，也容易得到最广大人民理解和支持。"包括在全球化的时代背景下，习近平总书记提出的建设人类命运共同体的理论，也体现了"天下为公，大同世界"的古老思想。

实现中华民族伟大复兴的"中国梦"，这是我们全体中华儿女的共同理想，有无数的仁人志士、革命先贤为此抛头颅洒热血，进行了艰苦卓绝的斗争和探索，才有了今天这样的局面。当前，我们比历史上任何时期都更接近中华民族伟大复兴的目标，比历史上任何时期都更有信心，更有能力实现这个目标。

当今中国，日益走近世界舞台中央的国际地位和影响力，决定了中国梦不仅关乎中国的命运，也关系着世界的命运。当今世界，尽管和平与发展是时代主题，但环境破坏、金融危机、恐怖主义、宗教冲突、战争杀戮、贫富分化、网络安全、传染病和核扩散等问题，对世界文明的发展提出了严峻挑战，没有哪个国家能够独自应对人类面临的这些挑战。习近平指出："这个世界，各国互相联系、互相依存的程度空前加深，人类生活在同一个地球村里，生活在历史和现实交汇的同一个时空里，越来越成为你中有我、我中有你的命运共同体。"习近平指出，要"建设持久和平，普遍安全，共同繁荣，开放包容，清洁美丽的世界"。这反映了人类社会共同价值追求，汇聚了世界各国人民对和平、发展、繁荣向往的最大公约数，为人类社会实现共同发展、持续繁荣、长治久安描绘了蓝图，指明了前进方向，对中国和平发展，世界繁荣进步都具有重大而深远的意义。

二、提升规范价值：制度和人事二者不可偏废

理念价值和规范价值的关系或者说文化和政治的关系问题，可以用习近平总书记提出的"四个自信"来理解。习近平在 2014 年两会期间指出："一个国家综合实力最核心的还是文化软实力，这事关精气神的凝聚，我们要坚定道路自信、理论自信、制度自信，最根本的还要加上一个文化自信。"2015 年习近平讲："我们提出了中国梦，它的最大公约数就是中华民族伟大复兴。中国有坚定的道路自信、理论自信、制度自信，其本质是建立在五千多年文明传承基础上的文化自信。"

由此可见，文化自信是"三个自信"的基础，这种基础性一方面体现在道路、理论、制度的形成发展都离不开文化，都不可避免地要受文化的影响，道路、理论、制度外化于行，而文化则内化于心，没有文化自信，道路自信、理论自信、制度自信就会丧失精神、智慧和道义的支撑。另一方面还体现在文化认同是人们政治认同的前提和基础，道路自信、理论自信、制度自信都属于政治认同，在这些认同中文化认同是最基础、最深层次的认同，其意义在于"中国人"的身份认同，产生"中国人"这种身份认同的关键因素是中华儿女的血脉中流淌着的民族文化血液，民族文化是我们的共同基因。

道路自信、理论自信、制度自信都属于政治自信的范畴，即都属于规范

价值层面的内容，而文化自信则属于理念价值的范畴。理念价值统领、支配规范价值，如果在最高理念价值层面，将马克思主义和传统文化相融合后，我们就会发现很多传统文化指导下的规范价值也可以或者说应当被现阶段的社会政治制度所借鉴。

（一）严惩腐败，加强吏治

公元前 221 年，秦灭六国建立了大一统的中央集权国家，用郡县制代替分封制，用中央选拔任命的官僚代替世袭的贵族来统治广阔的疆域和众多的人口，**中国成为世界上第一个现代意义上的国家**。选拔任用有能力的官僚来代替世袭的贵族进行统治，当然是历史的一大进步，但官僚体系也存在其固有的弊端。中央政府任命的官僚，其所辖区域并非自己的封地，是帝王的私产而不是自己的私产，其职位又不可能像贵族一样世袭，所以官僚对地方的长治久安不会像贵族对自己的封地一样用心。

吕思勉在书中说官僚总是希望将自己的职责最小化，而将自己的收益最大化，这是由人性所决定的。要防止官僚制的这一弊端，就必须对官僚进行监督，所以官僚体制必须配套督责体制。他认为必须以督责之术对付官僚阶级，以儒家宽仁之政对待人民。**即严以察吏，宽以驭民**。因为官僚阶级的利益是和人民相反的，要保护人民，其要义就在于约束官僚，使其不能为民害，若放纵之，那就是纵百万虎狼于民间了。

所以吕思勉书中提出：国家办事，宜定一最大限度，不得超过，而这最大限度地设定，一是必要，二是监督所能及，不至非徒无益反生他害。也就是说国家要办事，就要依靠官僚，而用官僚就有弊病，所以除非必要，否则能不做就不做，如果确实有必要做，那就必须能够对办事官僚督查到位才行。所以他讲中国古代政治是能静而不能动的政治。我们翻看史书确实可以发现，只有在王朝建立初期遇到励精图治的雄主，或者王朝中期出现可以驾驭官僚体系的雄主，才可以使得国家社会得到较大较快发展，否则承平日久，官僚体制犹如政治之癌，只会让这个王朝统治慢慢癌变，直至农民忍无可忍起来造反，王朝灭亡。一个朝代的灭亡看似是死于农民起义，但实则是死于官僚体系的癌变。所以法家代表人物韩非子提出“明君治吏不治民”，正所谓治国之本在于治官，吏治则民安，民安则国定。

但是，是不是有了监督，官僚体系就万事大吉没有问题了呢？当然不是。问题依然存在，用吕思勉的话来说那会导致“治官之官日多，治民之官日少”。因为人是监督不尽的，随事而督导之，势将劳而不可遍。也就是说加强监督又会带来另一个后果，那就是督察体系里的官员会越来越多，而为民办事的官员会越来越少。官员动辄得咎，那就多一事不如少一事，整个官僚体系就失去效率。要解决这个问题，吕思勉说：用人势必当慎辨其心术，以立心不同的人，其所做的事，虽看似相同，而实有其大不同。有一种人，用他去办事，是弊上加弊，另一种人，用他办事则是维持现状，德才兼备的人，很是少见。当然，吕思勉对中国的古代政治总体来说是持一种较为悲观的论调，但这确实涉及了另一个重要的问题，那就是官员的选拔。如何选拔、任用德才兼备的官僚，也是官僚体制非常重要的一方面。在这方面，本书论述不多，钱穆的《中国历代政治得失》做了较为系统的梳理，从汉朝的孝廉察举制度，到魏晋南北朝的九品中正制，再到唐朝开始一直贯穿清朝的科举制度，钱穆还是给出了相对肯定的评价，认为这套制度基本可以贯彻中国人“选贤任能”的理念，选出的很多官僚为中国社会的发展做出了积极的贡献。钱穆说：“无论如何，考试制度，是中国政治制度中一项比较重要的制度；有且由唐到清绵历了一千年以上的长时期，中间递有改革，递有演变，积聚了不知多少人的聪明智力，在历史进程中逐步发展。这绝不是偶然的。直到晚清，西方人还知采用此制度来弥补他们政党选举制之偏陷。”但是古代天下是皇帝的私产，普天之下莫非王土，率土之滨莫非王臣，皇帝治国，却又必须依靠官僚，所以只能在官僚集团和人民之间取平衡，只能将官僚对平民的剥削控制在某一限度之内，只要不招致官逼民反，皇帝也要与官僚集团达成妥协，所以百姓的生活终归是受到官僚体系的剥削和压迫的。

1947 年，黄炎培到延安考察，谈到“其兴也勃焉，其亡也忽焉”，称历朝历代都没有能跳出兴亡周期率。毛泽东表示：“我们已经找到新路，我们能跳出这个周期率。这条新路，就是民主。只有让人民来监督政府，政府才不敢松懈。只有人人起来负责，才不会人亡政息。”1949年，毛主席领导全国人民建立中华人民共和国，人民第一次成了国家的主人，开始行使当家做主的权利，全国人民代表大会成为国家最高的权力机构。党中央也要求官员要全心全意为人民服务，做人民的公仆，但是在实际运行的过程当中，残留的封建思想以及西方的资产阶级思想，使得很多官员腐化变质，忘掉了艰苦奋斗的作风，忘掉了为人民服务的革命理想，开始变成官老爷，作威作福，渎职滥权。面对此等情景，毛主席又开始了其大民主实践，让人民起来监督官员、批判官员，但这在历史上也并无经验可循，并因各种原因失败了。

不可否认，在中国“学而优则仕”传统的影响下，中国最优秀的一批人员都进了公务员队伍，并且为社会发展做出了突出贡献，但其中也出现了官员腐败现象，原因主要有两方面：一方面是公务员制度建设还不完善，另一方面是我国的理念价值层面未统一，意识形态衰落，诸多官员在商品大潮的冲击下被资本腐蚀，迷失了方向，既丧失了共产主义信仰，也丧失了中国传统的道德追求。

十八大报告中罕见地警示腐败问题可能导致“亡党亡国”。随后，党中央坚定推进全面从严治党，制定和落实中央八项规定，开展党的群众路线教育实践活动，强力反腐，坚决反对形式主义、官僚主义、享乐主义和奢靡之风。反贪污只是第一步，遏制住腐败势头之后，关键还是要加强治理能力建设。从湖北武汉官员在新冠疫情中的表现来看，确实是承平日久，很多官员只会做太平官，例行公事还能应付，但遇到这种突发紧急事件，就都露出了马脚。这也如同吕思勉书中所讲中国政治上的弊病，在于官之无能，除例行公事之外，并不会办，而且还不能监督办例行公事的人，使之不作弊。这一点，不光我们看到了，党中央也早就意识到了这一点，要想实现两个100年的目标，实现中华民族伟大复兴，必须提升国家治理体系和治理能力建设，这是不可或缺的组织保障。所有的法律制度，还是要由人来执行，所以钱穆讲“制度和人事，二者不可偏废”，在加强法治建设的同时，也必须注重组织建设，注重对执“法”者队伍的建设。

1. 加强公务员内在修养的提升

钱穆说："从汉代起，我们可以说中国历史上的政府，既非贵族政府，也非军人政府，又非商人政府，而是一个'崇尚文治的政府'，即士人政府。"士人阶层是一群有着特殊教育与特殊理想的群体，中国旧传统所谓士，乃是不从事生产事业的，所谓"士谋于道而不谋于食"，所以国家不允许公务员经商，习近平讲"当官不发财，发财不当官"。

士人政府在汉武帝之后就正式确立，但是受秦朝"以吏为师""焚书坑儒"的影响，秦汉以至魏晋，是儒吏相对的时代，那时的人们认为"文吏少道德而儒生多仁义""儒生文吏，具以长吏为主人者也。儒生受长吏之禄，报长吏以道；文吏胸无仁义之学，……贪爵禄，一日居位，辄欲图利以当资用""执法之吏，不窥先王之典；缙绅之儒，不通律令之要"。也就是说当时社会认为儒生有价值观、有信仰、有道义，却不懂如何治理社会，而政府的文吏虽然知道如何执法办事，但是却无信仰，在办公事之外总要以权谋私。这一局面直到通过科举取士之后，才得以改变，即"儒的吏化"或"吏的儒化"，得以部分解决儒和吏的对立，使得政府官员既有了治国理政的技能又有了家国情怀。但是因儒家历来瞧不起吏，他们便自诩为"官"，而把非科举出身的办事人员称为吏，中国古代的官僚集团便有"官""吏"之分。"领持大概者，官也；办集一切者，吏也"，官是科举出身，掌权的，地位较高，是士大夫阶层；吏是具体办事的，地位较低，但确实长期把持中国基层税收、司法、财政和军事，成为"胥吏阶层"。胥吏是从唐代的"役法"中演变而来的，按照役法，基层事务是由人民轮流担任的，国家并不发给俸禄，而唐中期以后，基层事务已由专任的事务员把持，他们的收入不是来自国家，而是来自办事获得的好处费，而这种把持基层的事务员也就是胥吏。基层政治的瓦解大都是由于胥吏之害。苏东坡在《论养士》中纵论了官僚体系的历史沿革，战国至秦出于客（卿）。汉以后，出于郡县吏。魏晋以来，出于九品中正。隋唐至今，出于科举。而实际事物，则归于"九品之下"的"流外"，即胥吏。司马光曾批判胥吏"以啖民为生""百姓破家坏产者，非县官赋役独能使之然也，大半尽于吏家也"。

改革开放后，我们以经济建设为中心，后来逐步发展成为唯GDP论，整个社会风气中物质讲得太多，精神提得太少，大多出问题的官员都是在工作过程中只注重能力提升（外王），而忽视了道德水平的提升（内圣），公务员队伍有胥吏化的趋势。所以今后在公务员队伍的培养上，应当继续借鉴传统政治中的优秀做法，注重内圣外王，继续选贤任能，在提升官员治理能力的同时，继续打造以“修身、齐家、治国、平天下”为共同理想，秉承“为天地立心、为生民立命，为往圣继绝学，为万世开太平”作为终极追求的官员队伍，也是政治制度建设的重中之重。习近平在十八届中央政治局第二十次集体学习时的讲话指出：“广大党员、干部理想信念坚定、干事创业精气神足，人民群众精神振奋，发愤图强，就可以创造出很多人间奇迹。如果党员、干部理想动摇、宗旨淡化，人民群众精神萎靡、贪图安逸，那往往可以干成的事情也干不成。所以，我们必须毫不放松理想信念教育、思想道德建设、意识形态工作，大力培育和弘扬社会主义核心价值观，用富有时代气息的中国精神凝聚中国力量。”

2. 加强国家监察制度建设

现代化国家赋予了官员很多的权力，要保证权力不乱用，必须一方面用法规约束，另一方面也必须有外部的监察制度，保证权为民所用、情为民所系、利为民所谋。

中国历朝历代都有对官员的监察制度，汉代为御史丞，唐代有御史台，及至明代有都察院，这都是特设的独立机关，可见我国古代对反腐倡廉的重视。习近平总书记在主持中央政治局第五次集体学习时指出：“要积极借鉴我国历史上反腐倡廉的宝贵遗产，研究我国反腐倡廉历史，了解我国古代反腐倡廉文化，考察我国历史上反腐倡廉的成败得失，可以给人以深刻启迪，有利于我们运用历史智慧推进反腐倡廉建设。”

2016年中共中央办公厅印发《关于在北京市、山西省、浙江省开展国家监察体制改革试点方案》，部署在3省市设立各级监察委员会，标志着我国启动了国家监察体制改革，2018年正式成立了监察委员会。这也是汲取了我国传统政治设计中的合理成分，补充运用到社会主义政治体制中的一个案例。

2018 年 11 月政治局以“中国历史上的吏治”为题，进行集体学习。2019 年 10 月，中国共产党十九届四中全会通过了**《中共中央关于坚持和完善中国特色社会主义制度推进国家治理体系和治理能力现代化若干重大问题的决定》**，也重点强调了要健全党和国家的监督制度，完善权力配置和运行制约机制，构建一体推进不敢腐、不能腐、不想腐体制机制。

（二）完善法治，重提礼治

我们国家要建设社会主义法治社会，这也是规范价值的完善，但是如果在中国理念价值的指引下，礼治传统这一规范价值与中国的理念价值更为契合，那么未来中国的规范价值，应当是礼治和法治结合，礼治上接传统社会的理念价值，更多地从意识形态方面发挥作用，在非经济领域发挥教化作用，法治下接现代化的实用价值，更多地从制度建设方面发挥作用，指导、规范经济活动。

钱穆和费孝通等都认为中国传统社会不是“人治”社会，而是“礼治”社会。礼治和法治不同的地方是其维持规范的力量不同，法律是靠国家的权力来推行，是从外限制人，违法所受惩罚也是由国家权力机关加之于个人；礼并不是靠外在的权力来推行的，而是靠社会传统，是从教化中养成了个人的敬畏之感，人服礼是主动的，孔子曰“克己复礼为仁”。立法者的工作就是从生活中发现不断重复的且需要强制执行的规则，所谓“则天道、缘民情”，这样的法律就是国民的生活，百姓日用而不自知。在中国古代传统社会中，皇权不下县，广大基础社会主要靠儒家传统所规范的乡约民俗治理，由这套价值观来提供秩序。“礼治”是与以小农经济为基础的乡土社会、熟人社会相匹配的一套价值规范。

孔子在《论语・为政》中讲过，“道之以政，齐之以刑，民免而无耻，道之以德，齐之以礼，有耻且格”。也就是说用政权、政治来引导老百姓，用刑法让他们的行动不越轨，老百姓可以免于刑罚但是没有羞耻心，最好是用道德来引导，礼的核心就是仁、就是忠、就是孝，老百姓会有羞耻心而且能够达到一定的境界。[1]《汉书》中说："法出而奸生，令下而诈起。如以汤止沸、以薪救火，愈甚无益也。"法律的条文刚刚颁布，命令刚刚下达，欺诈的行为、奸诈的行为就产生了。人们会想方设法逃避法律的制裁，逃避制度的惩罚，这样问题会越来越严重，就像以汤止沸、以薪救火一样。《群书治要・袁子正书》中说："不能止民恶心，而欲以刀锯禁其外，虽日刑人于市，不能制也。"即如果不能劝止、化解人们作奸犯科的心，仅仅想以严刑酷法来约束人民的罪行，即使每天都在人流热闹的市场上执行死刑，也不能制止作奸犯科的事情发生。

清末谭嗣同指出："两千年之政，秦政也；两千年之学，荀学也。"[2]也有人称之为"阳儒阴法"或"外儒内法"，其实"儒家"的"礼"和"法家"的"法"，在中国社会的治理当中，二者一直相辅相成。唐太宗李世民既修《贞观律》，又制《贞观礼》；明太祖朱元璋既制《大明律》，又定《大明礼制》；清乾隆皇帝既颁行《大清律例》，又敕修《大清通礼》。张岱年讲儒家从汉代取代了法家的地位，成为正统的意识形态，用"礼"来教化感召国民，成为人们日常的伦理规范、行为准则，从而形成上下和谐、家国和谐的社会。而秦朝建立起来的一系列政治经济制度、法律制度却是法家的贡献，法家的法律思想以及这套制度一直经历代政府不断完善不断发展，只不过它是政府层面的工作，并不需要民众学习了解。礼和法，二者相辅相成，共同维护了中国古代社会的稳定。"我国从春秋战国时期孔子提出'宽猛相济'、荀子提出'隆礼重法'，再到汉朝董仲舒强调'阳为德，阴为刑'，唐代提出'制礼以崇敬，立刑以明威'，之后的宋元明清一直延续德法合治，都体现了德治和法治相结合的治国之道，被实践证明是行之有效的。"[3]

中国现在的状况与传统的农业社会相比有了极大的变化，随着市场经济的建立和交通工具、通信手段的发展，让中国从一个乡土社会、熟人社会变成了一个极具流动性的工商业社会、陌生人社会。陌生人社会的社会交往成本更高，人与人之间很难建立起信任关系，原先在熟人社会中可以用道德、

---

1 许嘉璐：《中华文化的前途和使命》，中华书局 2017 年版，第 47 页。

2 傅佩荣：《哲学与人生》，东方出版社 2010 年版，第 162 页。

3 傅永聚：《儒家的政治文化精神》，济南出版社 2020 年版，第 7 页。

伦理来约束和规范的事情，在陌生人社会就必须通过法律来完成。所以在现代化条件下，必须靠法治来为全社会提供统一的秩序，维持社会运转，但是我们不能完全照搬西方的法治思想和制度来治理中国社会。前面讲过西方的法治传统有着复杂的文化社会背景，是在全社会认同性恶论的前提下，在摒弃基督教道德说教的情况下，以发展出来的正当性为立法基础，认为秩序只能是外生的，基于外在的强制。中国的文化背景与西方完全不同，中国文化传统建立在性善论的基础之上，讲道德、讲天理、讲情理，人可以自治、秩序可以内生，所以人民大众对任何事情的判断依据是以天理和情理为准则，而较少以法律为准则。我们现代社会的立法者应当尊重传统文化中的核心价值观，不能与之相违背，要在合情、合理的前提下，再加入合法，让法律合乎人之常情，顺乎公道天理，否则不但起不到维护社会秩序的作用，反而容易引起更多的社会矛盾。而且即使法律再多，也不可能将社会生活的方方面面都规定清楚，不可能穷尽生活的全部细节，纸面上的法律，如何变成人民生活中的法律，变成人民的自觉遵从，也是一个大问题，“送法下乡”“送法进村”本就凸显了法治在中国社会的现实困境。中国太大，是百国之国，现在我们用法律，由法院来处理矛盾纠纷，已经不堪其重。所以如何创新我国的司法体系，让全国范围的“法治”与地区范围的乡约民俗的“礼治”相结合，在“法治”和“礼治”中寻得平衡，是我们未来应该思考的方向。

（三）承上启下，重塑意识形态

前文讲过，在阶级社会的每一种社会形态中，往往同时存在着三种不同的意识形态：首先，是反映现存社会占统治地位的生产关系、经济政治制度并为其服务的意识形态；其次，是旧社会（之前社会）的意识形态，它反映已被消灭和正在被消灭的旧的生产关系以及经济政治制度；最后是反映现存社会中正在生长着的新的生产关系的意识形态。其中，反映和维护占统治地位的生产关系的意识形态通常占统治地位。这三种意识形态之间，不可避免地要展开斗争，斗争的实质是维护现存国家政权还是反对现存国家政权。

意识形态在政党政治社会中，往往反映了一个政党思想路线和政治路线，毛泽东说过，思想政治工作是一切工作的生命线。意识形态是各个阶级或者集团争得或保持自己在经济、政治上统治权的有力武器。因此，意识形态上的混乱和偏差往往反映了一个政党在思想上和政治上的错误，有时它会导致全局性的瘫痪甚至毁灭性的衰败。

我国改革开放40多年来取得的举世瞩目的历史成就，党的十八大以来我们党在治国理政上创造的一系列巨大成果，无不验证了我们的道路、我们的理论、我们的制度是成功的，我们有“三个自信”的充分底气。但是，在国际舆论格局中，总体上依然处于“西强我弱”的状态。研究表明，西方媒体掌握着全球90%以上的新闻信息资源，近70%的海外受众是通过西方媒体了解中国的。相当多的西方媒体仍然戴着“有色眼镜”观察中国、报道中国。特别是随着我国综合国力的提升和国际影响力、话语权的增强，一些西方国家心态失衡，想方设法对我国围追堵截。某些西方媒体为策应其国家利益而应声而动，故意对我国炒作和抹黑，这就必然导致在西方舆论里的中国与真实的中国相去甚远。“由于西方长期掌握着‘文化霸权’、进行宣传鼓动，当代中国价值观念存在太多被扭曲的解释、被屏蔽的真相、被颠倒的事实。”

习近平指出：“讲好中国故事，必须解决‘挨骂’问题，落后就要挨打，贫穷就要挨饿，失语就要挨骂。现在国际舆论格局总体是西强我弱，别人就是信口雌黄，我们也往往有理说不出，或者说了传不开，一个重要原因是我们的话语体系还没有建立起来，不少方面还没有话语权，甚至处于‘无语’或‘失语’状态，我国发展优势和综合实力还没有转化为话语优势。”[1]

想要重塑意识形态，首先靠物质基础的支撑，其次靠理念价值的感召力，最后，才是意识形态本身的合理性论证。也就是说不能只在意识形态领域建设意识形态，“汝果欲学诗，功夫在诗外”，必须将意识形态建设放到整个文化价值体系当中去考虑，新的意识形态，要上承中国的理念价值，将理念价值贯穿中国的政治实践当中，又要下接中国的实用价值，对中国的综合国力的提升做出合理解释。中国近些年经济的巨大发展和综合国力的提升，为中

1《习近平总书记系列重要讲话读本（2016年版）》，学习出版社、人民出版社2016年版，第210页。

国的意识形态建设提供了非常有利的条件，很多学者也从这方面来进行意识形态建设，但因为中国的理念价值一直不清晰，既有马列主义又有传统文化，所以在构建意识形态的过程中，显得左右为难，不知道应当上承马列主义还是将中国传统作为理念价值，这就导致理念价值在对意识形态的引领上存在缺位，导致长期以来意识形态领域无法形成闭环。未来重塑意识形态，更重要的是要从融合了马克思主义和中国传统文化的新的理念价值中去寻找指引，新的意识形态必须将新的理念价值作为根本和出发点。在这一新的理念价值的指导下，将作为规范价值的意识形态，融入理念价值的叙事话语体系中去，从理念价值中汲取营养获得强大支撑，使之契合中国传统理念。这样才可以上承天道，下启民心，才会圆融，具有说服力和号召力，才能润物无声地凝聚人民大众，对内为中国的改革开放提供合法性支撑和精神动力，对外成为国际话语权斗争中的“金钟罩”和“铁布衫”。

三、发展实用价值：科技和金融是腾飞的双翼

我们中华人民共和国成立后取得世界瞩目的经济成就，既得益于中华人民共和国成立后建成了完整的工业体系，也得益于改革开放，实现了市场经济体系转型，成功融入世界经济体系。市场经济只是商品生产的社会化组织方式，可以在资源配置、提高劳动效率、调动劳动者积极性方面发挥重要作用，不仅资本主义可以用，社会主义也可以用市场经济来组织生产，这已经是被我国改革开放的理论和实践所证明了的，党的十九届四中全会已经将社会主义市场经济体制上升为我国基本的经济制度。但今天的成就又不完全是市场经济的功劳，因为我们还一直发挥着政府的宏观调控作用，政府在区域规划、基础建设、产业升级、抵御危机等方面都发挥了不可或缺的保驾护航的重要作用。

自从资本主义产生之后，资产阶级将“市场”封神，市场与政府的关系，犹如上帝和凯撒的战争，上帝的敌人是凯撒，市场的敌人就是国家主权，就是各国政府。资本主义自诞生以来，在全球扩展市场的过程，犹如推行一场

宗教战争，硝烟弥漫，旷日持久。新自由主义的经济学家们，俨然是上帝的子民，接受“上帝的旨意”，向自己的国家开战，为西方的市场铺路。妖魔化政府，妖魔化国企，将政府与市场对立，将国企与民企对立，这是老套路，毫无新意。

所谓批判就是要澄清前提、划清界限，我们要批判市场和政府，就首先要澄清市场到底是什么？市场是不是神，是不是万能的上帝？如果是神，那么宗教激进主义者是信奉一神论还是多神论？是只能有一种西方设定的市场形态还是允许有多种不同的市场形态？如果市场不是神，不是万能的，那么市场应不应该有边界？边界又应该在哪里？这些边界需不需要随着时间的推移、社会的发展而发生变化？

市场经济有其优点，但是并不完美。市场经济奉行的是资本逻辑，资本逻辑与我们目前的社会主义制度以及自古以来共同富裕的中国梦，还是存在着内在的逻辑冲突。不断扩大的贫富差距，以及日益严重的环境破坏，这都是资本逻辑的必然结果。所以在从改革开放发展市场经济的过程当中，也一直伴随着“计划”与“市场”的争论，反映在理论层面就是一直存在着西方自由主义经济学与马克思主义政治经济学之争。如何理顺市场经济所内含的资本逻辑与社会主义政治制度以及整个民族文化传统这三者之间的关系，是中国特色社会主义政治经济学的核心命题，也是重构中华文明体系的核心问题。

1. 经济正在换挡，争论日趋白热

理论的争论还是源于社会现实的发展，中国改革开放40多年的主要目标以及成绩就是建立起了富有中国特色社会主义市场经济体系，在这个过程中我们是从计划经济向市场经济转变，很自然地在理论指导上开始采纳借鉴西方自由主义经济思想，尤其是在加入WTO，融入世界经济体系之后，随着开放程度的加深和经济的快速崛起，西方自由主义经济思想几乎获得了压倒性优势。自由主义经济思想虽未能完全“登堂入室”，对马克思主义政治经济学取而代之，但却在高校、市场和媒体舆论当中占据了主导地位，成为主流，无人质疑，也没有人敢去质疑。即使有质疑，也无法形成影响力。马克思主义政治经济学在中国经济学界很大程度上已经被边缘化，市场、媒体也已臣

服在“市场派”的石榴裙下。

但随着世界政治经济格局的变化，尤其是在西方金融危机之后，世界上反思新自由主义的声音越来越多，国内因为过度市场化带来的负面效应也逐渐显现，马克思主义政治经济学与西方自由主义经济学之间的争论也日趋白热化。这其中有着深刻的现实和时代背景：

第一，争论的国内背景是改革开放取得了巨大的成功，大部分人依靠自己的辛勤劳动满足温饱，安居乐业，但也积累了很多的矛盾，比如，住房、医疗、教育的过度市场化，成为压在人民头上的新的“三座大山”；再如，环境恶化，贫富差距过大，等等。人们在脱贫之后，开始关心平等问题，经济上的不平等导致社会各方对经济政策产生怀疑，开始反思。

第二，国际背景是金融危机以来，西方社会持续衰落，民粹主义盛行，逆全球化趋势抬头，而中国在不断崛起，以更加积极的姿态融入全球化，甚至是开始引导全球化的走向。两相对比，“华盛顿共识”遭受广泛的失败和质疑，“北京共识”在国际上越来越有吸引力。我党在改革开放的探索和实践中建立起来“四个自信”，要想让“四个自信”真正成为全党、全国人民的自信，需要一场关于“真理”问题的大讨论，谁是谁非，已然到了需要厘清的时候。

第三，互联网在中国迅猛发展，甚至在很多领域已经取得全球领先优势，西方经济学理论在互联网领域失效。实践在创新，技术在进步，理论和制度也应当创新，这是制度经济学中技术突破导致制度变迁，或者说马克思主义政治经济学中的生产力发展要求有新的生产关系与之相适应的基本原理。新经济需要新的经济理论来指导，需要新的经济制度来适应。

全球的政治经济格局发生了巨大变化，中国的政治经济发展也走到了新的十字路口，需要正确的理论来指导和引领。到底是用西方经济学还是依靠马克思主义政治经济学，或者是二者结合发展出有中国特色的政治经济学，既是一个理论问题，也是一个现实问题。

（一）用技术来超越计划和市场的对立

1. 经济体制的缺陷归根结底是人的缺陷

传统的观点认为西方自由主义经济学对应指导的是资本主义的市场经济，而马克思主义政治经济学对应指导的是社会主义的计划经济，所以在比较选择两种经济理论之前还是先看一下何谓计划经济，何谓市场经济。

计划和市场是资源配置的两种基本手段，而“市场经济”和“计划经济”是指两种社会经济体系。在理论上设定的“市场经济体系”里是没有一个中央协调的体制来指引市场运作的，市场将会透过产品和服务的供给和需求产生复杂的相互作用（看不见的手，看不懂的手），进而达成自我组织的效果。在“计划经济体系”，国家在生产、资源分配以及产品消费各方面，都是由政府或财团事先进行计划。很显然，人类的这两种经济运行体系都存在着巨大的缺陷。

计划经济体系的缺陷在于：在一个人口众多的社会，没有一个中枢机构可以准确地获知体系中的每个人、每个行为主体（事业单位、企业单位）随时变化的各种精神和物质需求，并按照需求安排生产、分配，个体的需求必然会被压抑，不会被及时满足，票证经济就是一个很好的体现。即使在当今社会，很多产品也无法及时满足人民的需求，比如，一些抢手的商品如苹果、小米手机等，都不得不采用预售制度。

市场经济体系的巨大缺陷是：身处这个经济体的个人或行为主体，虽然可以按照自己当时当地的需求，从市场上根据供求不平衡的状况，购买或者提供产品或者服务，但是个人的需求无法通过市场机制汇聚成整体的需求，并被供给方掌握，提供相应供给。从社会整体而言，供求双方必然出现极大偏差，导致资源浪费，严重的时候则导致不可避免的经济危机。

在现实中既没有完全的市场经济体系，也没有完全的计划经济体系，市场经济体系中也会运用计划的手段，计划经济体系中也会运用市场的手段，只不过领域、范围、程度不同罢了。纯粹的计划经济或者市场经济体系都存在巨大的缺陷，而这种缺陷其实既是人的缺陷，也是人类群体的缺陷所带来的。因为人类的大脑无法站在上帝视角，及时发现、掌握、分析、处理所有的社会需求信息和社会供给信息，并相应做出判断、决定。但当有了移动互联网，有了大数据，有了云计算，有了传感器，有了电脑系统的深度学习能力之后，是否可以弥补人脑的缺陷呢？当然可以。新技术的运用会极大地提高我们的计算分析能力，从而提高人类社会的运行效率。如果云计算可弥补人脑的缺陷，那我们是否应该重新思考我们人类的经济体制和社会组织方式呢？会不会有既区别于计划经济体系又区别于市场经济体系的新的经济体系产生呢？我认为这将是历史的必然！

2. 市场经济的本质就是欲望经济

互联网大数据技术的广泛使用，让我们看到了人类对于获取数据以及处理数据的巨大能力，甚至可以让你看到“市场”这只看不见的手是如何起作用的，如果你能够看到这只无形的手是如何起作用的，你会不会顺应这只无形的手的指示，去做相应的计划，去有针对性地做研发、生产和销售呢？

我们经常讲“市场”经济、“市场”开发、占领“市场”，我们也讲“市场”瞬息万变，商业社会一切由“市场”说了算，不找“市长”找“市场”，我们还讲“市场”是一只看不见的手，那么这个神秘莫测、神通广大的“市场”到底是什么？

其实市场就是需求，进一步说市场就是市场参与者随时变化的需求，归根结底，市场就是人类不断涌现又流淌变换的“欲望”，市场经济就是欲望经济，满足市场需求就是满足消费者需求。以“市场”作为资源配置的主要手段，就是说整个社会应该围绕着社会成员的需求（欲望）来配置资源。但之前不管是计划经济还是市场经济，社会生产都无法准确地掌握分散的客户需求，因为需求随时在变，收集、分析成本极高（几乎不可能），只能根据局部信息，进行模糊预判，然后组织生产，投放市场，通过市场检验。试错成本极高，资源浪费巨大。

3. 互联网将“市场”拉下神坛

21 世纪最大的技术发展应用就是互联网技术，互联网技术主要体现在三个层面：一是智能化、智慧化的技术，让移动终端智能化；二是链接的技术，可以实现万物互联，高效互联；三是云计算技术，亦即“智能化”“互联化”“云端化”。互联网的本质就是数据化的技术，智能化是数据采集的入口，互联化是数据传输，云端化是数据计算和挖掘，其核心都是数据化的技术。将小数据、分散割裂的数据汇聚互联成统一的大数据，未来的商业本质就是数据。

金钱让欲望可以被度量，互联网让欲望可以被监测。互联网时代直接将大众的模糊的市场还原为精确的用户需求，也就是“以客户为中心”，通过智能化的数据采集，我们的衣食住行的所有信息，甚至我们的心跳、步数、睡眠信息都可以被几乎无成本地、真实、准确、快速、连续地收集、记录、传递，然后根据这些需求信息，来驱动整个生态系统协调生产、服务，以满足客户个性化甚至是一揽子的多元化的需求。

“市场”这个虚无缥缈、变幻莫测的“神”，在互联网时代已经被拉下神坛，我们已经可以看见、可以摸到“市场”这只看不见的手了，可以看到“市场”的底牌，一切都不再神秘，一切变化都在随时被反馈，随时被掌握，随时被满足……

4. 技术进步引发制度变革

（1）商业模式被颠覆——由 B2C（商业机构对消费者）变为 C2B（消费者对商业机构）

小米公司就是一个典型案例。传统产业是典型的 B2C 模式，企业研发一款产品，然后组织上游原材料采购，自己工厂生产，再由分销商零售商分销零售，最终到达消费者眼前，等待市场（消费者）购买。但是如果市场不认可，这一批产品都将积压，成为毫无价值的废物。或者只有一部分产品被认可，那么剩下的就将毫无价值，造成了社会资源的巨大浪费。

但在互联网时代是怎么做的呢？企业先根据市场需求设计出一款产品，并通过互联网精准推送给可能喜欢的消费者，然后在网上接受客户预订，拿到汇集起来的订单，再根据订单数量去有计划地组织原材料采购、流水线生产，然后通过现代化的物流送到消费者手中。这还没完，接下来会再通过用户实时反馈的需求，不断地迭代更新自己的产品，形成下一个循环。中间可以没有经销商，没有库存，也没有产品浪费。这就是典型的 C2B 的商业模式。

（2）企业组织方式变革——公司制变为平台制

在互联网技术的支持下，企业内外部的互动更加直接，企业与市场的边界开始模糊，无论在内部还是外部，协同变得越来越频繁和高效。企业组织不再是一个个封闭的机器，而成了开放的体系。

商业模式的变化，经营方式的变化也必然对组织架构提出新的要求，这个时代优秀的公司已经演变成平台（S），成为众多企业的供应链平台或者后台，通过对上游供应链的整合，对下游小企业（B）提供增殖服务、赋能服务，经由线上协同，共同服务客户（C）。

比如，一家以设计生产销售时尚服装为主业的互联网公司韩都衣舍，就初步建立起 7 大平台，用以支撑 300 个左右的前端三人小组，为终端客户设计、提供各种不同款式的服装。海尔的人单合一以及创投平台转型，可以为平台上小微企业的创新、互联提供支撑，再由这些小微企业去创造性地为客户提供个性化、定制化的服务。

这种 S2B2C 的平台体系，已经演变成了一个以平台为中心，通过互联网线上链接，一层一层将服务向外延伸，同时将信息向内反馈的生态系统。

（3）社会生产方式演进到"生态经济"

经济基础决定上层建筑，资本主义的生产方式（以市场作为配置资源的主要方式）决定资本主义的社会制度，传统的社会主义的生产方式（以计划作为配置资源的主要方式）决定社会主义的社会制度。目前中国走的已经是中国特色社会主义道路，是让市场在资源配置中起决定性作用和更好发挥政府作用相结合的道路。

当我们进入万物互联时代，社会资源的配置方式都变成了"用户中心""数据驱动"的时候，我们人类的组织方式会是什么样子？请允许我这个理想主义者跳过中间过程，在此做一个终极畅想：

当人类社会的各个行业都被融为社会整体生态中的一部分的时候，人类对自然资源的获取也将遵循自然规律，可以循环发展。我们人类社会的经济活动，终于开始自然而然地提到了"生态协同"，虽然科学技术早已经开始了“仿生”，但人类社会的整体运转方式也开始提到“仿生”的概念，是一个巨大的进步。人类社会经过几万年的发展终于找到了正确的存在方式，人类将学会尊重自然，而不是改造自然，按照自然环境存在的方式，来运行人类社会的组织方式，人类将终于明白中国的那句古话——“道法自然”。人类社会的“道”，终将取法“自然”，人类作为整体社会层面与自然“天人合一”。社会生活与自然环境融为一体，与这个地球的一草一木融为一体，和谐统一。社会生活被数据化，归于0和1，和于自然界的阴和阳，万事万物的变化规律又可以重新归于六十四卦，三百八十六爻，中华文明又重新回到起点，荣归万经之首《周易》所描绘的世界之道。

这个新的制度，不是计划经济也不是市场经济，我为它起个名字叫作“生态经济”。

5. 新技术、新制度，需要发展新的理论体系

由此可见，科技的进步会引发制度的变迁，同时也需要理论的跟进。中国近现代史已经让中国人充分认识到科技在社会中的重要作用，我们喊出了“科技是第一生产力”的口号，科技的发展让我们“可上九天揽月，可下五洋捉鳖”。技术的发展日新月异，这需要我们的传统企业尽快转型升级，我们的互联网企业不断开拓创新，我们的国家继续加大互联网技术方面的基础设施服务。

社会的政治、经济、思想、文化每天都在发生着变化，不可能存在一个一劳永逸的制度可拥有巨大的弹性，能够解决、适用或者包容这些时间上空间上所演变的一切。“周虽旧邦，其命维新”，中国的幸运在于我们一直在“改革”的名义下，不断进行着适用新情况、新形势的改变，“苟日新，日日新，又日新”，改革是常态，“历史不可能终结”，改革一直在路上。

为什么大家爱谈论互联网，谈论互联网思维，很大程度上是因为互联网时代没有对应的互联网经济理论。未来已来，而我们还没做好准备。传统经济，我们有了马克思主义政治经济学、西方经济学等来指导，这两年互联网经济的发展让我们感觉传统西方经济学开始失灵。互联网时代的网络社会人，对西方经济学的理性人假设提出了挑战；分享经济打破了资源禀赋假说；西方经济学讲边际成本递减，现在互联网边际成本是零。所有这些变化，对人们思想上造成冲击，还没有新的理论来指导新发生的互联网经济、互联网创业。这个阶段，技术已经呈几何级数飞速演进，实践者靠经验摸索，大踏步地前进，而我国的经济学家群体已经明显落后于技术和社会实践的发展，经济学的理论界必须对新经济新实践做出反应，进行理论创新和理论回应，而不是仍停留在冷战时期的非此即彼、非黑即白的对立，对计划经济依然标签化，意识形态化，严防死守，不知反思，忙于批评，短于建设，继续活在市场批判计划的窠臼当中……

（二）用金融来调整权力和资本的关系

1. 上帝和凯撒归位，市场经济和政府权力言和

资本主义自诞生以来，在全球扩展市场的过程，犹如推行一场宗教战争，硝烟弥漫，旷日持久。新自由主义的经济学家们，俨然是上帝的子民，接受“上帝的旨意”，向自己的国家开战，为西方的市场铺路。妖魔化政府，妖魔化国企，将政府与市场对立，将国企与民企对立。而我们党不光是在计划经济时代能够勇敢地接受市场，而且目前已经超越了“市场”和“计划”的非黑即白、非此即彼之争，建立了“四个自信”。我们国家的实践表明，市场和政府并非水火不容，需要相互依存，相互肯定，握手言和，各自归位，携手前行。经济学家要做的是找出二者的边界，划定各自的辖区，并且根据实践的不断发展，调整二者的边界。也就是说如果要争论，也应该就是否承认二者都有存在的必要进行争论。是否应当设定二者的边界？如果设，边界应该设在哪？如何建立一种调整二者边界的机制？可以说改革开放后的这40多年，政府一直在建设市场，扶持资本的发展，现如今政府就必须在扶持资本和节制资本之间实现平衡。

我们研究市场与政府的关系问题，其实也属于马克思主义政治经济学中的经济基础和上层建筑的关系问题，经济基础决定上层建筑，上层建筑反作用于经济基础。我们的改革开放，就是在寻求社会主义制度下如何去兼容市场经济，本质就是在寻找二者相匹配的方式，所以一直在主动或者被动地探索、调适二者的关系。这里的主动调整笔者指的就是国家政府的改革措施，包括宏观调控。宏观调控的手段有的是依靠财政政策、货币政策以及税收政策这些经济手段。当法治不健全的时候，国家只能暂时依靠行政力量（权力）来提供秩序，对市场主体进行保护和约束。依靠行政命令，这就不可避免地在执行过程中，会生硬、粗暴、一刀切。行政力量介入市场到底是保护还是腐败，是约束还是侵害，有时很难说清，所以一些研究者经常会片面地将其贬损为“权力之手在市场乱摸”。被动调整，指的是微观领域的腐败，市场经济对官员的拉拢、腐蚀，资本将权力市场化。这种主动和被动调整在润滑着经济基础和上层建筑的冲突。但这都不是长远之计，必须有一个好的制度安排来解决这个冲突矛盾，让二者可以相互适应、配套，这是我们中国特色社会主义政治经济学应该解决的最重要的理论和现实问题。

为此，现阶段不能再去单纯地谈论经济基础和上层建筑的关系问题，而应该把金融从“经济基础”（经济）和“上层建筑”（政治）里边独立出来，将原先的两层关系，变为三层关系，也就是说最底层是经济（经济基础），中间层是金融，最上层是政治（上层建筑）。政治不直接用行政权力干预经济，而是通过金融体系来间接地干预、调节经济，这会解决市场经济的经济基础和社会主义的上层建筑之间的冲突，也会解决这些冲突所带来的诸多问题。

2. 金融才是政治经济学研究的核心问题

根据韩毓海对马克思《资本论》的解读，他认为《资本论》第一卷讲资本的生产，主要研究商品，第二卷讲资本的流通，主要研究货币，第三卷讲信用与虚拟经济，主要研究金融。资本生产的场所是工厂，资本流通的场所是市场，信用发生的场所是金融机构。“信用与虚拟经济”支配着资本的生产与流通，金融才是整个资本主义经济的“神经中枢”和“大脑”，马克思认为它构成了资本主义经济的真正基础。马克思研究资本主义，虽然是从商品经济入手，但是把重点放在了研究资本主义的信用体系和金融体系中。

社会主义政治经济学研究的核心不应是关于商品生产和交换的市场经济，而应当是支配着资本的生产和流通的金融体制。要想实现中国经济的稳定健康发展，摆脱全球资本主义周期性经济危机的怪圈，核心是处理政府、金融和实体经济三者之间的关系，而抓手就是研究支配着资本的生产和流通的金融体制。不必再去泛泛地谈生产关系，金融既是现代社会的生产关系，也是新时代政治经济学应该研究的核心问题。金融体制设计、运行好了，就可以顺利解决生产关系中的其他方面的问题，也就会解决生产力和生产关系的适用、匹配问题。换句话说，如何提高金融体系的运转效率和公平问题，才是社会主义国家最大和最根本的问题。当整个社会有完善的金融体系可以高效地将资本分配到实体经济中去，并能够很好地监督企业家对资本的使用情况的时候，政府权力也就可以自然而然地退出这些领域，所谓的市场和政府的边界问题也就解决了。如果不能妥善处理好金融问题，则不管土地、劳动力、商品市场如何市场化，也无法解决金融资本与实体经济之间的矛盾，整个经济体系的市场主体都将成为金融资本猎食的对象。

所以我们研究中国特色社会主义政治经济学，其核心问题应当是研究金融资本的运行规律，以及如何正确处理好政府、金融和实体经济三者之间的关系，这才是主要矛盾。与之相比，市场与政府的关系问题、国企和民企的关系问题、分配问题这些都是中国特色社会主义政治经济学研究的对象，但是属于从属的位置，是次要矛盾。

3. 国家必须驾驭资本，克服资本逻辑与以人民为中心的矛盾

市场经济的蓬勃发展靠的是资本逻辑下的优胜劣汰。资本无所谓道德，它就是一头天生可以自我繁衍、自我增殖的怪兽，资本的逻辑就是要求自身增殖，必须无限扩张。资本逻辑主导下的社会生产不再是为了生产使用价值，而是为了获得资本增殖，生产完全是在为资本增殖服务。而当产业资本演变成金融资本之后，资本已经不再进入生产环节，而直接追求资本增殖。金融资本是资本运动的最纯粹、最充分和最高级的形式，它集中体现了资本的灵魂和奥妙，即摆脱一切时间和空间、物质和精神、生产和流通的限制，用钱来生钱

（马克思讲的货币循环G—G′）。当前金融资本主义已经取代了制造业（工业）资本主义，成为当代资本主义最主要的形式。同时资本也天然地要求集中，资本增殖的过程也是一个大资本吞并小资本，是一个财富不断集中的过程。

资本的这些特性显然与我们社会主义国家以人民为中心、社会生产是为满足人民对美好生活的需要是不相符的。首先，人民的美好生活是需要使用价值而非价值来满足的，所以社会主义国家的资本应当是为人民创造更多更好的使用价值，而非仅仅是价值自身的增殖，也就是说资本必须进入实体经济，创造就业，创造产品和服务（使用价值），而不能是钱炒钱的空转，资本必须是产业资本而不能是金融资本，不能"脱实向虚"。其次，社会主义国家需要最广大人民群众共同享有发展成果，而不能是资本集中后的少数人享有发展成果。

解决资本逻辑与社会主义制度之间这个矛盾的办法就是，必须由国家来驾驭资本，由国家来给资本套上缰绳，驾驭资本这头怪兽。社会主义国家要驾驭资本而不是消灭资本，驾驭资本也不是要求资本的所有权都归国家所有，并不是要消灭私有制；相反，在市场经济体制下，资本依然可以按照其本性发挥作用，只不过必须由国家代表人民来控制，确保其形成、分配以及使用都是为全体人民的整体利益服务，而不是为少数私人服务。要让资本如臂使指，如水灌田，如血润身，服务好社会的每一个领域，促进整个社会经济的协调、健康发展。

4. 国家通过控制"金融"来驾驭资本

资本不会一直以"资本"的形式存在，它大多数时间是以零散资金的形式存在于每个家庭和企事业单位，是每个家庭和企事业单位的私人财富，是私人产权。分散的居民财富只有通过一定方式聚集起来，形成一定规模，足够进行价值增殖活动，并投入价值增殖活动中去的时候才叫"资本"。这就像国家的军队，实质是由各个家庭里的适龄青年构成，这些人平时是散落在各地的普通家庭成员、社会成员，当国家要征兵打仗的时候，众多平民身份的"个人"才被组织起来变成大规模的具有战斗力的军队，可以征战沙场。

征兵的权力只能由国家掌握，才能确保军队为国家利益服务。同样汇聚资本的权力也只能由国家掌握，才能确保资本是为国家服务。征兵靠的是国家行政权力，而资本的汇聚形成则依靠的是“金融”。金融的重要作用就是用各种方式将分散小额的资金汇集起来，变成大额资金（资本）进行社会投资。在资本有机构成越来越高、全球化竞争的大背景下，金融将是一国最重要的制度安排，也是一国最核心的经济权力。

资本主义制度下，金融机构主要是由私人掌握，所以汇聚起来的巨额资本也主要由私人决定其使用，当然巨额资本所带来的巨额收益也由私人享有。社会主义制度下，金融机构应当由国家代表全体人民所有，汇聚起来的巨额资本也应当为人民使用和服务，带来的收益也理应为全体人民所共享。当然在社会主义初级阶段，可以允许民营金融机构存在，作为国有金融机构的有益补充，但是必须将其置于国家的严格监管之下，切不可存在监管盲区，美国金融危机就是在金融自由化的思潮下放松金融监管带来的恶果。

可以说，金融由谁控制、汇聚起来的资本由谁掌握和使用，带来的收益由谁分享，这才是目前阶段决定社会制度性质的最根本判断标准。社会主义阶段，国家不仅不应该消灭私有制，而且还要保护私有制，但是国家却必须像牢牢抓住对军队的控制权一样牢牢抓住对金融的主导权和控制权，就像确保军队是人民的军队，金融是人民的金融。只有这样才能保证一国的现有财富是为全体人民服务而不是为少数私人服务。

如果我们能够把握住国家通过金融驾驭资本的原则，建立起强大、高效的金融体系，就可以像拥有一支强大、高效的部队一样，对内可以保证人民安居乐业，防范和化解近些年我国金融自由化所累积的金融风险，对外也能够充分应对国际金融资本对我国金融体系的冲击，防止国际资本的经济侵略，打赢“货币战争”。

在金融体系改革的过程中，有很多声音认为中国金融体系受政府的干预过多，金融体系市场化程度不够。这些人在欧美金融体系因为过度自由化出现严重的金融危机的情况下，不深究其中的深层次问题，而将责任甩给监管体系，依然不吸取教训，认为中国金融体系的市场化改革只要能够跟有效金融监管框架的构建相结合，就可以避免西方的金融危机。这种观点看似合理，实则危害极大，这是妄图以外部监管权替代国家对金融体系的实质控制权，是妄图以市场的名义、以效率的名义让整个金融体系假手于人，必须坚决反对。

综上所述，前些年中国的金融体系改革包括资本市场的发展，在很大程度上被西方经济和金融理论所主导，丝毫没有马克思主义政治经济学的影子。党的十九大之后，在习近平新时代中国特色社会主义思想的指引下，强调中国特色的社会主义市场经济体系必须有配套的中国特色的社会主义金融体系与之对应。现阶段，用政治经济学的视角来重新审视金融、重新定义金融，用政治经济学的理念来指导中国当前和今后的金融体系改革，尤为迫切也尤为重要。马克思主义政治经济学研究的核心命题应该是金融，而不是市场，社会主义必须通过国家控制金融的手段来驾驭资本，国家控制金融的手段一方面是金融机构的主体必须为国家所有，另一方面是必须加强国家对金融行业的严格监管，金融必须以服务实体经济为使命。把握好国家通过控制金融来驾驭资本这一关键环节，建设有中国特色的金融体系，来驾驭有中国特色的市场经济，就可以理顺社会主义制度与市场经济的逻辑关系。二者结合起来才是社会主义的经济理论体系，是区别并超越西方经济学的理论体系。这样就可以解释和回答各种社会现象，就可以更好地指导我们的政治经济建设，从而理顺和构建新的中华文明体系。

中国要想赢得竞争，就必须在中国的市场经济实现了对资本主义市场经济超越的基础上，再实现中国的金融体系对资本主义金融体系的超越，建立起可以和中国特色社会主义市场经济相适应的中国特色社会主义金融体系。

（三）用实践来打破资本和劳动的对立

马克思说："资本来到世间，从头到脚，每一个毛孔都滴着血和肮脏的东西。"这句话深刻地揭示了资本主义原始积累过程的残暴和血腥：在欧洲圈地运动过程中的"羊吃人"，在非洲残酷的黑人奴隶贸易，在美洲对印第安人的屠杀和掠夺，在亚洲倾销鸦片毒品，西方的资本主义就是建立在血与火，建立在无数人被残害的生命之上，它们是肮脏的，是邪恶的，是屠杀压榨劳动者的刽子手。

资本主义产生的过程，是一个将劳动者与其所拥有的生产资料分离的过程，第一步通过圈地运动造成农村大量失地流民，通过机器大工业让城市小手工业破产成为流民。第二步再通过流民法案，禁止流民乞讨、禁止居民施舍，之后开始对流民进行搜捕残害，逼迫流民进入工厂成为被资本剥削的对象。资本主义社会的劳动者是自由得一无所有，只能将自己商品化，出卖自己的劳动，这是他们和社会与经济的结合点。资本主义社会的发展，必须维持劳动力的商品化以及劳动力的再生产。所谓劳动力再生产是指劳动者劳动能力的恢复和更新，它包括劳动者自身劳动能力的维持和恢复，劳动技能的积累和传授，以及新的劳动力的繁衍、培育和补充。在生产过程中，劳动者生产某种产品，消耗了一定的体力和脑力，只有经过适当的休息和个人消费（包括吃、穿、住、用等方面的需要），被消费的劳动能力才能得到补偿。为了提供源源不断的劳动力，劳动者还必须养活自己的家庭，繁衍后代。劳动力再生产是任何社会制度下进行社会再生产的必要条件。现代社会资本对劳动的压榨，甚至已经到了无法维持劳动力再生产的地步，很多发达资本主义国家只能靠引进亚非拉移民来补充其劳动力。

中国古代社会也有失地农民“插草卖身”，但只是偶发现象。封建王朝大多是依靠农民起义建立的，其立国之本就是均田地，即生产资料的重新再分配，实现耕者有其田，让农民和土地这一最重要的生产资料紧密结合，这是封建社会的根基所在。朝廷很重要的作用就是防止大规模的土地兼并，防止农民失地，但到了王朝的中后期，腐败滋生，贫富差距扩大，土地兼并往往不可避免，农民失地之后就不得不“插草卖身”，去给地主、富豪打工。

我国 1978 年之后改革开放，发展市场经济也需要产业工人，所以也吸引了大量农民离开土地，进入东南沿海城市的工厂打工，但是我们依然保留了他们在农村的土地承包权和收益权，他们可以在工人和农民的身份之间随意切换，所以也被称为农民工。不可否认的是，改革开放之后出现在私营企业的雇佣劳动制与资本主义社会并无质的差别，也存在着劳动和资本的对立。但资本和劳动的对立是永恒不变的铁律吗？绝不是的。资本和劳动的对立，是必须解决也是可以解决的问题。

我们社会主义中国的资本不同于西方资本主义社会的资本，西方资本主义社会的资本“每一个毛孔都滴着血和肮脏的东西”，我们国家资本积累的过程没有圈地运动，没有“羊吃人”，没有贩卖黑奴，我们也没有种植鸦片和贩卖鸦片，我们更没有屠杀和掠夺他国人民，我们没有一块海外殖民地，我们的资本是亿万劳动人民用他们的聪明才智和辛勤汗水，一点一滴创造出来的，它们是几代人的劳动、储蓄和积累，它们是亿万革命先辈付出了鲜血和生命的代价，才保护和捍卫住的，是全体人民的心血和结晶，我们的资本是干净的，甚至是崇高的。

资本主义是以“资”为本，以“人”为用的社会，资本主义让劳动货币化进而商品化，社会主义应该在学习资本主义的基础上实现对资本主义的超越，社会主义应该是以“人”为本，以“资”为用的社会，社会的一切运转逻辑都应该以人为中心。

一方面，社会主义国家应该让劳动资本化而不是商品化。现代社会已经是货币化了的社会，所有价值都通过货币来通约，劳动的货币化也是不可避免的，但是我们在劳动货币化之后，应使其资本化而非商品化。这需要国家主导建立起一套人力资本化的评估机制和社会认可机制，修改目前参照西方而来的公司法，允许人力资本投资入股，将人力资本化、人才团队资本化之后，让劳动和资本都可以出资，二者形成合作关系，而非雇佣关系，解决资本与劳动的对立。比如，现行的国际会计准则，企业是以利润为中心，人力是作为企业的成本计算而非资源、资产计算，这就无形中导致了企业自觉不自觉地为了做大利润，而压低人力成本的做法。如果用人力资本的视角来看的话，就需要颠覆目前的会计准则，以企业创造的综合效益来评价企业的好坏，比如，将企业创造的税收、支付的员工薪酬以及企业利润留存做综合考虑，这样可以兼顾国家利润、员工个人利益和企业集体利益。这些都可以从“人力资本”这个视角来推动理论突破。

另一方面，社会主义国家要重新让劳动者和生产资料结合而不是分离。社会主义社会是以生产资料公有制为基础的社会形态，如何让生产资料在各个社会主体之间更加公平地分配、高效地使用，是我们要解决的一件事情。现在大家在探讨科技与金融的结合，科技都是人创造出来的，更深刻的应该是人才与金融的结合，人才与金融的结合也就是人与生产资料的结合。资本主义是将劳动者与生产资料分离，制造出无产阶级，我们要将人才和生产资料有机结合，发挥出人力资本的积极性和创造性。个人层面，可以通过人才评估评测，根据人才体现的综合信用、能力，打通金融与人才相结合的瓶颈，为财政、银行、保险、基金等金融机构的人才服务提供金融支持，提供理论和实践工具。企业层面，国家可以通过财政、金融体系战略投资“自由人的联合体”，即劳动者根据兴趣、分工、能力联合创建的中小企业。我们的中小企业应该成为自由人的联合体，通过核心员工股权激励以及全员持股等方式，每个人都可以以身价或贡献入股，这样就可以创造出劳者有其股的局面，企业的生产力和创造力必将得到巨大提升，进而整个社会的生产力和创造力也必然得到巨大提升。

资本与劳动在天平的两端，权力就是要通过上面所说的方方面面的制度设计，维持天平的平衡，做到不偏不倚，因为双方都代表人民的利益。资本代表着以前的劳动物化，而劳动指新的活劳动，二者都是人民群众的根本利益，资本代表旧的过去，必须用来支持当下以及未来的劳动、创新，二者接力，创造和分享新的价值。只有在社会主义条件下，资本和劳动的对立才能消失，二者的合作才能开始。

四、用伟大复兴来引领全国各族人民

> 子适卫，冉有仆。子曰：“庶矣哉！”冉有曰：“既庶矣，又何加焉？”曰：“富之。”曰：“既富矣，又何加焉？”曰：“教之。”

这段话的意思是说孔子到卫国去，冉有为他驾车。孔子说：“人口真多呀！”冉有说：“人口已经够多了，还要再做什么呢？”孔子说：“使他们富起来。”冉有说：“富了以后还要做些什么？”孔子说：“对他们进行教化。”

儒家讲：“君子喻于义，小人喻于利。”这当中的君子，指的是“士大夫”，小人指的是“老百姓”。这句话清楚地反映了自古以来儒家对于义利的态度，同时也深刻地表明了儒家对于人性的深刻认知。士大夫阶层要治理社会，自身要成为楷模，必须重义轻利，但是对老百姓不能有那么高的道德要求，还是要让他们从最基本的人性出发，追求个人的利益和家庭的温饱，当然在此之后必须注重教化，不断提升他们的道德水平。这和管仲讲的“仓廪实则知礼节，衣食足则知荣辱”是一个道理，都是在讲国家首先要富民，富民之后要教化和引导。

面对西方国家的坚船利炮和血腥侵略，很多商人开始学习西方的先进科技和公司制度，创办和发展了中国的近代工商业，而且还通过承继中国儒家伦理逐渐形成了以“强国”为核心理念的儒商伦理。近代儒商伦理秉承“穷则独善其身，达则兼济天下”的世界观，以仁、义、礼、智、信等儒家道德规范为其内核，以“实业救国”“实业强国”为追求，将经营工商业视同治家、治国的大事，并不强调金钱利益至上和个人主义的原则，比如，清末民初的实业家张謇就是“商才士魂”的典范。2020 年 7 月 21 日，习近平总书记曾在企业家座谈会上谈起过张謇，称他为爱国企业家的典范。时隔三个多月，在江苏考察调研的习近平总书记来到南通博物苑，参观张謇生平介绍展陈，他再一次肯定张謇为企业家实业救国、造福桑梓的典范。

改革开放之后，我们以经济建设为中心，政府鼓励发展民营工商业。企业家站到了舞台的中央，成为整合社会资源，创造社会价值的核心。这些企业家的精神动力是什么？西方专门创造了一个词叫“企业家精神”，其内涵非常丰富，包括创新精神、敬业精神、合作精神、学习精神、冒险精神、诚信精神等，都算作企业家精神。但在古代没有企业，没有企业家的时候，社会发展靠的又是什么精神呢？叫“士大夫精神”，士大夫精神内核可以用张载的“横渠四句”来表达，那就是“为天地立心，为生民立命，为往圣继绝学，为万世开太平”。这种精神再往前追溯，那就是万经之首的《易经》所讲的“天行健，君子以自强不息”，是这一“自强不息”的精神，开创了中华民族五千多年的文明。这种精神既是大自然造物主孕育的强悍的百折不挠的生命意志的自我张扬，也是中华民族后天形成的坚韧不拔的民族精神的具体体现。中国当代优秀的企业家身上所体现出来的合作、创新、敬业的企业家精神，就是对中华古老文明精神内核的继承和发扬，是当今社会最值得珍视的宝贵财富。

现如今，中华民族仍处于历史转型期，转型期所引起的巨大的社会思潮转变，终究是有一个渐进甚至反复的过程。虽然党中央用“三个代表”重要思想解决了民营企业家入党问题，从制度层面肯定了企业家的地位和作用，也一再表示要坚持两个“毫不动摇”，并且专门发文要求保护和支持民营企业发展，表示民营经济只能壮大，不能弱化。我们国家都在“摸着石头过河”，企业家也只能走一步看一步，这深刻地影响着企业家的思想和行为方式，影响着中国民营经济的稳定、长远发展。如果理论上不能彻底解决民营企业的定位问题，则实践中民营企业家也会无所适从。

如何对待民营企业家的问题看似是一个小问题，实则涉及了前面所述的理念价值层面的统一问题（马克思主义与中华优秀传统文化的统一）、规范价值层面的改进问题（政府和市场的关系、权力与资本的关系）和实践价值层面的操作问题。只有系统化地重构中华文明的价值体系，才可能从根本上消除目前意识形态当中对民营企业的偏见，从观念上改变政府权力部门、银行金融机构、全社会老百姓，以及民营企业家自己对民营经济的认知，才会在实践中真正地去除阻碍民营企业发展的无处不在的“玻璃门”。

解决这个问题，一方面需要新的智慧和理论来破解意识形态禁锢和话语体系的不足，另一方面更需要在实践中先行一步，创造新的外部环境以及寻找新的思路和方法。因为新的社会理论突破往往不是从理论到理论，而是来源于新的社会实践。混合所有制的实践，将为我们从理论上解决社会主义国家所有制的问题提供突破口，在本书后面的部分，会进行重点论述。

钱穆老先生说“制度和人事，二者不可偏废”，一方面要加强文化价值体系的理论研究，并从法律和制度层面对市场主体的权力义务从外部进行界定，加强市场经济的法治建设，加强对私有产权的保护，让市场主体、市场行为有法可依，减少权力对市场的介入；另一方面，法也是靠人来制定，事还是由人来做，要重视对市场主体的价值和行为引导。我们今后的社会，依然要弘扬“致富光荣”的理念，但是不要忘记在富起来的人民当中加强道德修养的提升，抵制西方个人主义、享乐主义、消费主义价值观的影响。在重构理念价值之后，用中华民族伟大复兴的中国梦，感召企业家、大众以及海外同胞，倡导“商才士魂”，引导中国企业家以“儒商”为追求，建立正确的义利观，自觉履行社会责任，培养企业家的国家使命感和民族自豪感，鼓励企业家们在慈善、扶贫、环保等各项公益事业中发挥作用，把个人理想融入民族复兴的伟大实践。党中央、国务院在 2017 年 9 月 8 日出台了《关于营造企业家健康成长环境　弘扬优秀企业家精神　更好发挥企业家作用的意见》，就是在这方面的一个积极举措。

五、人类文明之光：中华文明的回归与超越

马克思主义与我们儒家传统在精神内核上十分契合，就其终极的理想境界而言，马克思主义是要实现共产主义，儒家传统是要实现大同社会，二者具有内在的一致性，二者的差别在于儒家“天下为公”的大同理想，并无可行的实现路径，儒家无法用个人的“修”“齐”，实现天下的“治”“平”，无法仅用个人的道德追求推进社会历史的进步，这就使得儒家的“大同社会”，只是一个存在于中国人心中的“应然世界”，一个美好的“乌托邦”。韦伯在《儒教与道教》一书中认为，儒家思想在由“内圣”向“外王”的转换中理性主义很不彻底，儒家的“内圣”开不出经济繁荣、政治民主与社会和谐的“外王”，因为由“内圣”——价值理性到“外王”的转化，需要工具理性才能达到。用文化政治经济学的解释就是儒家思想为中国人提供了安身立命的理念价值和维护社会安定的规范价值，但在指导社会经济进步的实用价值方面一直较为保守。马克思主义则揭示了一条实现理想社会的科学道路，将“空想社会主义”变成“科学社会主义”。

马克思主义和中国传统文化相结合，一方面用马克思主义之所长，为中国提供了中国革命和社会建设所需要的规范价值体系和经济发展的实用价值体系，儒释道的“内圣”中加入了马克思主义，就能够开出社会主义中国的“外王”，中国才能够借此实现民族独立、经济发展，实现现代化转型，才有可能实现中华民族伟大复兴，庇佑支撑中华民族实现长久和谐发展。另一方

面，要用儒家终极关怀之所长，完善马克思主义在理念价值方面之所短，将“共产主义”理想转化成更为中国人民所容易理解和亲近的中华民族伟大复兴的中国梦和中国传统口口相传的“大同社会”“天下为公”，使其彻底地民族化和大众化，赋予马克思主义庞大的群众基础和持久的生命力。

从中华文明的角度来看，这是中华文明在吸纳、包容了佛教之后，再次将外来思想中国化，马克思主义以重构中华文明的方式，彻底融入中华文明，成为中华文明的有机组成部分，实现中华文明的创造性转化和创新性发展。

有机地融合儒释道马，中华文明也将再次升级，重构升级后的中华文明将以“与命与仁”为终极关怀，以实现中国梦和构建人类命运共同体的社会理想为理念价值，以社会主义意识形态为规范价值，以科技是第一生产力和中国特色社会主义经济理论为实用价值，组成完整自洽的中国特色社会主义文化价值体系。

新的中华文明价值体系，既在理念价值层面实现了对中华文明传统的回归，保持了中华民族的本色，又将在规范价值和实用价值层面实现对西方资本主义的超越，顺利实现了从传统社会向现代化社会的转型。而且这种转型是在中华文明理念价值的规范之下，可以避免和克服西式现代化带来的各种弊病与危机。

重构后的中华文明将是一种崭新的文明形态，既积淀着中华民族最深层的精神追求，又蕴含着全人类优秀的文明成果，必将为中华民族伟大复兴和以人类命运共同体为理念的新的国际政治经济秩序的构建，发挥最为重要的作用。

此书的内篇，通过介绍人类文明在东西方社会的演变过程，重点指出了中华文明在目前阶段应该在理念价值层面实现对中华传统的回归问题，在接下来的外篇当中，笔者将详细介绍如何在实用价值层面实现对西方资本主义的超越。

外篇 金融之崛起

第六章　金融改写政治经济学

第七章　资本主义金融的崛起和异化

第八章　我国金融体系的现状和问题

第九章　社会主义金融的再造和超越

第六章

金融改写政治经济学

要说社会主义的生产关系优于资本主义的生产关系，那就应该主要表现在社会主义的金融体系优于资本主义的金融体系，社会主义的金融体系（生产关系）应当比资本主义的金融体系更好地促进社会实体经济（生产力）的发展和进步。

要想实现中国经济的稳定健康发展，走出资本主义周期性经济危机的怪圈，核心是处理政府、金融和实体经济三者之间的关系，如果不能妥善处理金融问题，则不管土地、劳动力、商品市场如何市场化，整个经济体系的市场主体都将成为金融资本猎食的对象。所以我个人认为当前以及未来很长一个阶段，社会主义政治经济学研究的重点不应是关于商品生产的市场经济，也不是市场和政府的边界和关系问题，其核心问题应当是研究金融资本的运行规律，以及如何正确处理好政府、金融和实体经济三者之间的关系，这才是主要矛盾。

马克思主义政治经济学的一条基本原理就是生产力决定生产关系，生产力的发展和变化，决定着生产关系的发展和变化。生产关系反作用于生产力，可以促进或者阻碍生产力的发展。生产力是生产的物质内容，而生产关系则是生产的社会形式。生产关系一定要适应生产力的状况，这是人类社会发展的普遍规律，它不仅决定着经济关系的形成，也对一切其他社会关系的形成具有重要意义，它决定着人类社会由低级形态向高级形态的发展，一种旧的生产关系向另一种新的生产关系的过渡。所以波兰著名政治经济学家兰格也称这个规律为“社会学第一规律”。[1] 此外，经济基础决定上层建筑，上层建筑反作用于经济基础，这一马克思主义政治经济学基本原理，又被兰格称为“社会学第二规律”。[2]“上层建筑不能是任意的，它的性质使它与经济基础相适应，成为带有某一历史时期特征的整个生产方式。当基本生产关系变化时（生产资料所有制变化时），上层建筑也会变化，即一个新的社会形态诞生了。”[3]

一、何谓生产关系

生产关系是指人们在物质资料的生产过程中形成的社会关系，包括人们在一定生产资料所有制基础上所形成的，在社会生产过程中发生的生产、分配、交换和消费关系。它是生产方式的社会形式，包括生产资料所有制的形式、人们在生产中的地位和相互关系、产品分配的形式等。其中，生产资料所有制的形式是最基本的，起决定作用的，它决定了人们在生产中的地位和相互关系，决定了生产成果如何分配。

“分配的结构完全决定于生产的结构。分配本身是生产的产物，不仅就对象说是如此，而且就形式说也是如此。就对象说，能分配的只是生产的成

1［波兰］奥斯卡·R.兰格:《政治经济学》（第一卷），商务印书馆2017年版，第26页。

2［波兰］奥斯卡·R.兰格:《政治经济学》（第一卷），商务印书馆2017年版，第32页。

3［波兰］奥斯卡·R.兰格:《政治经济学》（第一卷），商务印书馆2017年版，第32页。

果，就形式说，参与生产的一定形式决定分配的特定形式，决定参与分配的形式。”[1]“分配是产品的分配，但是，在分配是产品的分配之前，它是（1）生产工具的分配。（2）社会成员在各类生产之间的分配（个人从属于一定的生产关系）。这种分配包含在生产过程中并且决定生产的结构，产品的分配自然只是这种分配的结果。”[2]

这种生产工具的分配显然就是生产资料所有制问题。比如，生产资料是资产阶级私有制，那就决定了资产阶级处于主导的优势地位，没有生产资料的无产阶级处于被动的劣势地位，对于劳动成果当然就是资产阶级拿得多，无产阶级拿得少，久而久之，贫富两极分化、阶层逐渐固化就不可避免。

马克思、恩格斯设想的社会主义社会有以下三条特征：

第一，社会主义公有制是单一的公有制或社会所有制，即社会占有全部生产资料，不存在非社会主义的所有制形式。也就是说既不存在生产资料的资本家所有制，也不存在生产资料的个人私有制，同时也不存在部分劳动者的集体所有制形式。

第二，社会主义所有制是联合劳动者对全部生产资料的直接占有制。联合劳动者既是生产资料的占有主体，又是生产与经营的主体，他们在生产经营中享有充分的权利。其产品也归联合劳动者共同占有和享用，对个人消费品实行按劳分配。

第三，社会主义公有制是没有商品货币关系的社会所有制。他们指出：“在一个集体的、以生产资料共有为基础的社会中，生产者不交换自己的产品；用在产品生产上的劳动，在这里也不表现为这些产品的价值……个人的劳动不再经过迂回曲折的道路，而是直接作为总劳动的构成部分存在着。”[3]“一旦社会占有了生产资料，商品生产就将被废除，而产品对生产者的统治地位也将随之消除。社会生产内部的无政府状态将为有计划的、自觉的

1《马克思恩格斯文集》（第 8 卷），人民出版社 2009 年版，第 19 页。

2《马克思恩格斯选集》（第 2 卷），人民出版社 1995 年版，第 14 页。

3《马克思恩格斯文集》（第 3 卷），人民出版社 2009 年版，第 433-484 页。

组织所代替。”[1]

马克思、恩格斯所设想的社会主义所有制是一种纯粹的、发达的公有制模式，这一模式的前提是社会主义革命在发达的资本主义国家取得胜利，高度发达的生产力将成为社会主义所有制实现的物质技术条件。但现实中的大部分社会主义国家都是在生产力落后的非资本主义国家取得了社会主义革命的胜利，所以无产阶级政党在取得政权之后，社会的政治经济发展模式不能简单套用马克思、恩格斯所设想的社会主义所有制模式，这是在理论和实践上都已经证明了的。这些新生的社会主义政权所接手的大都是被战争摧毁的国家，或者是为帝国主义提供原材料的殖民地，一穷二白，疮痍满目。这些国家不但自身贫穷弱小，而且还受到西方发达国家的敌对和制裁，不谈发展，就连生存都是个问题。受马克思共产主义学说的理论指导以及苏联经验影响，这些国家大都建立起了以生产资料公有制为基础的社会主义国家。生产资料是公有制还是私有制，成为判断一个国家是社会主义国家还是资本主义国家的主要标准。

（一）我国基本经济制度的演变

生产资料所有制作为社会经济制度的基础，是区别不同社会经济形态的根本标志。社会主义社会的生产资料所有制历来是社会主义经济理论研究中极为关注的核心问题，也是社会主义经济建设实践所必须解决的关键问题。

我国在所有制结构的理论与实践方面也经历了曲折的探索过程。中华人民共和国成立以后，在向社会主义社会的过渡时期，在没收官僚买办接管外国垄断资本的基础上形成了公有制经济、民族资本主义经济和个体经济等非公有制经济并存的所有制结构。根据统计，到 1952 年，各种经济成分在国民收入中所占的比重是：国有经济占 19.10%，合作社经济占 1.50%，资本主义

1《马克思恩格斯文集》（第 3 卷），人民出版社 2009 年版，第 564 页。

经济占 6.90%，公私合营经济占 0.70%，个体经济占 71.80%。[1]经过社会主义改造和第一个五年计划的实施，私营工商业转变为国营工商业，农民和手工业者的个体所有制转变为部分劳动者集体所有制。截至 1956 年，形成了公有制经济占绝对主体地位的格局。1956 年与 1952 年相比，国营工业的比重由 41.50%上升到 54.50%，集体所有制工业由 3.20%上升到 17.10%，公私合营工业由 4%上升到 27.20%，个体手工业由 20.60%下降到 1.20%。[2]

自改革开放以来，党做出了我国处于并将长期处于社会主义初级阶段的历史判断，基于当时的生产力水平，开始对我国的生产关系进行改革。在所有制结构上突破了社会主义条件下只能实行单一的公有制模式的理念，实行了以公有制为主体、多种经济成分共同发展的基本经济制度；在分配制度上，实行了按劳分配为主体、多种分配方式并存的分配制度；在经济体制上，实现了由计划经济向社会主义市场经济的转变。

社会主义初级阶段的基本经济制度，也经历了一个发展变化的过程。最开始的提法是公有制为主体、非公有制为补充，党的十五大则改为“公有制为主体、多种所有制经济共同发展”，将其确立为我国的基本经济制度，明确提出“非公有制经济是我国社会主义市场经济的重要组成部分”。

党的十六大报告指出，必须“毫不动摇地巩固和发展公有制经济，同时又必须毫不动摇地鼓励、支持和引导非公有制经济发展”。

党的十八大进一步提出“毫不动摇鼓励、支持、引导非公有制经济发展，保证各种所有制经济依法平等使用生产要素、公平参与市场竞争、同等受到法律保护”。

党的十八届三中全会提出，公有制经济和非公有制经济都是社会主义市场经济的重要组成部分，都是我国经济社会发展的重要基础；公有制经济财产权不可侵犯，非公有制经济财产权同样不可侵犯；国家保护各种所有制经济产权和合法利益，坚持权利平等、机会平等、规则平等，废除对非公有制经济各种形式的不合理规定，消除各种隐性壁垒，激发非公有制经济活力和

1 陈文辉主编:《中国经济结构概论》，山西经济出版社 1994 年版，第 30 页。

2 陈文辉主编:《中国经济结构概论》，山西经济出版社 1994 年版，第 30 页。

创造力。

党的十八届四中全会提出要“健全以公平为核心原则的产权保护制度，加强对各种所有制经济组织和自然人财产权的保护，清理有违公平的法律法规条款”。

党的十八届五中全会强调要“鼓励民营企业依法进入更多领域，引入非国有资本参与国有企业改革，更好激发非公有制经济活力和创造力”。

党的十九大把“两个毫不动摇”写入新时代坚持和发展中国特色社会主义的基本方略，作为党和国家一项大政方针进一步确定下来。

党的十九届四中全会提出：公有制为主体、多种所有制经济共同发展，按劳分配为主体、多种分配方式并存，社会主义市场经济体制等社会主义基本经济制度，既体现了社会主义制度优越性，又同我国社会主义初级阶段社会生产力发展水平相适应，是党和人民的伟大创造。必须坚持社会主义基本经济制度，充分发挥市场在资源配置中的决定性作用，更好发挥政府作用，全面贯彻新发展理念，坚持以供给侧结构性改革为主线，加快建设现代化经济体系。要毫不动摇巩固和发展公有制经济，毫不动摇鼓励、支持、引导非公有制经济发展，坚持按劳分配为主体、多种分配方式并存，加快完善社会主义市场经济体制，完善科技创新体制机制，建设更高水平开放型经济新体制。

（二）理论和现实的冲突

目前我国实行的是以公有制为主体，多种经济共同发展的基本经济制度。但是公有制还是主体吗？国家统计局一直未公布我国公有制经济跟非公有制经济的比例和结构，但是我们可以从已经公开的数据反推。

《人民日报》于2007年2月1日发表了《民营经济是构建和谐社会的重要力量》一文，其中讲到“民营经济已占到全国GDP的65%左右，占经济总量的70%～80%，成为经济发展中的最大动力来源”。

2018年10月19日有关领导在国务院促进中小企业发展工作领导小组第一次会议上总结指出：民营经济为我国经济社会发展作出了突出贡献，

贡献了 50% 以上的税收、60% 以上的 GDP、70% 以上的技术创新、80% 以上的城镇劳动就业、90% 以上的新增就业和企业数量，是国民经济和社会发展的生力军，是建设现代化经济体系、推动经济实现高质量发展的重要基础，也是扩大就业、改善民生的重要支撑，是企业家精神的重要发源地。

根据习近平总书记在 2018 年 11 月 1 日民营企业座谈会上的讲话，对我国的民营经济做了一个简要的介绍。截至 2017 年年底，我国民营企业数量超过 2700 万家，个体工商户超过 6500 万户，注册资本超过 165 万亿元。

这么多的民营企业，再加上我国还存在大量的外商独资、合资企业，我们的公有制（含集体所有制）企业的份额，是否还占主体地位？对应的按劳分配的分配制度是否还占主体地位？马克思主义经典理论认为生产资料所有制是一个社会基本经济制度形成的基础，在一个社会的生产资料所有制结构中，占主体地位的所有制成分决定这个社会基本经济制度的性质。资本主义和社会主义基本经济制度性质的根本区别在于它们占主体地位的所有制成分根本不同。社会主义国家是生产资料公有制占主体地位，资本主义国家是生产资料的资本家私有制占主体地位。

二、金融集中体现了现代社会的生产关系

根据马克思主义政治经济学，生产资料也称作生产手段，是指劳动者进行生产时所需要使用的资源或工具。一般可包括土地、厂房、机器设备、工具、原料，等等。生产资料是生产过程中的劳动资料和劳动对象的总和，它是任何社会进行物质生产所必备的物质条件。

下面让我们具体分析一下我国的生产资料所有制结构：

首先，生产资料的公有制中还应包括土地、水域以及森林、矿产资源。

我们前面讲民营企业“56789”[1]的时候，只是讲经济贡献，并非计算生产资料的比重。从生产资料的定义中可以看出，土地、矿产资源也属于生产资料的范畴，而在我们国家，土地和自然矿产资源大都属于全民所有或者集体所有。我们之前一般意义上只是将国有企业和集体企业的资产，算作公有制经济，计算所占比重，这其实仅仅算是产业资本，除此之外还应该把国家和各级政府拥有的土地、水域以及森林、矿产资源计算在内。国家和地方政府直接拥有的产业资本加上土地、水域以及森林、矿产资源，这些都应算作公有制的生产资料，所以，虽然我国的民营经济得到了迅猛的发展，占的比重越来越大，但生产资料公有制一定还是占主体地位。

其次，资金已经成为生产资料最主要的表现形式。

当今社会，**应该重新定义生产资料的概念。**社会经济发展到今天，生产资料一方面仍然以土地、厂房、机器设备等固定资产的形式存在于社会，存在于实体企业，比如，分属于国有企业、民营企业的固定资产；另一方面，人类创造了巨大的财富，大部分并非以实体形式存在而是以货币的形式（贮藏手段）存在，财富的贮藏方式已经不再是自然经济时代有钱就买地，也不再是工业化早期有钱就购置固定资产，大量的财富都以货币的形式存在银行等金融机构。

我们应该可以将生产资料的具体形式从土地、矿产、机器设备、劳动工具等扩展到资本、货币，拥有了资本、货币，就可以随时购买相应的实物形态的生产资料，所以货币日益成了现代社会生产资料的主要表现形式。

最后，金融成为掌控和分配生产资料的主要方式。

资本并不仅以厂房、车间、机器设备等实物形式存在，资本也不会一直以“资本”的形式存在，它大多数时间是以零散资金的形式存在于每个家庭和企事业单位，是每个家庭和企事业单位的私人财富，是私人产权。分散的居民财富只有通过一定方式聚集起来形成一定规模，足够进行价值增殖活动并投入价值增殖活动中去的时候才叫“资本”。这个时候的货币才能成为生产资料，才能成为生产资料的主要表现形式。

---

1 即民营企业贡献了 50% 以上的税收、60% 以上的国内生产总值、70% 以上的技术创新成果、80% 以上的城镇劳动就业、90% 以上的企业数量。

马克思说："小的金额是不能单独作为货币资本发挥作用的，但它们结合成巨额，就形成一个货币力量。"[1]银行资本"很快就变成了竞争中的一个新的可怕的武器，最后它变成一个实现资本集中的庞大的社会机构"[2]。

金融是与社会化大生产相配合的制度安排，在小农经济、小手工业经济的条件下，金融的作用并不明显，但在社会化大生产的条件下，在资本有机构成越来越高的情况下，一个国家的金融体系就犹如一国的征兵体系，最重要的作用就是用各种方式将分散小额的资金归集起来，变成大额资金（资本）进行社会投资。可以说，谁掌握金融体系，谁就掌握了资本货币，谁也就掌握了生产资料。这种掌握不是必须直接拥有所有权，而是能够掌控其使用和分配权。而这种汇聚资金、形成资本，并掌握资本使用权和分配权的方法，就是金融。

生产资料的所有权、占有权、使用权、支配权具有可分性。生产资料的所有权反映的只是生产资料的归属，占有权是生产资料实用价值的实际拥有，谁取得了生产资料的占有权，谁就取得了生产资料的实际支配权和使用权。马克思在《资本论》中论证了借贷资本家和职能资本家之间的关系，借贷资本家一旦将钱贷给职能资本家时，借贷资本家只拥有这笔资金的所有权，而这笔资金的占有权、使用权、支配权完全归职能资本家所有，但借贷资本家凭借资金所有权要收取利息。

近代社会，金融体系产生以后，社会资金的所有权和使用权发生了分离，拥有资金所有权的人会将闲置资金通过金融机构，进行储蓄或者投资理财，这些资金会由专业的投资机构进行管理、分配和使用。也就是说这些金融机构事实上掌握了社会资金或者说生产资料的管理、分配和使用权，甚至是收益的分配权。

金融从本质上来说是一种生产关系，一个国家金融体系的设置决定了一个国家的生产关系，金融体系的设置决定了生产资料所有制的形式，决定了人们在生产中的地位和相互关系，同时也决定了产品分配的形式。

征兵的权力只能由国家掌握，才能确保军队为国家利益服务，为广大人

1《马克思恩格斯全集》（第 25 卷），人民出版社 1974 年版，第 453–454 页。

2《马克思恩格斯全集》（第 25 卷），人民出版社 1974 年版，第 687 页。

民服务，同样汇聚资本的权力也只能由国家掌握，才能确保资本是为国家服务，为广大人民服务。征兵靠的是国家行政权力，而资本的汇聚形成依靠的则是“金融”。可以说金融是社会化大生产时代一个国家最重要的制度安排，也是一国最核心的经济权力。金融体系成为掌控和分配生产资料的主要方式，因为金融体系决定了资本的汇聚方式以及汇聚的效率，是汇聚成产业资本还是汇聚成金融资本？汇聚后又投向哪些领域？这都是生产资料如何分配的问题，如何利用已经创造出来的财富，继续为更多人创造财富还是为少数人创造财富的问题。

从这个角度来讲，美国的生产资料掌握在华尔街手中，因为美国是大量依靠华尔街投行进行这种资本归集、形成、分配和投放，所以我说美国是生产资料的华尔街资本家私有制。我们国家主要是通过银行体系来吸收存款，发放贷款，用这种方式来实现资本的归集、形成、分配和投放，生产资料大部分是掌握在国有银行手中的。

三、企业集中体现了现代社会的生产力

生产力是具有劳动能力的人和生产资料相结合而形成的改造自然的能力，它是社会发展的内在动力基础。构成生产力的基本要素是：以生产工具为主的劳动资料，引入生产过程的劳动对象，具有一定生产经验与劳动技能的劳动者。

由此可见，现代社会生产力水平的高低主要体现在科技水平（劳动工具）和教育水平（劳动者）的高低当中，高科技可以研发制造出高效率的劳动工具，高素质的教育才能培养出高素质的劳动者，但是劳动工具和劳动者又不能是孤立的没有联系的，二者必须结合才能形成生产力，二者的进步才能提高劳动生产率，也就是提升生产力水平，提高人们改造自然的能力。

现代社会科技和劳动力结合的主要组织是企业，产学研的最佳结合点也是企业。企业是生产力落地实施的主体、实现的主体，是各种资源排列组合

的主要组织形式。所以企业虽然不是直接的生产力要素，但却是生产力要素的组合。既然各种生产力要素需要以企业的形式进行排列组合，那么决定生产力水平高低的因素，除了科技水平和劳动者素质之外，企业的管理、组织效率也无法忽视。所以一个社会生产力水平最直观的体现就是将科技和劳动者组织起来的企业的水平。

我们观察一个社会的生产力水平，简单直观的就是看这个社会的企业发展水平，要看一国的生产力水平，就是考察这个国家的企业在国际社会的竞争力，比如，2020 年世界五百强企业，中国以 124 家超过美国 121 家，排名第一，这相对客观地反映出了近些年中国生产力水平的进步。要考察一个省份的生产力水平，也是考察这个省份的企业在省际的竞争力。企业结构也代表着生产力的结构，比如，山东以国有大中型企业为主的“大象经济”，浙江以中小民营企业为主的“小狗经济”，分别反映出了其不同的生产力结构。

四、理论被实践改写

（一）生产力与生产关系：实体经济和金融体系

通过上面的论证，我们可以将马克思主义生产力决定生产关系、经济基础决定上层建筑这一社会的基本原理，做一个创造性的转换，即生产力与生产关系的匹配问题，变成了企业与金融体系的匹配问题，或者说实体经济与金融体系的匹配问题。社会学的第一规律在现代社会可以改写为（表现为）企业（实体经济）的发展需求决定金融体系的设置和运转，金融体系的设置和运转又可以反作用于企业（实体经济）的发展，即促进或者阻碍企业（实体经济）的发展。

社会主义经济制度要优于资本主义经济制度，社会主义要克服资本主义社会化大生产与生产资料的私人所有制之间的矛盾，但是在当今社会，我们应该通过建立起能够适合于社会化大生产的金融体系来实现。

要说社会主义的生产关系要优于资本主义的生产关系，那就应该主要表现在社会主义的金融体系要优于资本主义的金融体系，社会主义的金融体系（生产关系）应当比资本主义的金融体系更好地促进社会实体经济（生产力）的发展和进步。当然，社会主义的金融体系，一方面要适应社会化大生产，促进生产力的发展和提高；另一方面还要保证人民当家做主的地位，确保社会经济发展成果由全体人民共享。第一条是手段，第二条是目的，也就是说社会主义的金融体系从手段的角度来讲和市场经济是一样的，资本主义可以用，社会主义也可以用，而且社会主义的金融体系应该是对资本主义金融体系的合理扬弃，是对资本主义金融体系的超越和发展。二者的区别在于社会主义是金融掌握在国家手里，为全体人民服务，成果由全体人民共享，而资本主义的金融掌握在大资本家手里，利益为大资本家独享。

（二）经济基础和上层建筑：金融决定社会性质

经济基础决定上层建筑和意识形态，这被兰格称为社会学的第二规律。这一规律在现代社会也具有了新的表现形式。现代社会生产资料的主要形式已经是货币资本，因此以社会生产资料的所有制来判断一个国家性质的标准需要改进，改进后的标准就是看一国的金融体系掌握在谁的手中，即金融体系由谁控制？汇聚起来的资本由谁掌握和使用？带来的收益由谁分享？这才是现代社会判断社会制度性质的最根本标准。

金融机构主要是由私人掌握，汇聚起来的巨额资本主要由私人决定其使用，巨额资本所带来的巨额收益也由私人享有，这样的国家就是资本主义国家。金融机构由国家代表全体人民所有，汇聚起来的巨额资本也为人民使用和服务，带来的收益也归全体人民所共享，这样的国家就是社会主义国家。简单来说就是要看是国家控制资本还是资本控制国家，这是判断一个社会性质的根本标准。

这样，本章开头的问题便解决了，虽然我国的民营经济得到了迅猛的发展，在 GDP 中所占比重越来越大，但是由于银行体系还是国有控股，国家虽然并不直接拥有银行存款的所有权，但是依然能够通过国有银行掌控大部分资金的归集、形成、分配和投放，银行体系的收益也大部分是分配给国家，归全民所有，在最近更是直接将国有银行的部分股份划归社保基金，为全民提供社会保障使用。

在目前的中国，人们通常还是习惯用所有制来将企业划分为国有企业和民营企业，这个划分标准解决了很多的问题，同时也带来了其他的问题。民营企业在很多领域无法获得和国企一样的地位和待遇，如果划分国家性质的标准发生改变，已经从生产资料所有制性质决定国家的性质，变为金融体系的安排决定国家的性质，那就无须再按照所有制性质来对企业做区分，只以企业本身的经营状况和发展前景为标准，既解放了思想也解放了生产力。

现阶段，我们国家不应该纠结于所有制的结构和比重，但是国家却必须像牢牢抓住对军队的控制权一样牢牢抓住对金融的主导权和控制权，确保军队是人民的军队，金融是人民的金融。只有这样才能保证一国现有的和不断创造的财富是为全体人民享有而不是为少数私人享有。

总结一下：

现阶段，货币已经成为生产资料的主要表现形式，“金融”，也就是资本的产生、分配、使用方式才是整个生产关系的核心，它决定着商品经济的生产和分配，决定着整个社会制度的性质。

金融体系掌握了货币的占有权、使用权和收益权，金融体系的归属与设置是一国最重要的生产关系，它决定了生产资料归谁所有，成果如何分配以及在生产过程中人与人的地位。

金融就是现代社会的生产关系。这样，马克思主义政治经济学中讲到的生产力跟生产关系的匹配问题，就变成了实体经济与金融体系的匹配问题。

市场经济只是商品生产的社会化组织方式，资本主义可以用市场经济，社会主义也可以用市场经济来组织生产，同样都可以创造巨大的物质财富，商品生产不是根本，关键在分配，即通过市场经济创造的巨大物质财富怎么分配，而分配是由生产资料所有制决定的。商品经济发展到今天，资本已经成为生产资料的主要形式，所以资本归谁所有，就决定了创造的财富由谁分配。

要想实现中国经济的稳定健康发展，走出资本主义周期性经济危机的怪圈，核心是处理政府、金融和实体经济三者之间的关系，如果不能妥善处理金融问题，则不管土地、劳动力、商品市场如何市场化，整个经济体系的市场主体都将成为金融资本猎食的对象。所以我个人认为，当前以及未来很长一个阶段，社会主义政治经济学研究的重点核心问题应当是金融资本的运行规律，以及如何正确处理好政府、金融和实体经济三者之间的关系，这才是重中之重。

第七章

资本主义金融的崛起和异化

当资本主义国家内部的存量财富集中度越来越高、贫富差距越来越大、存量财富割无可割的时候，它们就开始推动金融的全球化。自由主义是工业资本主义的意识形态，体现了工业资产阶级的意志，其借助自由主义理论与政策，推进国际分工与贸易自由化；新自由主义经济学就是产生和服务于金融资本主义的意识形态，体现了国际金融资产阶级的意志，它们借助新自由主义的理论与政策，推进金融自由化。

现代金融背离了传统金融的存在与发展宗旨，背离了金融家与金融学所宣称的各种积极意义，从所谓服务实体经济、促进经济增长、为创造价值服务，出现了严重异化，蜕变为投机者赌博的工具，罔顾实际价值而直接作用于资产价格，成为金融寡头猎杀各类投资者、市场主体的工具，成为金融资产阶级实行新殖民主义统治的工具。

一、崛起：金融是资本主义崛起的秘密

资本主义兴起与发展的秘密根本不是很多自由主义学者口中所说的市场经济和自由贸易，而是拓殖运动、侵略殖民和在此过程中建立起来的可以跨国流通的金融体系。

文一教授在《伟大的中国工业革命——发展政治经济学一般原理批判纲要》一书的引言中对这些自由主义学者的观点进行了批判："他（亚当·斯密）用18世纪早期别针制造厂的例子和基于市场规模的劳动分工原理来解释国民财富增长的秘密。但他那些现代新自由主义的学生却误将民主等价于市场、市场等价于产权、产权等价于激励。他们似乎断言只要有了民主，即便没有大航海与美洲的发现，没有英国对全球纺织品和棉花市场的垄断，没有它在跨大西洋奴隶贸易中获取的巨大财富，没有它在殖民和开辟全球市场时所依赖的强大国家机器，以及对类似东印度公司的全球商业利益和垄断势力强大的军事保护，英国工业革命仍然可以发生。"[1]

（一）拓殖运动

9世纪以前，西欧一直处于混乱状态。随着封建化的完成，社会的逐渐安定和经济的恢复与发展，人口也逐渐增加，并对封建化的土地形成沉重的压力。消费与贸易的需要，使一切希望保持自己收益的封建主阶级和希望通过劳动去改善自己命运的农民阶级，都振奋起来去开垦土地，这就导致了11—14世纪的拓殖运动。高德步在《西方世界的衰落》一书中写道：在这场拓殖运动中，教会和寺院、国王、城市自治团体、富裕的市民

---

1 文一：《伟大的中国工业革命——发展政治经济学一般原理批判纲要》，清华大学出版社2016年版，第5页。

都成为重要的推动者，而农民则提供了必要的劳动力，西欧的大部分地区都是这个时期开拓出来的。被开垦的土地基本上是荒地、森林和沼泽，是封建地产范围以外的土地，所以这些土地具有“私产”性质。封建主参与拓殖运动掌握了土地，拥有了相对独立的地产，进而获得了相对独立的人格。参与拓殖运动的劳动大军的农民，则在十分自由的条件下取得了租地。所以拓殖运动产生了最早的“自由人”——自由的领主和自由的农民。拓殖运动打破了封建地产的绝对统治地位，产生了非封建地产。拓殖运动可以说是中世纪欧洲最伟大的工程，这个工程是欧洲动乱结束以后在发展经济方面所做出的最大努力和所获得的最大成果，可以说它是封建制度衰落和瓦解的起点。[1]

高德步紧接着在书中指出，农村封建经济日益瓦解，农奴获得人身解放的同时，工商业的兴起促进了城市生活的产生，又导致新的阶级即市民阶级的产生。马克思指出：“从中世纪的农奴中产生了初级城市的城关市民；从这个市民等级中发展出最初的资产阶级分子。”之后他们已经不再依赖封建贵族，逐步成长为可以与封建阶级分庭抗礼的力量。在英格兰，市民出席了1265年的国会和1295年的“模范国会”；在法国，第三等级出席了1302年首次“三级会议”；1356年，在德意志帝国会议中，市民地位得到承认。但他们仍然是被统治的第三阶级，而占据统治位置的则是拥有绝对权力的君主和世袭贵族。由于市民们仍然带着一种分离心态，自然就成了同统治者相对立的阶级，成为监督统治者和政府行为的主要社会力量。斯宾格勒指出：“由于反抗血统和传统的封建势力，市民或资产阶级这一才智的阶级才开始意识到自己的单独存在。他们用理性的名义，尤其是用‘人民’的名义推翻王位，限制旧特权，从此以后，人民的意思就专指城市中的人。”正是在他们的推动下，欧洲国家相继爆发了资产阶级革命，走上了政治与社会民主化的道路。

---

1 高德步：《西方世界的衰落》，中国人民大学出版社2009年版，第55–56页。

（二）殖民掠夺

15 世纪的地理大发现，开启了马克思所说的“历史向世界历史转变”的时代，标志着全球化格局的初步形成。

> 毫无疑问——并且正是这个事实产生了完全错误的观点——在 16 世纪和 17 世纪，由于地理上的发现而在商业上发生的并迅速促进了商人资本发展的大革命，是促使封建生产方式向资本主义生产方式过渡的一个主要因素。世界市场的突然扩大，流通商品种类的倍增，欧洲各国竭力想占有亚洲产品和每周宝藏的竞争热，殖民制度——所有这一切对打破生产的封建束缚起了重大的作用。[1]

这一时期，葡萄牙、西班牙、荷兰、英国等西欧诸国打着自由贸易的幌子进行全球扩张，可是贸易是以军事行动为后盾，以强制掠夺倾销为手段。荷兰联合东印度公司（Vereenigde Oost-Indische Compagnie，VOC）在 17 世纪的印尼总督——简·皮特斯佐恩·科恩（Jan Pieterszoon Coen）在 1614 年说：“我们不可能在不发动战争的情况下开拓贸易，也不可能在没有贸易的支持下从事战争。”艾伦·麦克法兰在《现代世界的诞生》（*The Invention of the Modern World*）里说道：“这种贸易的基础，是一种以军事力量和军事组织为支撑的国力。当战争和贸易携手而来时，英国对世界历史作出了一份最独特的贡献——一种新型的帝国应运而生。”[2]麦克法兰说的新型帝国是指区别于以往罗马帝国那样的以军事占领并同化当地人口为主要目的的帝国。大英帝国是以战争为手段，以赚钱为目的的帝国。大多数经济史学家都同意“作为（当时）政治和经济上最为成功的国家，英国在海外殖民地事实上的垄断地

---

1 马克思：《资本论》（第三卷），人民出版社 2018 年版，第 371 页。

2［英］艾伦·麦克法兰：《现代世界的诞生》，上海人民出版社 2013 年版，第 27 页。

位，是其将原始工业化推向工业革命的核心前提条件”[1]。英法等欧洲国家都是凭借船坚炮利，屠杀美洲土著，贩卖非洲黑奴，掠夺矿产资源，征服了世界上大部分国家和地区，用血与火洗劫全球，极大地加速了“世界市场”的形成，为资产阶级积累了巨额的财富。在这一时期，就是资本在全球血腥殖民的过程，以军事和暴力为手段，让亚非拉沦为其原材料产地和产品倾销地的过程，所以也被称为“战争资本主义”。这在客观上推动了工业革命的产生，加速了欧洲各国封建制度的瓦解和资本主义的兴起。麦克法兰说：“以奴役、鸦片、征伐所毁灭的生命而论，它的代价令人难以承受，但是它也提供了一种语境，使工业革命得以发生，而工业革命是自从农业被发现以来，人类历史上最大规模的物质和经济改革。”[2]

对此，马克思曾深刻地指出：

> 美洲金银产地的发现，土著居民的被剿灭、被奴役和被埋葬于矿井，对东印度开始进行的征服和掠夺，非洲变成商业性地猎获黑人的场所——这一切标志着资本主义生产时代的曙光。这些田园诗式的过程是原始积累的主要因素。接踵而来的是欧洲各国以地球为战场而进行的商业战争。这场战争以尼德兰脱离西班牙开始，在英国的反雅各宾战争中具有巨大的规模，并且在对中国的鸦片战争中继续进行下去，等等。
>
> 原始积累的不同因素，多少是按时间顺序分配在西班牙、葡萄牙、荷兰、法国和英国。在英国，这些因素在17世纪末系统地综合为殖民制度、国债制度、现代税收制度和保护关税制度。这些方法一部分是以最残酷的暴力为基础，例如，殖民制度就是这样。但所有这些方法都利用国家权力，也就是利用集中的有组织的社会暴力，来大力促进从封建生产方式向资本主义生产方式的转变过程，缩短过渡时间。暴力是每一个孕育着新社会的旧社会的助产婆。暴

1 文一：《伟大的中国工业革命——发展政治经济学一般原理批判纲要》，清华大学出版社2016年版，第5页。

2［英］艾伦·麦克法兰：《现代世界的诞生》，上海人民出版社2013年版，第34页。

力本身就是一种经济力。[1]

（三）金融支持

在大航海时代的背后，是西欧的金融资本为这些国家有组织地侵略殖民提供了足够的弹药。早在 11 世纪，意大利就出现了欧洲最有实力的银行家，在 12 世纪意大利的商业城市里，信用票据已经占了重要的地位。到 1300 年，货币经济已大体上取代了以前的自然经济。由于货币的使用，不仅交换方式得以简化，整个社会经济生活也都大大简化，即一切都可以通过货币来衡量，因而一切都可以通过货币来通约。[2]

费尔南·布罗代尔（Fernand Braudel）认为，早在英国工业革命和法国大革命之前，以 15 世纪初佛罗伦萨的美第奇家族的崛起为标志，金融资本家阶级——联合起来的银行家集团，就已形成一个跨国的、占统治地位的垄断阶级，欧洲的金融体系是工业革命和现代社会变革的基础，因为他们建立和掌握了金融体系，可以高效地汇聚资本，发动战争。

拉杰·帕特尔（Raj Patel）和詹森·W. 摩尔（Jason W. Moore）合著的《廉价的代价——资本主义、自然和星球的未来》一书中专门介绍了军事货币的起源，详述了银行家与战争和政府的关系。书中讲到 15 世纪后期，欧洲的战事经历了一场叫作“军事革命”的根本转变，军队规模激增。从 1530 年到 1710 年，整个欧洲的军队人数增长了 10 倍。战争经费增长更快，新型大炮造价昂贵，使用起来价格更高：截至 17 世纪，一发炮弹的价值大约相当于一个步兵一个月的薪资。伊丽莎白女王花费了 13 万英镑（王室收入的一半）对位于英格兰和苏格兰边境的要塞进行升级改造。资助战争一直是个难题。税收速度缓慢，而且随着收成的好坏时多时少。可是发动战争需要速度和流通性。由于现代战争取决于一个国家的借款能力，一个帝国的信用等级在很大程度上决定了它打赢战争的能力。现代战争艺术成了一种将黄金和鲜血转化为资

1 马克思:《资本论》(第一卷)，人民出版社 2018 年版，第 860—861 页。

2 高德步:《西方世界的衰落》，中国人民大学出版社 2009 年版，第 53 页。

本的方式。国家需要扩张领土增强力量，但是需要从货币中得到。战争经费的上升，使国家要借更多的钱，税费也因此上涨。在16世纪，如果军队规模增长10倍，那么把军队投入战场的费用很可能增长了20倍。在1500年到1700年的200年里，只有28年没有战争。[1]

不管胜败与否，战争对于金融家来说都是有利可图的，因为战争的目的是占有人类无偿的劳动（大量的战俘、奴隶）和其他自然资源（包括金银矿产，等等），比如，西班牙将拉丁美洲变成稳定的以白银为主的财富来源，然后在银行家的帮助下将其转化为货币。在近2个世纪的时间里，热那亚的银行家族都密切地参与了“西班牙历届国王最重要的政治和军事决议，并触及了西班牙经济生活的方方面面”。

自16世纪开始，由于战争融资的需求，金融家这个阶级，金融这个领域逐步从传统的高利贷中分离出来，以国王、教会财产为抵押融资已经成为一项严肃的事业、一项命运攸关的国务活动、一个使得大国崛起小国灭亡的金融武器了。从那时起，金融家已经开始骑在国王头上，成为实际上统治欧洲的绝对权力。19世纪的意大利银行家更组织起自己的军队，在滑铁卢最终击败了拿破仑的反法同盟，其主力就是罗斯柴尔德家族为首的欧洲银行家联盟雇用的军队。从意大利到北欧的银行家之间形成的这种联合终于控制了国家，它能够使得欠债不还的国王受到各地银行家的一致抵制，让他无论到哪里都借不到一分钱。

欧阳彬在《全球金融危机与当代资本主义金融化研究》一书中讲，在商业资本阶段，即16世纪到17世纪，荷、法、英的资本家们就已经创造了中央银行、股份公司、股票交易所、国债制度、期货交易、信用货币，这些具有现代化范式的金融制度、金融市场、金融组织、金融工具成为资本主义产生并发展的基础和条件。

具体来说，体现在以下方面：首先，西欧国家形成了以国债制度为标志的国家信用体系。16世纪晚期，荷兰人为资助摆脱西班牙统治争取独立的军事斗争，革新了传统的包税制国债体制，不再向民众强行分摊，而是将国债

1［美］拉杰·帕特尔、［美］詹森·W.摩尔：《廉价的代价——资本主义、自然和星球的未来》，中信出版集团2018年版，第78-80页。

在市场上推销，让投资者自行认购，且荷兰国债市场极具国际化，买卖双方都可以来自境外，几乎彻底市场化了。1688 年英国发生的“光荣革命”使得时任荷兰奥兰治执政的奥兰治亲王即位，成为威廉三世，他不但从荷兰带回了新教，也将中央银行和股票市场的模板引入英国。由此，英国在 1689 年通过《权利法案》，确立了议会在立法、财政、税收和军事方面的权力不受国王限制，所有财政机构都受议会监督，对议会负责，国家的信用和融资能力得以提高，英国政府成为信用最可靠的借款者之一。尼尔·弗格森在《西方的衰落》一书中说道：道格拉斯·诺斯也认为光荣革命最大的成就在于它使英国成功转为主权债务国。

> 以往英国由于屡屡拖欠债务、任意收税和无理征用，导致国家已经无法再向人民大规模借债，《权利法案》的实施，使得政府可以快速募得大量公债，而借贷成本却不升反降。这是一种良性发展，有着强大的财力为后盾，英国可以不断发动战争并节节获胜[1]，曾经的英格兰变为大不列颠，继而一跃成为大英帝国。通过将战争掠夺的财富投资于证券市场，英国又为一场金融革命铺平了道路，将英国的储蓄用于修建运河、铁路，发展殖民地贸易、钢铁厂和纺织业。尽管英法两国战争连年不断，导致英国国债大幅增加，在 1815 年后的 10 年间更是一度曾高达 GDP 的 260%，但是回报也异常丰厚，凭借英国的如意算盘，主要依靠债务的资助，海军得以迅速发展壮大，英国摇身一变成为全球帝国，此外，在滑铁卢战役后的一个世纪中，凭借经济稳步增长和基本预算盈余，英国债务大幅降低。没有债务违约费心，没有通货膨胀劳神，大不列颠此时已然傲然称雄世界。[2]

其次，西欧国家形成了以股票交易所为代表的资本市场。股份公司是

---

1 作者注：1689—1815 年是工业革命和农业革命的高潮时期，而在这 126 年间，英格兰有 73 年在打仗。

2［英］尼尔·弗格森：《西方的衰落》，中信出版社 2013 年版，第 17–18 页。

为适应需要长期耗用大量资金的远距离贸易而产生的。荷兰于1602年建立了第一个现代意义上的股份公司——联合东印度公司，它享有荷兰在好望角东部和麦哲伦海峡西部的所有贸易的垄断权。自成立开始，东印度公司就是集投资、投机和殖民地开拓于一身的资本主义贸易公司的典范。在荷兰东印度公司建立后不久，一个蓬勃发展的关于东印度公司股票的二级交易市场在阿姆斯特丹出现。东印度公司股票为资本借贷提供了一种理想的抵押品种，促进了资本市场的蓬勃发展。1698年，在英国已有大量的证券经纪人，伦敦柴思胡同的乔纳森咖啡馆就是因有众多的经纪人在此交易而闻名。1773年，英国的第一家证券交易所即在该咖啡馆成立，1802年获得英国政府的正式批准。这家证券交易所即为现在伦敦证券交易所的前身，最初主要交易政府债券，之后公司债券和矿山、运河股票逐渐上市交易。股票交易合法化，促进了英国股份公司的发展，成为自主工业化的重要组织形式。彭慕兰认为:“英国1689—1815年超过其国力数倍的额外资金是从伦敦资本市场筹借的。”[1]

美国证券市场是从买卖政府债券开始的。在独立战争中，美国的战时国会、各州和军队都发行了各种各样的中期债券和临时债券。战争结束后，美国政府为了取信于民，就以发行联邦债券的形式承担了这笔8000万美元的债务。这项巨额债券的发行是依靠大量的证券经纪人兜售的。证券交易首先从费城、纽约开始，其次向芝加哥、波士顿等大城市蔓延，为美国证券市场的发展打下了基础。1790年美国成立了第一个证券交易所——费城证券交易所。1792年5月17日，24名经纪人在华尔街的一棵梧桐树下聚会，商定了一项名为“梧桐树协定”的协议，约定每日在梧桐树下聚会，从事证券交易，并订出了交易佣金的最低标准及其他交易条款。1793年，一家名叫“汤迪”的咖啡馆在华尔街落成，于是露天的证券市场就搬进咖啡馆经营。1817年，参与华尔街汤迪咖啡馆证券交易的经纪人通过一项正式章程，并成立组织，起名为“纽约证券交易会”，1863年改名为“纽约证券交易所”。独立战争结束后，美国工业革命开始。受工业革命影响，证券市场上的公司股票逐渐取代

1 朱邦造:《欧洲文明的轨迹》，江苏人民出版社2018年版，第240页。

政府债券的地位，运输公司股票、铁路股票、矿山股票纷纷出现在证券市场上，同时银行股票、保险公司股票及一些非金融机构的公司股票也开始露面，股票交易开始盛行。

最后，西欧国家形成了以中央银行为中心的银行网络。1609 年，荷兰人创立了世界上第一家中央银行——阿姆斯特丹汇兑银行，开始提供以联合东印度公司股票为抵押的贷款，从而建立了股市与银行信用市场的联系，因其具有存款、储蓄、转账等功能，很快成为欧洲的储蓄和兑换中心。该银行为商业社会的流动资本提供了可靠的存放处，并为信用票据提供了一个有效的票据交换所，从而为荷兰地区贸易的发展提供了金融基础。1694 年英格兰银行建立，并已具备当时欧洲最好的银行制度，它所具有的基本功能就是管理政府债务，其主要方式是允许财政部门发行由银行担保的债券。或把政府债券作为存款以发行新贷款，并由此将政府发行的各式债券变为种类繁多的长期公债或永久公债。按照保尔·芒图（Mantoux Paul Joseph）的说法："英格兰银行起初不过是一个约定以 8% 的利率借给国王 150 万镑的资本家集团。作为报答，这个集团获得了社团的资格，并有接受存款贴现票据的权利。"[1] 之后，英格兰银行最终成为国家贵金属的必然贮藏所和全部商业信用的中心。

由此可见，资本主义的产生以及发展并不是靠所谓的市场经济、自由贸易和哈耶克口中所谓的"合作的扩展秩序"，资本主义主要是靠金融体系来有组织地汇聚战争资本，然后发动殖民掠夺获取资源而发展，是外向型的掠夺式经济。即使是"二战"之后，各殖民地纷纷独立，西方老牌资本主义国家依然是通过不平等的国际政治经济体系，通过低价掠夺这些国家的自然资源和剥削他们的劳动力来维持发展。所以列宁说殖民地是资本主义和帝国主义的生命线，这一判断现在看来依然是如此准确。市场经济加自由贸易，只是资本主义的自我包装和美化；放血的枪炮加嗜血的金融，才是资本主义的本质。

1［法］保尔·芒图：《十八世纪产业革命》，商务印书馆 1983 年版，第 72 页。

二、异化：资本主义经济的金融化

（一）资本主义发展的三个阶段

从近代资本主义产生、发展的历程中我们可以看到，西方资本主义社会基本经历了商业资本主义、工业资本主义和金融资本主义三种主要的形态。

商业资本主义，从15世纪初到18世纪中叶的英国工业革命，为期约300年。这段时间是资本主义的萌芽阶段，也就是资本主义的大航海时代，在重商主义的推动下，威尼斯人、热那亚人、葡萄牙人、西班牙人、荷兰人等你方唱罢我登场，伴随着海上探险和殖民掠夺，他们用军舰和枪炮开路，通过贩卖黑奴对非洲、美洲、亚洲殖民，掠夺或低价采购当地的原材料，并倾销其工业品，海外贸易蓬勃发展，给这些国家带来了巨大的商业资本。比如，英国国内生产的出口商品在18世纪增加了5倍，而国民收入增加了3倍，国内出口占国民收入百分比从1688年的5%～6%增加到18世纪末的14%。[1]商业资本是专业从事商品买卖以获取商业利润为目的的资本，商业资本有资本的剥削方式，没有资本的生产方式，商业资本的发展有利于自然经济的解体和商品交换的加速，同时也促使小生产者的分化和货币资本的积累，为资本主义萌芽准备了条件。马克思说：

> 要理解商人资本为什么在资本支配生产本身以前很久就表现为资本的历史形式，这丝毫也不困难。商人资本的存在和发展到一定的水平，本身就是资本主义生产方式发展的历史前提。
>
> ……
>
> 正是商业使产品发展为商品，而不是已经生产出来的产品以自

1 张卫良：《英国社会的商业化历史进程》，人民出版社2004年版，第28页。

己的运动形成商业。因此，资本作为资本，在这里首先是在流通过程中出现的。在流通过程中，货币发展成为资本。在流通中，产品首先发展成为交换价值，发展成为商品和货币。[1]

工业资本主义，从18世纪中叶的英国工业革命开始，到20世纪70年代结束，为期约200年。以蒸汽机的发明和使用为标志的工业革命，极大地提高了社会生产力，资本主义进入了自由竞争时期，早期占主导的商业资本不断依附于工业资本，工业资本逐步替代商业资本，占据了主导地位。这一时期，蒸汽机开始大规模使用，成为工业发展的动力，完成了工业的集中化生产，社会物质财富与精神财富被空前地创造出来。“资产阶级在它的不到100年的阶级统治中所创造的生产力，比过去一切世代创造的全部生产力还要多，还要大。”工业资本主义的伟大成就是使生息资本从属于资本主义生产方式的条件和要求。所以马克思说：“荷兰作为一个占统治地位的商业国家走向衰落的历史，就是一部商业资本从属于工业资本的历史。”[2]

金融资本主义，从20世纪70年代开始，一直持续到现在。这段时间，金融体系迅速扩张并融合了一些从事多种混合经营的、规模巨大的公司，形成了一种高度集中的寡头垄断局面，金融体系的这种发展和局面标志着从垄断资本主义阶段转变为以滞涨和金融化同在的困境为特征的垄断金融资本主义阶段，金融垄断资本凭借计算机、通信、网络技术的快速发展和广泛应用，又快速发展为国际金融垄断资本，一个规模空前，真正的全球金融资本垄断网络业已形成。此后，金融危机替代了经济危机成为资本主义社会的强制调整手段，而金融扩张和膨胀成为资本主义体系的主要修复手段。在这一阶段，产业部门、金融部门、居民政府部门都不可避免地被卷入金融化的旋涡，被金融化或者债务化。

1 马克思:《资本论》(第三卷)，人民出版社2018年版，第364-366页。

2 马克思:《资本论》(第三卷)，人民出版社2018年版，第372页。

（二）资本主义经济金融化

从资本主义社会的整体形态上看，经历过商业资本主义、工业资本主义和金融资本主义三个阶段，就目前金融资本主义阶段而言，依然存在着商业资本、工业资本以及金融资本，只不过是金融资本占据了主导地位。货币和金融本身不会创造价值，金融体系是要将资本按照优先级有效地配置到能够创造价值最大化的实体经济或者服务当中去，才会创造价值。金融中介由此获得服务报酬，资本获得实体经济所创造出来的剩余价值的一部分。马克思指出："正因为价值的货币形态是价值的独立的可以捉摸的表现形式，所以，以实在货币为起点和终点的流通形式G—G′，最明白地表示出资本主义生产的动机就是赚取。生产过程只是为了赚钱而不可缺少的中间环节，只是为了赚钱而必须干的倒霉事。"[1]现在的金融资本已经不再进入生产环节，而直接追求资本增殖，这只能是一个互相收割的庞氏骗局，零和游戏，背后支撑这个游戏的是已经创造出来的存量财富，是金融资本对存量财富的掠夺。金融资本为了方便掠夺，迫切要求把一切事物货币化、资本化、金融化，从公司的股票化、住房的贷款化到大宗商品的期货化，甚至再到五花八门的金融品的二次衍生化，一切皆可为筹码，这都是为了钱直接生钱服务。在致奥·倍倍尔（August Bebel）的一封信中，恩格斯阐明了金融市场的性质："交易所并不是资产者剥削工人的机构，而是他们互相剥削的机构；在交易所里转手的剩余价值是已经存在的剩余价值，是过去剥削工人的产物。只有在这种剥削完成后，剩余价值才能为交易所里的尔虞我诈效劳。"[2]这也充分验证了马克思的远见卓识，金融资本是资本运动的最纯粹、最充分和最高级的形式，它集中体现了资本的灵魂和奥妙，即摆脱一切时间和空间、物质和精神、生产和流通的限制，用钱来生钱（马克思讲的货币循环G—G′）。

1《马克思恩格斯全集》（第24卷），人民出版社1972年版，第68页。

2《马克思恩格斯全集》（第39卷），人民出版社1974年版，第13页。

约翰·贝拉米·福斯特（John Bellamy Foster）将金融化定义为资本主义经济重心从生产向金融的长期转变，其转变包括以下一些基本指标：第一，金融利润占总利润的比重不断上升；第二，不断上升的债务/GDP比例；第三，FIREs（金融、保险与房地产）占国民收入的份额不断增长；第四，舶来的和不透明的金融工具的不断扩散；第五，金融泡沫的不断膨胀。[1]

列宁早在他那个年代就雄辩地指出："资本主义的一般特性，就是资本的占有同资本在生产中的运用相分离，货币资本同工业资本或者说生产资本相分离，全靠货币资本的收入为生的食利者同企业家及一切直接参与运用资本的人相分离。帝国主义，或者说金融资本的统治，是资本主义的最高阶段，这时候，这种分离达到了极大的程度。金融资本对其他一切形式的资本的优势，意味着食利者和金融寡头占统治地位，意味着少数拥有金融'实力'的国家处于和其余一切国家不同的特殊地位。"美国社会的发展已经充分印证了列宁的这一断言是多么的准确和无可辩驳。根据美国经济分析局的资料，自1950年以来，金融、保险、房地产业在美国GDP中所占份额由1950年的约10%上升到1990年的约18%，首次超过制造业，2005年达25%，到次贷危机爆发前的2007年，更是达到了历史高峰30%左右。与此同时，实体经济在美国GDP中所占份额不断下降，1950年为61.78%，2007年则为33.99%，其中同期的制造业由27%下降为11.70%。[2]日益严重的产业空心化使得经济体系的内在不稳定性不断增加。普遍的金融投机以及家庭、企业与政府的过度负债，推动国民经济尤其是房地产市场和股票市场走向"非理性繁荣"，由此制造出一个又一个泡沫。

美国《时代》杂志商业专栏作家、美国有线电视新闻网（CNN）全球经济分析师拉娜·弗洛哈尔（Rana Foroohar）在其2017年出版的《制造者与索取者》一书当中对美国经济的金融化做了深入的分析：美国现在只有15%的货币进入了实体经济，其他均留在金融领域空转；美国最大和最赚钱的企业

1［美］约翰·福斯特：《资本主义的金融化》，载《外国理论动态》2007年第7期。

2 王心如：《资产证券化的经济学本质：马克思经济理论的视角》，《学术交流》，2009年第7期，第75–78页。

将更多的钱投入股市而不是研发和创新；美国最富有的20个人的财富都是从金融而非生产中获得的，他们不是生产者而成了索取者。美国经济的金融化不仅打击了经济，还伤害了社会，制造了更大的贫富差距。

经济角度讲，金融攫取了不成比例的大量权利：金融仅占经济总量的7%，也只提供了4%的就业，却夺走了企业总利润的25%。然而，它塑造政府官员、监管者、首席执行官，甚至许多消费者的思想和思维模式的能力则更为重要。2008年之后，政府制定的政策造成了金融业的大丰收，却给房主、小企业、工人和消费者带来了损失。这种能力是关键性的，学界管这种情况叫作认知俘获。后金融危机时期的另一个后果是我们的资本主义制度未能够被重构，以便于金融能够完成预设的功能，支持实体经济。上述对话表明，如果负责决定市场资本主义应当如何运作的人都被金融业俘获了，要想创造出对所有人都一视同仁的制度，只能说是痴人说梦。[1]

在20世纪80年代早期经济金融化开始蔓延时，美国商业银行对实体经济的贷款与对房地产和消费者的贷款持平，这个比例稳定在80%。到了20世纪90年代末，这个比例降至52%，到了2005年，就只有28%了，对小型企业的贷款降低的幅度尤其大。[2]

2015年上半年，美国拥有价值81.7万亿美元的金融资产，比排名紧随其后的三个国家（中国、日本和英国）总和还要多。我们站在金融化的前沿，我们的金融家和政客喜欢夸口美国拥有世界上最广泛、最深入的资本市场。但与过去几十年的传统观点相悖，这其实并非好事。这些金融并没有让我们更加繁荣，相反，它加剧了不平等，引发了更多金融危机，而每一次金融危机的发生都摧毁了大量实体经济。金融已远非美国经济的助手，而是成了阻碍，更多金

1［美］拉娜·弗洛哈尔：《制造者与索取者——金融的崛起与美国实体经济的衰落》，新华出版社2017年版，第2页。

2［美］拉娜·弗洛哈尔：《制造者与索取者——金融的崛起与美国实体经济的衰落》，新华出版社2017年版，第9页。

融没有促进美国经济的增长，而是拖累了它。[1]

《新时代下的中国金融使命》的作者张云东在书中介绍说：美联储前主席保罗·沃尔克（Paul Adolph Volcker）曾说，20 世纪 80 年代之后美国金融行业发生的最大也是最不幸的变化，就是金融已由当年的“产业服务模式”异化为“金融交易模式”。金融已不再是为实体经济提供资金融通、配置资源而安身立命的服务者，而是演变为自我服务、不断追逐交易标的的牟利者。美国前财政部长助理布拉德福德·德隆（J. Bradford Delong）教授说，金融成为一只吸附在实体经济身上的吸血乌贼。美国不断爆发的金融危机和产业空心化，正是这种不幸变化的必然结果。

（三）资本主义金融全球化

资金就是生产资料，金融就是生产关系。西方金融都一直掌握在私人手里，政府本身也必须用国家权力去换取金融支持，拿全体国民的利益与私人金融资本做交易。比如，2008 年美国的金融危机，财政部向花旗、摩根等十大银行注资超过几千亿美元，而银行却拿注资给高管发放巨额奖金。2020 年新冠疫情暴发后，美国政府又一次靠印钞票，支撑股市。据《每日邮报》27 日报道，自 2020 年 3 月新冠疫情暴发以来，美国 650 名亿万富豪在 2020 年 3 月 18 日到 2020 年 11 月 24 日期间获得了 1.08 万亿美元的财富，目前总资产接近 4 万亿美元，比之前增加了 1/3 以上。其中 29 人的财富在疫情中至少翻了一番，另有 36 人通过疫情成功跻身美国亿万富豪之列。[2]

当资本主义国家内部的存量财富集中度越来越高、贫富差距越来越大、存量财富割无可割的时候，它们就开始推动金融的全球化。自由主义是工业资本主义的意识形态，体现了工业资产阶级的意志，其借助自由主义理论与

1［美］拉娜·弗洛哈尔：《制造者与索取者——金融的崛起与美国实体经济的衰落》，新华出版社 2017 年版，第 12 页。

2 腾讯网：《新冠疫情暴发以来，美国富人财富增加 1/3，36 人跻身亿万富豪之列》，2020 年 11 月 27 日。https://new.qq.com/rain/a/20201127A04X4400

政策，推进国际分工与贸易自由化；新自由主义经济学就是产生和服务于金融资本主义的意识形态，体现了国际金融资产阶级的意志，他们借助新自由主义的理论与政策，推进金融自由化。

金融资本要求主权国家放弃对金融活动的任何控制，如要求利率市场化特别是外国直接投资进入自由化、资本账户开放，等等。全球金融资本主义已经发展成为庞大的金融帝国，他们掌握着大量的货币，可以和任何一个主权国家所掌握的资金相比拟，他们在构成全球化主体的同时，通过金融全球化来剥夺发展中国家的收益，对越来越多的主权国家构成严重威胁。

经济金融化和金融自由化使得经济危机越来越集中于金融危机，而金融危机越来越集中于汇率危机。为应对汇率危机，防范经济与社会动荡，发展中国家尤其是新兴市场不得不增加外汇储备。全球 12 万亿美元外汇储备，60%以上是美元，70%以上由发展中国家持有，由此产生日趋严重的美元依赖（实质是依附），故而落入“美元陷阱”。经济金融化使发展中国家牢牢地固定在“核心—中心—外围”的世界秩序中，成为“核心”——国际金融资产阶级的奴隶，成为华尔街持续盘剥的对象，成为以美国为首的西方发达国家周期性转移风险、转嫁危机的对象，由此落入所谓的“中等收入陷阱”。无论是“美元陷阱”还是“中等收入陷阱”，本质上都是“新殖民主义陷阱”。

现代金融背离了传统金融的存在与发展宗旨，背离了金融家与金融学所宣称的各种积极意义，从所谓服务实体经济、促进经济增长、为创造价值服务，出现了严重异化，蜕变为投机者赌博的工具，罔顾实际价值而直接作用于资产价格，成为金融寡头猎杀各类投资者、市场主体的工具，成为金融资产阶级实行新殖民主义统治的工具。

第八章

我国金融体系的现状和问题

我国目前是实行以银行体系为主、资本市场为辅的金融体系，这一体系形成于我国人口红利和经济赶超期，客观上满足了这一时期动员储蓄、推动大规模投资的要求，为我国工业化和城镇化的推进、区域经济的平衡发展做出了巨大的贡献，创造了中国经济奇迹。但发展到今天，中国在全球经济体系中所处的位置以及发展阶段，已经要求我们必须从要素驱动型向创新驱动型转变，中国的金融体系不仅已经明显不适应这一要求，难以满足经济结构转型的要求，并且出现了金融“脱实向虚”、经济金融化的趋势，甚至很大程度上，已经成为中国经济转型发展的巨大障碍。

一、中国经济问题的根源在金融

（一）中国经济的周期性和结构性问题

中国经济进入换挡期，经济学家们有不同的解读，有说是周期性的，有说是结构性的。本书认为中国目前的经济状态，既是周期性的也是结构性的，不过本书所说的周期性和结构性与其他经济学家说的周期性和结构性不同。

我说的周期性指的是国际资本主义经济发展的周期性，而不是国内经济发展的周期性。经过 13 年的艰苦谈判，中国自 2001 年 12 月 11 日起正式成为 WTO 成员，这是中国改革开放进程中的一个里程碑，自此中国开始深度融入了当今世界的资本主义经济的分工体系和国际货币金融体系，中国成为世界工厂，成为这个体系不可或缺的组成部分。在这个全球经济价值链中，作为世界工厂，我们通过参与在全球范围内的资源配置，生产产品供应全世界，产能迅速扩张，中国制造的竞争力和全要素生产力得以快速提升，中国经济也进入了快速发展期。但 2008 年的国际金融危机打破了国际经济的大循环，使我们发展出来的可以供给全球的巨大产能与全球尤其是欧美西方国家因金融危机而日渐萎缩的消费能力之间产生了巨大的矛盾，同时，面对中国崛起的威胁，西方开始改变游戏规则，利用其掌握的国际金融体系和雄厚的资本优势，操纵大宗商品价格，操纵汇率，将我们物美价廉的产品定义为倾销，致使我国出口严重受阻，这是目前各个行业的产能过剩、我国经济下行的主要原因。

由此可见，中国在融入全球经济体系之后，不可避免地就要承受资本主义世界周期性的爆发经济危机所带来的波动，资本主义世界爆发周期性的经济危机，现在主要以金融危机的形式表现出来，这是由其固有矛盾所决定的，是不以人的意志为转移的。全球经济都处于低迷状态的时候，我们不可能一枝独秀，要从经济周期的角度分析我国经济发展的问题，需要分析的是全球主要资本主义国家的经济周期而不是我国的经济周期。

为了解决这个矛盾，我们这些年一方面想方设法扩大内需，比如，为了消化制造业的产能，我们推行家电下乡、以旧换新；另一方面也一直试图进行经济结构转型升级，从低附加值向高附加值转变，从传统落后产能升级为战略性新兴产业。但船大不好掉头，一方面国际上旧的政治经济秩序的阻力非常巨大，另一方面我们内部有着非常严重的路径依赖。

很多人说中国经济目前状态是结构性的原因，是传统落后产能与战略新兴产能之间的结构失衡，或者说是国有经济和民营经济的结构失衡，这只是看到了表象，而未看到根源，真正的根源是金融资本与实体经济的结构性失衡。

这些年我国金融业跟随美国的步伐，过度商业化、自由化，造成竞争同质化，经营简单化，已经形成了过度膨胀的具有自身利益的“金融资本”，同时因为产业利润降低，大量的产业资本也演变为金融资本，金融资本反客为主，实体经济沦为金融资本的宿主。中国保险资产管理业协会执行副会长兼秘书长曹德云认为：从宏观层面看，金融“脱实向虚”主要表现为三个“背离”：

第一，金融增长与实体经济增长的背离。在我国经济总体下行的情况下，三大产业增速均出现下滑，其中第二产业增速下滑幅度最大，对现价 GDP 贡献率自 2010 年的 46.4%下降至 2017 年第二季度的 40.1%。而与之对比的是第三产业特别是金融业的快速增长，对现价 GDP 贡献率自 2010 年的 44.1%上升至 2017 年第二季度的 54.1%。[1]

第二，货币与经济运行背离。自 2012 年以来，我国的货币存量增速与经济增速呈现背离趋势，货币存量持续加大，而经济增速却处于放缓态势。货币超发并没有给中低收入群体带来收入水平的大幅提升。2017 年年底，中国的 M2 与 GDP 之比达到了 210%，居全球第 3 位，仅次于黎巴嫩和日本。同期，中国银行总资产达到 252 万亿元，相当于 GDP 的 304.70%，居全球领先地位，而日本的银行资产与 GDP 之比为 165.50%、德国为 96.60%、英国为 134.70%、美国为 60.20%。[2]

1 张云东等著:《新时代下的中国金融使命》，中信出版集团 2018 年版，第 124 页。

2《径山报告》课题组:《中国金融改革路线图》，中信出版社 2019 年版，第 4 页。

第三，金融资产收益与实体经济利润背离。资金“脱实向虚”的根本矛盾在于投资金融资产的收益率过度背离了投资实体经济的利润率。一方面，自2012年以来，金融自由化推动了一轮金融资产价格的快速上升；另一方面，由于经济增速放缓带来的收入降低，以及劳动力成本、土地成本上涨带来的成本上升，实体经济利润下降明显。2017年1—8月我国规模以上工业企业主营业务平均利润率为6.13%[1]，收益率不高且实现投资回报的周期长。

（二）中国经济问题的根源在金融

中国经济发展的周期性问题是外部原因，但是其根源是国际金融资本利用其掌握的金融秩序和金融资本对我们进行收割和打压；中国经济发展的结构性问题是内部原因，但其根源是在新自由主义的影响下我国金融业开始“脱实向虚”，经济开始金融化。

要解决我们面临的内外这两个矛盾，策略也有两个：

一个策略是继续为巨大的产能寻找需求。对外，可以通过“一带一路”，继续对外输出产能、产能合作，只不过合作的对象换成亚非拉等发展中国家和第三世界国家。对内，中央提出了我们要把满足国内需求作为发展的出发点和落脚点，加快构建完整的内需体系，重点做强国内市场，发展和提升国内需求，逐步形成以国内大循环为主体、国内国际双循环相互促进的新发展格局。

另一个策略是深化体制改革，其中主要是深化金融体系改革。对中国之前各个领域尤其是金融领域过度自由化带来的负面影响进行纠偏，建立起强大有效的金融体系，一方面让金融回归服务实体经济的本源，另一方面要有效地抵制国际金融资本的入侵，防范金融风险。

改革开放的前30年，我们取得了巨大成绩，但也积累了很多深层次的问题，这些问题不容忽视，必须解决。但解决问题不能眉毛胡子一把抓，还要分清主要矛盾和次要矛盾，集中力量解决主要矛盾，不能让次要矛盾干扰和

1 张云东等著:《新时代下的中国金融使命》，中信出版集团2018年版，第127页。

破坏主要矛盾的解决。周期性问题是外因，是次要矛盾，解决周期性问题只能治标；结构性问题才是内因，才是关键，才是主要矛盾，只有解决了内因，才能治本。中国经济问题的症结在金融，所以在中国单纯靠推行经济政策改革来解决经济问题，是个不可能彻底解决的问题。只有大力推行金融制度改革，才可能从根本上解决中国的经济发展问题。

前文已经说过，现代社会生产力和生产关系的关系问题，已经转化为实体经济和金融体系的关系问题。现代社会，金融体系掌握了货币的发行权、占有权、使用权和收益权，金融体系的归属与设置是一国最重要的生产关系，它决定了生产资料归谁所有，成果如何分配以及在生产过程中人与人的地位。中国经济发展的不平衡和不充分问题，是因为现行的金融体系不能匹配生产力的发展要求，是金融资本配置的不平衡和不充分造成的。下面就让我们来具体分析一下中国的实体经济和中国金融体系的匹配、适应问题。

二、我国生产力：国企与民企

由于中国的企业类型较多，我们分析中国的生产力必须对各类企业做一个划分。在中国划分企业类型的标准或者维度有很多，比如，可以按照规模大小来划分，也可以按照先进性来划分，也可以按照所有制性质来划分，还可以根据传统产业和新兴产业来划分，根据不同的需求采用不同的划分标准。

不过简单起见，按照目前通行的做法，我们对中国生产力结构做了一个粗略分类：第一梯队是大型央企；第二梯队是大型民企和省属国企；第三梯队是中型民企包括民营上市公司；第四梯队是大量的中小微企业，内含大量创新创业型企业；第五梯队是农户、个体户及淘宝电商等。由于其他几部分所占比重较低，所以我们重点分析国企和民企这两类企业的现状和问题，以期对经济状况有个大概的认知。

（一）国有企业，护国之根基

前两个梯队的国有企业特别是央管企业，在关系国家安全和国民经济命脉的主要行业和关键领域占据支配地位，是国民经济的重要支柱，是保证我国各族人民共享发展成果的制度性保证，也是巩固党的执政地位、坚持我国社会主义制度的重要保证。国企必须在能源、通信、国防、基建等关键领域发挥关键作用。它们在技术、规模、人员素质等方面都处于优势地位。比如，高铁、航天、电信、军工、能源等领域（巨额的资金投入研发，具有巨大的外部性，提供很多公共物品），是具有天然的垄断性行业。

作为共和国长子，国企是党和国家最可信赖的力量，国企一方面是国家宏观调控、实现战略目标的重要抓手，在关键时刻可以发挥稳定市场、保障民生的重要作用，是护国之基础；另一方面在全球化的今天，国企是参与国际竞争、实施“走出去”战略、“一带一路”倡议的重要力量。如果说军队是保卫国家安全的屠龙刀，那么国企就是参与国际竞争中的倚天剑，同样是国之重器。

自春秋时代的《管子》、汉代的《盐铁论》以来，我们对国企的重要功能已经形成了共识，国家掌握国计民生的重要行业，实行盐铁专营等是中华文明能够传承至今的一个非常重要的制度安排。国有企业不仅仅是经济问题更是政治问题，这也是习近平总书记讲到的要理直气壮做强做大国有企业的原因所在。我党正在探索、开创前所未有的政治文明，其中非常重要的一个组成部分就是国企在国家治理中的作用问题。

国企最大的问题既不是垄断问题也不是体制问题，而是效率问题。毋庸讳言，目前我国的国企经营，内部存在很多弊端，占有大量的矿产资源、人力资源以及资金资源，除了股市之外，在整个债务融资市场上，2017 年国企的负债占非金融企业负债的 74%，国企的贷款占非金融企业贷款的 54%，在新兴的非金融企业债券市场上，仅城投债就占 34%。[1] 占有这么多的资源，国

1《径山报告》课题组:《中国金融改革路线图》，中信出版社 2019 年版，第 70 页。

有企业运转效率却不高，同时也存在挤压、侵占民营企业生存空间的情况，在很多非垄断性领域，与民争利。为什么会有那么多过剩产能，因为国企大规模地存在于竞争性行业，生产效率不如民企，不断亏损，却又很难淘汰，这是导致行业产能过剩的重要原因。

（二）民营企业，活力之源泉

第三、第四梯队的民营企业，是市场经济最富活力、最具潜力、最有创造力的重要力量，是繁荣城乡经济的有力支撑，是推动我国经济发展的重要力量。民营企业在吸纳就业、创造税收、促进经济发展等方面发挥了重要作用。2018 年 10 月 19 日有关领导在国务院促进中小企业发展工作领导小组第一次会议上总结指出：民营经济为我国经济社会发展做出了突出贡献，贡献了 50%以上的税收、60%以上的 GDP、70%以上的技术创新、80%以上的城镇劳动就业、90%以上的新增就业和企业数量，是国民经济和社会发展的生力军，是建设现代化经济体系、推动经济实现高质量发展的重要基础，也是扩大就业、改善民生的重要支撑，是企业家精神的重要发源地。

2016 年 1 月，国家知识产权局发布了企业发明专利排行榜。在企业发明专利申请受理量排名前 10 位的企业中，国有企业与民营企业分别占据 6 席和 4 席。在具体的专利数目上，国企占比为 56.4%，民企占比为 43.6%。民营企业基本已经撑起科技创新的半壁江山。

国有企业和民营经济都是社会主义市场经济的重要组成部分，我们国家非常重视民营企业的发展，党的十八届三中全会上强调了“两个毫不动摇”：必须毫不动摇巩固和发展公有制经济，坚持公有制主体地位，发挥国有经济主导作用，不断增强国有经济活力、控制力、影响力。必须毫不动摇鼓励、支持、引导非公有制经济发展，激发非公有制经济活力和创造力。

可以说民营企业不但是我国最大的生产力，而且其中优秀的科技型、创新型民营企业也已经成为我国先进生产力的代表。同时，我国民营企业的发展还有很多的缺点，比如，有些民营企业规模较小、抗风险能力不足；有些民营企业管理能力、组织能力、创新能力不够，需要提升；还有部分民营企业存在为了利润损害社会效益的情况，比如，偷税漏税、不给员工上社保、恶意排污等，将收益内部化而成本外部化，它们很多又是落后产能的代表。民营企业发展中遇到的困难既有外部原因也有内部原因，从内部来讲主要是企业家自身素质以及企业的经营管理方式问题，从外部来讲主要是法治环境建设的滞后以及融资难。

1. 自身的原因

第三类纯市场的民营企业，这些企业家往上数两代、三代，要么是农民，要么是知识分子，要么是军人，家里祖训可能都是安贫乐道，学而优则仕，只不过这代人身处改革的大潮，不得已才扔下锄头、扔下笔头，拿起算盘，开始创业。创业之初要么是夫妻店，要么是兄弟俩，都是基于中国最小的组织单位家庭发展而来。他们不可能从父辈身上学到经商经验，都是靠一种拼劲、靠一种悟性艰难前行，有开创事业的智慧和勇气，但小富即安、适可而止的中庸思想、传统意识还是对我国大部分民营企业的发展起到了主导性的影响，所以还是农耕文明影响着这一代的企业家群体。

人类社会的发展，依靠的是人与人、部落与部落、国家与国家之间的合作。合作行为能够产生，一方面基于信任，一方面基于互惠。我们人类开始的合作，几乎都是基于血缘关系而产生的信任，但血缘关系随着圈子的扩大是会逐步衰减的，所以合作也就有了边界。要让人类的合作关系无限扩大，那就必须创造出一套所有人都要遵守的“秩序”“规则”，社会主义市场经济就是为我们提供了一套“合作”时所应遵守的“秩序”“规则”，用以保障这种合作可以无限地向外扩展。我也认同中西方社会最大的不同是中国社会受儒家文化的影响依然保持了较强的亲戚关系，亲戚关系没有转化为现代个人主义。比如，“封建社会”男耕女织就是最原始也是最稳固、成本最低的合作关系，即使到了现在，仍然是家族企业占据了民营企业的大多数。

目前我国的大部分民营企业是家族企业，家族企业有家族企业的好处，但也有它的弊病：一是管理问题，二是接班问题，这都是困扰家族企业做大、做强、做长久的“老大难”问题。这种封闭的企业形态也看似是一种稳固的形态，它解决了“信任”问题，但是却没法解决“能力”问题。股权百分之百在家族成员之间分配，同时资本、管理、技术、市场这些企业发展的重要因素大部分统一掌握在家族成员手中，对家族成员的能力要求非常之高。现在市场竞争越来越激烈，一旦其中某一项被超越，企业就会迅速衰落。我们国家目前民营企业整体面临着一代创业者年老，要退出历史舞台，但二代却没法很好接班的问题。中国民营企业第一次面临传承问题，企业家想要家业不败、基业长青，我们国家要想长治久安、繁荣昌盛，都不得不直面这个问题。

2. 营商环境的缺失

改革开放之后的 30 年，我国从计划经济逐步转向社会主义市场经济，我国的民营经济从无到有，并得到了迅猛的发展，但与之配套的法律法规、信用体系、税收体系以及社会营商环境却严重滞后于市场经济的发展。如果说西方的市场经济一方面有资本主义的各项制度保驾护航，另一方面还有基督教的宗教传统进行软约束的话，中国的市场经济可以说是“无法无天”：“无法”是指我们的市场机制和法律制度并不健全，在很多方面无法可依，比如，我国 1987 年才正式实施《中华人民共和国民法通则》，用以处理各种经济关系，1994 年 7 月才正式实施第一部《中华人民共和国公司法》，经济类的法律法规极不健全。由于技术手段落后，以及会计师事务所、律师事务所等中介机构也是从无到有，逐步发展起来的，缺乏专业人才，中国的信用体系、税收体系、监管体系也相当不健全，存在很多制度漏洞。“无天”是指受资本逻辑和西方价值观的影响，很多企业家唯利是图、假冒伪劣、偷税漏税、破坏环境、为富不仁，腐化权力，劳动者保护也存在问题，同时在消费领域出现了追逐、炫耀消费的畸形大众消费文化，并且成为常态，整个市场经济没有“天理”、道德的约束。这种生态环境下，民营企业要想生存发展，需要依靠丛林法则来适应这个环境，这就必然导致劣币驱逐良币。

在“无法无天”，既无“法治”又无“礼治”的情况下，国家只能暂时依靠行政力量（权力）来提供秩序，对市场主体进行保护和约束。

3. 融资的困境

与民营企业相比，央企国企有国家的信用背书，银行很愿意为它们提供贷款，而民营企业面临着很多问题，诸如，税费高、审批多、办事难，但制约民企发展的最大问题是资金问题。

笼统地说民营企业融资难是不准确的，中国民营企业在融资方面存在两个极端：一方面中小企业特别是小企业融资难，不够银行的贷款标准，融不到资，基本没有财务杠杆。中小型民营企业，尤其是创新创业型企业、互联网企业没有资产可以用于抵押担保，银行不愿给它们放款，同时又没有别的融资渠道，融资难一直是阻碍和束缚中小型民营企业生产力发展的最重要原因。另一方面是中大型民营企业的过度融资，高杠杆经营，它们有土地、厂房、设备，以及上市公司的股权做抵押、质押。从银行贷款，它们之间的问题是各家银行垒大户，导致企业过度融资，杠杆率过高，财务风险极大。中国整体经济的高速发展，让很多不懂经营、不懂财务风险的企业主发了财，他们发财的秘密就在于高杠杆经营，谁可以利用好银行贷款，谁就能发展起来，这些企业的发展很多并非靠自身的"造血"功能，而是靠银行不断地"输血"，靠通胀去抵销利率。

这种高杠杆的使用，一旦用上，就停不下来。大中型企业家的脖子上都套着银行还本付息的锁链，让他们不得不拼命前行，拼命为银行赚钱。但企业赖以生存的"血液"都被银行放给国有企业，放给地产公司，国家再多的货币超发都流不到实体经济。这样银行不敢给民企放贷，越是不给放贷，民企倒闭越快，于是经济陷入了一个恶性循环。

民营企业已经成为中国经济发展的主要力量，要解决中国经济持续健康发展的问题，实现从资源消耗型增长升级成为创新驱动型增长，就必须首先解决民企融资的问题，就必须给予中小民营企业生产资料也就是资金，必须有与其规模体量贡献相匹配的金融支持，也就必须有为之服务的金融机构。

中国在 2000 年左右已经基本告别了短缺经济，进入过剩时代，大部分领域是充分竞争的市场，一些落后的中小企业关门倒闭，反而为其他经济效率高的企业留出了市场空间，优化了资源配置，但是不是说中小企业就无足轻重了呢？当然不是，“合抱之木，生于毫末；九层之台，起于累土”，人民群众的聪明才智，他们的积极性、创造性都是通过不断涌现的中小企业来实现的，中小企业是我们的根基，呵护优质中小企业的成长，保持中小企业群体良好的新陈代谢，才会为国家社会的发展提供连绵不绝的推动力。所以民营企业的发展问题，实则不是一个经济问题，而是金融问题和政治问题。

三、我国生产关系：金融体系滞后于经济的转型发展

一个社会最重要的资源——资本（生产资料）的配置是否有效率，决定了这个社会的其他资源配置是否有效率，也决定了社会的整体生产效率，那么现代社会，资本和货币都是通过金融体系进行流通、配置。金融体系的重要作用就是用各种方式将分散小额的资金归集起来，变成大额资金（资本）进行社会投资的活动。现代社会的金融体系主要有两种形态：

第一种是通过银行体系，吸收居民和企事业单位的存款，将分散在居民手中的财富汇聚起来，再通过信贷制度分配给资金需求方进行使用；第二种是通过“资本”市场，进行资本的归集和分配，资金需求方在资本市场发布资金需求，私募机构或公募机构将居民或企业分散的资金归集起来，进行股权或者股票投资；除此之外金融其实还有第三种形态，更多的时候它被称为国家财政税收体系。国家通过对居民和企事业单位进行征税，将小金额的税收汇集成大额资金，形成国家财政收入，由国家相关部门按照规划来进行使用或投资。

一国的金融体系一般是由这三种基本形态共同组成的。金融的这三种形态，对应的金融服务实体的最基本方式也有三种，第一种是银行体系下的贷款，即不管贷款方经营情况如何，放贷方都收取事先约定的固定利息。犹如不管战争胜负，都必须索要本金以及战利品。第二种是资本市场的投资，即

通过向产业投资共担投资风险，共享收益分成。犹如一起打仗，胜利了共同分配战利品，失败了一起承担损失。第三种就是财政支出，通过政府投资或者补贴的方式进行公共基础设施建设，为社会提供公共服务，不要求增殖回报，取之于民用之于民。相当于是为了整个战局的胜利，充当工兵、炊事员的后勤保障部队，不需要他们去冲锋杀敌，不需要他们去抢夺战利品。国家财政资金除去各类政府日常支出和公共服务投资之外，还有很大一部分是给予各类企业以各种形式的补贴，但是产业政策补贴也有它的缺点，那就是此类资金的分配也是靠行政手段，且缺乏足够的监督，资金配置的效率低，存在暗箱操作行为。

我国目前是实行以银行体系为主、资本市场为辅的金融体系，这一体系形成于我国人口红利和经济赶超期，客观上满足了这一时期动员储蓄、推动大规模投资的要求，为我国工业化和城镇化的推进、区域经济的平衡发展做出了巨大的贡献，创造了中国经济奇迹。但发展到今天，中国在全球经济体系中所处的位置以及发展阶段，已经要求我们从要素驱动型向创新驱动型转变，中国目前的金融体系不仅不适应这一要求、难以满足经济结构转型的要求，而且出现了金融“脱实向虚”、经济金融化的趋势，甚至很大程度上已经成为中国经济转型发展的巨大障碍。

根据《径山报告》课题组的总结，中国目前经济发展面临着以下 4 个结构性问题：一是人口结构的变化。2010 年起，中国劳动年龄人口占比达到峰值，并呈趋势性下降，人口老龄化日益严重，这会带来储蓄率和投资率的下降。二是产业结构的变化。2012 年第三产业的产值超过第二产业，经济进入服务业化的进程。三是需求结构的变化。消费对经济增长的贡献超过了投资和出口，但是消费（尤其是居民部门消费）占 GDP 比重依然非常低。四是增长动力的切换。由于外界客观条件的约束，未来中国经济的发展必须从外延式增长向内涵式增长转变。

面对中国经济发展过程中的这些结构性变化，目前以银行为主导的间接融资体系无法提供相应的金融服务，比如，服务行业的崛起意味着经济整体转向轻资产模式，增长动力转换为依靠技术进步、科技创新的内涵式增长模式，偏好抵押融资的银行业无法适用这些转变模式，新经济新产业因为看不懂、不敢贷，而传统产业又因为市场萎缩也不敢贷，以银行为主的金融体系就开始“脱实向虚”，或者资金空转，或者将资金投入房地产和股市，制造资产泡沫。

从2005年开始，中国金融业增加值在GDP中的占比不断上升，2008年超过日本，2013年超过了美国，2015年达到8.5%，2016年上半年达到9.2%。[1]2010年至2016年，银行业法人机构从3769家增加到4398家，从业人员从299万人增加到409万人，资产规模从95万亿元扩大到232万亿元。[2]继2014年金融机构贡献的所得税创纪录地与制造业所得税比肩之后，2015年这种本末倒置的扭曲更加严重。2015年，一方面，金融企业所得税达8572亿元，同比增长13.9%；另一方面，工业企业所得税只有7425亿元，同比下降了5.3%。金融企业所得税竟比工业企业所得税高出15.4%。2016年更上一层楼，金融企业缴纳所得税8802亿元，工业企业缴纳所得税7329亿元，金融企业比工业企业高出20%。[3]

以前金融资本依赖于实体经济，进入新世纪的前10年实体经济高度依赖金融资本，中国房地产的粗放发展也已经将居民的储蓄榨干，面对高企的房价，扩大内需鼓励居民消费也只能是一句口号，再不改变，金融资本即将成为无源之水、无本之木。

四、银行体系的三大问题

我国的银行体系，因为有国家信用担保，保本保息，资本可以快速有效地形成，但是在党的十九大之前的很长一段时间内，银行体系形成的资本在配置、使用方面效率较低，滞后于经济结构调整和经济转型的需要，导致了

1 国家信息中心范剑平：2016年优选金融论坛发言。

2《径山报告》课题组:《中国金融改革路线图》，中信出版集团2019年版，第77页。

3 张云东等著:《新时代下的中国金融使命》，中信出版集团2018年版，第142、160页。

一系列的经济问题。这主要表现在三方面：

（一）支持中小企业力度不够

国家为了解决中小民营企业融资难，采取了诸多措施。比如，五大国有商业银行改革上市，城市信用合作社改为城市商业银行，农村信用社改成农村商业银行，邮政储汇局改为邮储银行，成立担保公司、小贷公司、村镇银行、互联网金融，等等。这都是为了发展中小型民营企业的生产力所采取的改变生产关系的措施，但都无法从根本上解决它们的融资难问题。

> 在2020年我国新创设两项直达实体经济的货币政策工具之前，国有大型银行信用贷款占全部普惠小微贷款的比例有20%，但是中小银行不足10%。中小企业面临的营商环境仍较为严峻，贷款抵押率（中小企业贷款需提供抵质押品的比例）一直在50%上下浮动，普遍高于欧洲国家，而且应收账款延期支付天数（38天）也远高于OECD（经济合作与发展组织）国家的平均水平（10.79天）。我国中小企业的中长期贷款余额占比（58.4%）远低于发达经济体（70%），且不良率水平虽远低于发展中经济体，但仍略高于发达经济体。[1]

银行信贷资金主要配置在政府和国有部门，而创新性和成长性良好的民营企业却缺乏金融支持。国家强调要加大对中小企业的贷款力度，但是中小企业很难得到银行贷款；国家强调要控制向房地产贷款，但是大量银行资金仍流向这个领域；国家历来都要严防信贷资金流入股市，但是仍有大量银行资金通过各种形式进入股市，这几年甚至已经允许银行资金通过配资进入股市。分析这方面的论文书籍可以说汗牛充栋了，但究其原因，最主要有以下两方面：

---

1 中国人民银行研究局课题组：《完善中小微企业融资制度问题研究》，中国人民银行公众号，2021年3月29日。

第一，受观念的影响，政府和银行还是会对民营企业另眼看待，在放贷的时候有所顾忌，总是以公和私相区别，给国有企业放贷安全性高，即使损失了个人和单位也不被追究责任，而给民营企业放贷，贷款责任终身制，损失了会被追究个人责任，这严重抑制了银行对民营企业的放贷积极性。

第二，经济的高速增长伴随着货币的持续超发，前些年银行业的商业化改革，导致银行体系过度商业化，过度自由化，竞争同质化，经营简单化，存在设租寻租情况，对贷款主体资金的使用情况也缺乏有效监管，信贷异化成了银行赚钱的手段，而非服务实体经济的手段，将自身的经济利益凌驾于社会效益之上。银行资金脱实入虚情况严重，金融资本反客为主，实体经济沦为金融资本的宿主。

（二）支持科技创新力不从心

改革开放之后中国的发展是靠着工业化和城镇化推动的，大量的银行信贷资金投入推动了工业化和城镇化，极大地推动了两化进程，为中国的发展做出了巨大的贡献。尤其是中国加入 WTO 成为世界工厂之后，只用了 10 年的时间就成为世界第二大经济体。但是这种快速发展带来非常大的问题，我们用二三十年的时间赶超了西方二三百年的道路，同样资本主义国家二三百年里遇到的那些问题，我们在这二三十年里基本遇到了，靠高耗能、高污染以及廉价劳动力带来发展，之后人口红利消失，环境污染严重，这种发展方式肯定不可持续，必须进入转型阶段。其实这个过程就是我们在提的创新引领发展，实现从低端制造业向高端战略性新兴产业转型升级的过程。

这个升级的过程并不容易，因为西方国家不会轻易把高端技术转让给中国，它们希望中国永远处于产业链的中低端，成为它们的加工厂。这一点从中美贸易战，以及华为和联想发展路径的对比中，体现得淋漓尽致。虽然前一阶段我们用了市场换技术的策略，但是核心技术既换不来也买不来。

我们在学习模仿西方的时候，银行业看得懂行业和企业的发展模式，所以敢于给企业投入信贷资金，但是当面对战略性新兴产业，尤其是生物医药、新能源、半导体芯片产业的时候，银行虽然知道这些企业未来可能会有巨大发展空间，但往往就是不敢出手，力不从心。因为这些公司一方面属于科技前沿，银行信贷员很难具备相应的知识储备，来辨别其科技含量及未来市场转化效果；另一方面，这些企业往往前期需要投入大量资金，却无法很快获得收益，银行的资金来自储户，必须保证刚性兑付，银行首先着眼于安全性，其次才是收益性，所以说中国目前以银行为主体的间接融资体系，在支持科技创新方面，力不从心。

（三）扭曲货币传导机制

国家要求银行向中小微企业贷款倾斜，要求了好多年，基本没见效果，原因在于整个银行体系自商业化改革以来都以盈利和控制风险为第一要务，**从态度上来说**，整个银行的各个层级的考核体系设计、风控设计与为中小微企业贷款都是不相容的。信贷风险的终身追责制，也让各个层级的人不愿意从事中小微企业贷款这种高风险、低收益的业务。**从能力上来说，**基层行的一线信贷人员已经习惯了为地方政府贷款、为房地产贷款的那种简单粗暴的抵押贷款业务，丧失了如何通过风险评估为中小微实体企业贷款的业务能力，更不用提如何去服务那些新经济新模式的创新、创业型企业。从这两点上说，如果我国银行的经营理念和考核体系不做大的方向性的改变，**货币政策的效果必将适得其反**。然而冰冻三尺非一日之寒，银行体系整体理念的改变和微观信贷环境的改善以及从业人员素质的提升，又绝非一日之功。

这么多年来每当经济下行，央行就采用宽松的货币政策，通过目前**金融体系**之后，最终大多会流入地产、国企以及地方政府，真正流入实体经济的少之又少，每次增发货币随之而来的就是房价的暴涨，对经济的拉动作用也主要体现在房地产及其相关配套产业方面。

国家这两年的去杠杆，主要是针对影子银行，针对国企，针对地方政府去杠杆，去杠杆就是为了把通过影子银行投去地产、城投的钱收回来，再通过正常的信贷投放到实体经济，一方面改变资金投向，一方面降低资金成本，这是一举多得的事情。但实际的效果呢？国企、地产、城投都无大碍，但却导致中小企业的经营更加困难。为什么？如果我们仔细分析我国的货币发行、传导、流通机制，就会发现问题所在。**我国的货币传导体系，一方面在金融机构内部就已经被扭曲；另一方面，货币投放到市场之后，货币在市场中的传导流通机制也早已经被异化扭曲。**

央行增发货币之后，货币分配在银行体系内部就已经被扭曲，最先拿到钱，拿到最多钱的一定是地产、国企、地方政府，这些单位在整个经济运行中也往往居于核心和主导地位，众多民营中小企业都是它们的上下游的供应商或者客户。当这些单位资金充沛的时候，民营中小企业也可以拿到现金收入。此次去杠杆，这些单位就凭借自己的强势地位，首先通过延长对其产业链上民营企业的账期来缓解自己的资金状况。这样民营企业的当期收入就会变成应收账款，如果应收时间过长，不光会挤压民营企业本就不高的盈利空间，还有可能导致企业现金流断裂，陷入困境。

这就是我国货币传导机制的逻辑和现实，已然被现行的金融体系和市场机制扭曲。这加剧了产能过剩，阻碍了产业结构升级，已经严重干扰货币政策的效率，从而影响了国家宏观调控的能力和效果，所以银行的信贷市场对于整个社会来说是一个低效和扭曲错配的市场，甚至成为制约我国经济发展的障碍。

五、资本市场的三大问题

中国的资本市场虽然存在了近 30 年，但是一直属于非市场化的运作状态，法治化建设滞后且执行不到位，企业发行股票融资基本还是证监会说了算，由权力来进行配置，注册制改革迟迟未能推进，资本市场门槛太高且门缝太窄，也将广大的中小民营企业拒之门外，剥夺了它们直接融资的渠道，而且还因为畸高的市盈率导致资源错配，资本在这个市场上无法大规模地有效形成，也无法有效配置和使用。2020 年社会融资增量规模为 34.86 万亿元，其中非金融企业股票融资增量规模为 0.89 万亿元，股票融资占整体社会融资的比重为 2.56%，截至 2020 年 12 月底，社会融资存量规模为 284.83 万亿元，其中非金融企业股票融资存量规模为 8.25 万亿元，占整体社会融资的比重为 2.90%，而日本、韩国、中国台湾的比例多在20%左右[1]，由此可见在我国企业通过资本市场股票融资的比例一直较低。

国家一直希望推进资本市场改革，提高融资比重。2013 年在郭树清的主导下，设立新三板，成为中国资本市场改革的突破口。新三板市场探索实践，一方面倒逼了存量市场即上海和深圳交易所，另一方面也为存量市场的改革积累了经验。在新三板启动 6 年之后，上交所于 2019 年设立科创板，试点注册制，中国资本市场的存量改革也得以顺利推进。关于新三板市场的建设以及注册制的改革，我们会在后面详述，在这里我们先来看一下 A 股市场的问题。

（一）牌照化带来超额利润

1.A 股的超额利润

经济学中有一个超额利润的概念，超额利润是指其他条件保持社会平均水平，而获得超过市场平均正常利润的那部分利润，又称为纯粹利润或经济利润。所谓正常利润，指的是为使厂商继续从事某种生产经营活动所必需的最低限度利润水平，亦即总收益等于总成本时的利润水平。当某一厂商或因为领先采用新技术，或因为拥有某种市场权力，或因为其他原因而使其成本低于其他厂商或其产品价格高于其他厂商时，它便可能获得高于正常水平的利润，即获得超额利润。超额利润在竞争性行业中只可能短期内存在，而在垄断性行业中，它则无论在短期还是长期都可能存在。

我们借用一下这个概念，将上市公司股东在 A 股二级市场减持获得的利润与正常公司（含上市及未上市公司）经营所获得的利润进行比较，就可以明显地看到公司上市后，股东通过减持所带来的利润远远大于企业正常经营

1 中国人民银行:《2020 年社会融资规模存量统计数据报告》，中国人民银行网站，2021 年 1 月 12 日。

所带来的利润，也就是说上市公司股东在不断地通过减持获得超额利润，大股东只要能够保持控制权，逢高减持是最理性的做法。

我们又知道超额利润在竞争性行业中只可能短期存在，而在垄断性行业中，它则无论在短期内还是长期都可能存在。相对于全国4000万家的中小企业来说，4000家上市公司显然是身处垄断行业之中，这个垄断行业就是销售自己的股票，只有这些上市公司有权轻松地将自己的股票卖给全国的股民和机构。而这个垄断权力是证监会赋予的，它们所获得的超额利润其实也是被国家保护的。企业不一定值钱，但这个上市公司牌照，这个六位数的代码肯定值钱。

中国资本市场发展了30年，通过人为设置的垄断，使得这个市场的标的只有4000家，而买家则以亿计，行情好的时候居民储蓄搬家，资金更是万亿元级。除了存量市场，在增量市场方面，大量的企业在排队上市，也有大量的资金在准备买新发行的股票，但是就因为制度设计的问题，导致这个市场供需严重失衡，市盈率居高不下，超额利润一直存在。

2. 超额利润异化了企业家群体

只要有超额利润存在，就会有更多的人想方设法去获得超额收益、去获得A股俱乐部的门票，而门票的发授权掌握在证监会、发审委手中。只要有超额利润存在，所有的资源都会以超额利润为目标，围绕超额利润做文章。所以我们看到企业已经可以在新三板实现融资，解决企业的资金需求，但还要去A股上市，一方面是投资机构要求企业去A股变现，享受跨市场套利而非享受企业成长获利；另一方面企业家也希望自己的财富通过A股的高市盈率，靠变魔术式的资本运作赚钱而非靠经营公司赚钱。有了超额利润肯定要兑现，兑现的过程就是减持的过程，就是割韭菜的过程，所以整个中国股市就这样循环往复。

李迅雷带领的中泰证券研究团队在《关于资本市场：可能存在哪些误判》一文中也表达了同样的观点："中国科技企业似乎更加倾向于个人生活改善，而非技术研发或企业本身的发展：自去年（2020年）7月科创板允许解禁后至今的减持目的及规模统计数据中，**自身资金需求与个人资金需求而**

减持套现的规模约 116 亿元，占比为 86.45%，而业务发展及经营需要的套现比例不足 2%。从融资减持后最终受益的主体分布看：非持股 5%以上股东及 5%以上非第一大股东代表的 PE 机构等资本方合计减持套现 104 亿元，占比 79.25%。除此之外，5%以下股东及公司高管减持套现 25.2 亿元，占比约 19%。也就是说，**资本方和高管，而非科技研发人员，成为过去两年 IPO 大潮的真正受益人。**更严重的是，这些资本方和高管将减持套现后的资金又投入房地产，成为核心城市房价上涨的重要推手：以上海为例，去年浦东房价涨幅 15.6%居上海各区之首，远超全市 10%的平均水平；而**浦东新区中涨幅超过 20%的领涨小区多分布在科技企业高管和金融资本集中居住的张江和陆家嘴区域，**这在某种程度上加大了社会的贫富分化。”[1]

资本市场本是一个让资金和实体对接、让资金脱虚入实的地方，应当是为企业融资，可以激发企业家精神和干劲的地方，应当通过分红而不是高位减持变现。但是目前的制度设计，企业家都变身资本玩家，不再去安心经营实体而满脑子考虑概念炒作。

（二）准入门槛高、门缝窄，中小企业上市无门

中国兴建资本市场的第一个板块是主板市场，后来大部分时间用来服务于国有企业脱困；第二个板块是 2004 年推出的深圳中小板市场，出来之后越做越像主板，只有大的民营企业才能上；第三个板块是 2009 年推出的创业板市场，法律层面的规定是面向中小科技型企业的板块，所以财务指标只要求近两年连续盈利，最近两年净利润累计不少于 1000 万元；或者最近一年盈利，最近一年营业收入不少于 5000 万元即可。

这两个条件标准很低，中国有太多的属于战略性新兴产业的中小企业可以达到这两个要求。可以说，创业板的法定标准在制定的时候，充分体现了政府鼓励战略性新兴产业和中小企业发展的态度，是国家利用资本市场解决

1 李迅雷等:《关于资本市场：可能存在哪些误判》，中泰证券研究公众号，2021 年 3 月 27 日。

中小企业融资难的重要举措。但是由于创业板依然沿用主板中小板的“上市保荐制”“发审制”，所以即便创业板的法定财务门槛很低，可在实际操作过程中，这套标准被弃之不用。创业板发审委几乎是约定俗成了一套自己的财务标准，也就是为大家所熟知的，上市前一年的净利润要在3000万元左右，且上市前三年净利润要保持连续增长（后来调整为“耐克”型也可以）。创业板上市对企业财务指标的要求中，法定门槛很低，但是隐形门槛很高，中小企业想要登陆资本市场依然比登天还难。

> 直接融资方式在支持高科技中小微企业融资方面具有天然的适配性，但我国股权融资的整体支撑较弱，债券市场分层尚且不足。股权融资方面，2019年创业板与新三板融资额与同期小微企业贷款增量的比值为1∶16，远低于日本2018年的1∶7.4；创投与风险管理资本的整体规模、单项投资额等也都与美国相去甚远。债券融资方面，截至2019年年末，我国针对中小微企业的各类债券余额占所有债券余额的比仅为1.3%，是同期小微企业贷款余额的3.41%，而且70%以上的债券融资还主要依靠银行发债实现，真正意义上的中小微企业债券市场还有待进一步培育发展。[1]

（三）公司偏传统、轻创新，经济结构转型乏力

鉴于我们国家正处于新旧动能转换时期，在我国的经济结构需要从传统的工业制造业向创新型战略性新兴产业转换的大背景下，企业必须提高自主研发能力、科技创新能力，而创新即意味着风险，需要持续稳定的资本投入。高科技产业的资本投入基本靠两种方式：第一种是靠国家的产业政策，财政补贴，这个我们国家一直在做，每年财政给符合国家产业政策的企业补贴金额应该有几千亿。第二种是靠资本市场的风险投资，美国是这方面的代表，

1　中国人民银行研究局课题组：《完善中小微企业融资制度问题研究》，中国人民银行公众号，2021年3月29日。

美国的高科技产业就是靠硅谷的科技创新，以及纳斯达克这个资本市场所带来的风险投资的支持。

但是我们国家的风险投资体系一直没有发展起来，因为风险投资需要有接力的资金，需要有退出的通道，美国纳斯达克为风险投资提供了退出通道，可是中国的资本市场不允许未盈利企业上市。在保荐核准制下，盈利能力是企业上市的最关键指标，上市公司大部分为各个行业里的龙头企业，由于中国的产业结构就是以制造业为主，所以上市公司也大部分为传统的制造业。可随着互联网经济以及生物制药行业的兴起，企业的盈利模式以及估值方式发生巨大变化，A 股市场一直未能调整审核机制和审核标准，所以新兴产业一方面如前所述，无法获得银行贷款的支持；另一方面也无法在国内 A 股市场融资。资本市场建设已 30 年，不但没有形成支持创新发展的机制，反而扭曲了整个社会的资产评估体系，成为制约我们国家创新能力建设的一个瓶颈。

由此可见，我国以银行体系为主、资本市场为辅的金融体系既不支持民营中小企业，也不支持科技创新，无法实现对社会资本的有效配置和合理使用。中国生产资料的使用权大量被政府和国企以及地产公司垄断，广大中小企业很难通过金融体系获得生产资料的使用权，长此以往，将无法支持我国实体经济的持续健康稳定发展，必须进行彻底改革。

第九章
社会主义金融的再造和超越

党的十九大之后，在习近平新时代中国特色社会主义思想的指引下，中国特色的社会主义市场经济体系，必须有配套的中国特色的社会主义金融体系与之对应。现阶段，用政治经济学的视角来重新审视金融、重新定义金融，用政治经济学的理念来指导中国当前和今后的金融体系改革，尤为迫切也尤为重要。所以解决中国经济发展问题的关键，就在于改革中国之前过度商业化的金融体系，必须扭转金融和实体经济的主仆关系，打破对西方经济学的迷信、对西方金融学的迷信，走出西方新自由主义的窠臼，创建社会主义的金融理论，重申国家控制金融、人民金融为人民的原则，重新构建能够为实体经济服务、能够促进我国经济发展的金融体系。

一、中国金融体系改革的原则和方向

（一）重申人民金融为人民的原则

市场经济的蓬勃发展靠的是资本逻辑下的优胜劣汰。资本无所谓道德，它就是一头天生可以自我繁衍、追求自我增殖的怪兽，资本逻辑就是要求自身增殖，必须无限扩张。纯粹资本逻辑主导下的社会生产不再是为生产使用价值，而是为了获得资本增殖，生产完全是在为资本增殖服务。而当产业资本演化成金融资本之后，资本已经不再进入生产环节，而直接追求资本增殖。金融资本是资本运动的最纯粹、最充分和最高级的形式，它集中体现了资本的灵魂和奥妙，即摆脱一切时间和空间、物质和精神、生产和流通的限制，用钱来生钱（马克思讲的货币循环G—G′）。当前金融资本主义已经取代了制造业（工业）资本主义，成为当代资本主义最主要的形式。同时资本也天然地要求集中，资本增殖的过程也是一个大资本吞并小资本即财富不断集中的过程。

资本的这些特性显然与我们社会主义国家以人民为中心，社会生产是为满足人民对美好生活的需要不完全吻合。首先，人民的美好生活是需要使用价值而非价值来满足，所以社会主义国家的资本应当是为人民创造更多更好的使用价值，而非仅仅是价值自身的增殖，也就是说资本必须进入实体经济，创造就业，创造产品和服务（使用价值），而不能是钱炒钱的空转，资本必须是产业资本而不能是金融资本，不能“脱实向虚”。其次，社会主义国家需要最广大人民群众共同享有发展成果，而不能是资本集中后的少数人享有发展成果。

资本逻辑与社会主义制度之间这个矛盾的解决办法就是，必须由国家来驾驭资本，由国家来给资本套上缰绳，驾驭资本这头怪兽。社会主义国家要驾驭资本而不是消灭资本，驾驭资本也不是要求资本的所有权都归国家所有，并不是要消灭私有制，而是要通过国家控制金融体系，进而驾驭资本。资本主义制度下，金融机构主要是由私人掌握，所以汇聚起来的巨额资本也主要由私人决定其使用，当然巨额资本所带来的巨额收益也由私人享有。社会主义制度下，金融机构应当由国家代表全体人民所有，汇聚起来的巨额资本也应当为人民使用和服务，带来的收益也理应为全体人民所共享。当然在社会主义初级阶段，可以允许民营金融机构存在，作为国有金融机构的有益补充，但是必须将其置于国家的严格监管之下，切不可存在监管盲区，美国金融危机就是在金融自由化的思潮下放松金融监管带来的恶果。社会主义阶段国家不仅不应该消灭私有制而且还要保护私有制，但是国家必须像牢牢抓住对军队的控制权一样牢牢抓住对金融的主导权和控制权，确保军队是人民的军队、金融是人民的金融。只有这样才能保证一国的现有财富是为全体人民服务而不是为少数私人服务。

党的十九大之后，在习近平新时代中国特色社会主义思想的指引下，中国特色的社会主义市场经济体系必须有配套的中国特色的社会主义金融体系与之对应。现阶段，用政治经济学的视角来重新审视金融、重新定义金融，用政治经济学的理念来指导中国当前和今后的金融体系改革，尤为迫切也尤为重要。所以解决中国经济发展问题的关键，就在于改革中国之前过度商业化的金融体系，必须扭转金融和实体经济的主仆关系，打破对西方经济学的迷信、对西方金融学的迷信，走出西方新自由主义的窠臼，创建社会主义的金融理论，重申国家控制金融、人民金融为人民的原则，重新构建能够为实体经济服务、能够促进我国经济发展的金融体系。

（二）回归金融服务实体经济的本源

之前我们讲资本主义国家的主要矛盾是生产的社会化与资本主义生产资料私有制之间的矛盾，也就是生产的社会化与金融机构金融资源掌握在私人手里之间的矛盾。可是当资本主义发展到了金融资本主义阶段，整个经济已经金融化、实体经济空心化的情况下，资本主义的主要矛盾已经变成了金融资本主义国家利用其掌握的国际金融和贸易体系与发展中国家之间的收割与反收割的矛盾。金融资本主义国家这种凭借不合理的金融和贸易制度而存活的方式注定是无法长久的，一方面在国际上会遇到发展中国家的反抗和抵制；另一方面在国内会造成极端的贫富分化，影响社会稳定。所以我们看到美国华尔街金融大鳄富可敌国，而美国大量的产业却濒临破产，工人不断地进行各种游行、示威、暴动。

我们国家在共和国成立初期就已经消灭了生产资料的资产阶级私有制，建立了生产资料公有制为主体的社会主义国家，我们的国家不存在生产的社会化与金融机构金融资源私人占有之间的矛盾，但是社会主义国家依然存在生产资料公有制的存在形式、分配方式和分配效率问题。比如，国有企业，对于国家直接掌握的部分物质形态存在的生产资料，归国资委管理，由国有企业具体运营，但是国企也存在内部人控制、计划色彩比较浓厚、分配效率不高、使用不合理甚至资源错配的问题。

资金是生产资料的主要表现形式，我们依然是国家掌控金融体系进而掌控全社会资金（生产资料）的社会主义国家，所以这个矛盾也就转变为社会化大生产与金融机构在配置金融资本的效率之间的矛盾。社会主义国家控制了社会的大部分资本，那么如何公平、合理、高效地分配、使用这些生产资料就是最关键的一个问题。这就涉及了社会主义金融制度的设计问题，资本主义和社会主义的差别不是体现在实行市场经济还是计划经济，而是体现在金融制度如何设计、金融体系由谁控制、金融收益由谁分享。

前期在西方新自由主义金融理论的影响下，金融体系过度商业化、过度自由化，导致我国经济也出现了金融化的倾向，一方面实体经济得不到有效的融资支持，另一方面却有大量的资金在金融市场炒作、空转，资金“脱实向虚”严重。针对这种局面，国家在 2017 年 7 月召开了第五次全国金融工作会议，对金融业回归本源、服务实体经济提出了明确要求。习近平同志在会议上明确指出:“为实体经济服务是金融的天职，是金融的宗旨，也是防范金融风险的根本措施。”这是党中央、国务院对当前我国金融业占 GDP 比重持续上升、金融行业资金回报率与实业回报率差距增大、资本过度追逐表外利润、社会融资信贷结构性问题突出、实业经营困难、社会资金“脱实向虚”

等问题做出正确判断的基础上，对金融业经营发展的拨乱反正。

无论发达国家还是发展中国家，金融机构的核心任务都是服务实体经济，金融机构只有在服务实体经济的过程中才能夯实发展根基，获得发展机会。一旦脱离服务实体经济的本源，金融体系的自我循环和自我膨胀不仅会导致产业空心化等经济问题，还会导致社会贫富差距扩大等社会问题，金融体系也会变成“无本之木”和“无源之水”，最终导致系统性金融崩溃，引发社会危机。让金融体系回归服务实体经济的本源，扭转金融和实体经济的主仆关系，必然也必须是中国金融体系的改革方向和今后可持续发展的战略原则。

资本的组织权在国家，使用权在企业，整体收益权应该归全体人民。为了充分地利用资本，提高资本的配置效率，满足实体经济的发展需要，必须建立强大高效的金融体系。那么国家应当如何组建强大高效的金融体系，提高服务实体经济的效率？又该如何通过制度设计，实现实体经济发展的成果能够让全体国民共享，保证社会公平？

二、中国金融体系改革的思路和逻辑

（一）微观上从计划向市场转变，提高效率

中国改革开放之后快速发展的秘密是什么？有人说靠勤劳、靠智慧，没错。有人说靠科技、靠互联网，也对，科技是第一生产力，互联网属于生产力之范畴。还有人说靠制度、法治，也对，这是生产关系范畴的答案。人类社会活动，无非是围绕着个人以及人类社会的需求本身，利用一定的组织方式，将资金、原材料、技术、劳动力（人）这些资源、要素进行排列组合，然后发生反应的过程。

人类社会发展的历史都可以归结为人类欲望（追求）被满足的历史，也都是资金、原材料、技术以及劳动力各种排列组合的历史。近代社会取得的快速发展，一方面是因为技术革命促成了生产力（劳动效率）的快速提高；

另一方面是因为资本、技术、劳动力这些要素可以更加快速地自由流动、排列组合，也就是社会资源可以更加优化地配置。能够促进这些要素快速自由组合的制度、适应以及保护这些要素可以自由组合的制度就是好制度，就是有利于人类社会发展的好制度。中国改革开放之后初步建立起社会主义市场经济体系，取消了商品市场的计划管制，让原材料和商品可以自由流动，设立了《劳动合同法》，偏重保护劳动者的权益，让劳动力可以自由地流动，加入 WTO 进入了全球劳动分工体系，让商品、劳动力可以在全球自由贸易，这些都是在促进要素的自由流动、组合，中国经济就是在这些要素不断投入市场、不断通过市场进行优化配置的过程中实现了快速增长。

一个国家最重要的市场不是产品市场，也不是人力市场，而是调配资本的市场。我国目前最大的资源是中华人民共和国成立后积累起来的财富、资本，有了资本就可以获得其他几类资源，所以一个社会最重要的资源——资本的配置方式是否有效率，决定了这个社会的其他资源配置是否有效率，决定了社会的整体生产效率。

2013 年《中共中央关于全面深化改革若干重大问题的决定》中指出要让市场在资源配置中发挥决定性作用和更好地发挥政府作用。当时社会对这句话的理解不够透彻，2016 年我曾撰文写过要让市场在配置商品和劳动力的时候发挥决定性作用之外，也应该通过改革金融体系，让金融资本的配置由“计划”配置转向“市场”配置，让市场在配置资本的过程中发挥决定性作用。

2018 年 7 月 3 日，新一届金融稳定委召开的第一次会议中提到了“发挥好市场机制在资源配置中的决定性作用”。这是第一次见到国家部委将这句话专门用在“金融领域”，如果这一原则能够在金融领域贯彻实施，我们此次深化改革才算是碰触到了真正的核心，我们社会主义市场经济体制才是得到了进一步的深化和完善，才算是真正建立起来。

2019 年 11 月 26 日，中央全面深化改革委员会第十一次会议审议通过了《关于构建更加完善的要素市场化配置体制机制的意见》。《意见》指出构建更加完善的要素市场化配置体制机制，要坚持以供给侧结构性改革为主线，坚持深化市场化改革、扩大高水平开放，破除阻碍要素自由流动的体制机制障碍，扩大要素市场化配置范围，健全要素市场体系，推进要素市场制度建设，实现要素价格市场决定、流动自主有序、配置高效公平，为推动高质量发展、建设现代化经济体系打下坚实制度基础。

所以未来中国金融资本的配置在微观领域也应该坚持市场化、法治化的方向，让市场在资本的配置过程中起到决定性作用，把资本市场建设成为真正的市场化、法治化的，可以高效配置资本的市场。

（二）宏观上坚持以人民为中心，保证公平

金融资本微观操作上必须坚持市场化配置，这个毋庸置疑，也是改革方向，但是别忘了“让市场在资源配置中发挥决定性作用”和“更好发挥政府作用”，是连在一起、密不可分的。那在金融资本的配置上，“更好发挥政府作用”体现在哪里呢？我认为那就是金融资本配置在宏观上还要贯穿政府意志，最主要的就是贯彻以人民为中心的原则。

2015 年 10 月 26 日至 29 日，党的十八届五中全会在北京召开。全会通过的《中共中央关于制定国民经济和社会发展第十三个五年规划的建议》强调，必须坚持以人民为中心的发展思想，把增进人民福祉、促进人的全面发展作为发展的出发点和落脚点，发展人民民主，维护社会公平正义，保障人民平等参与、平等发展权利，充分调动人民积极性、主动性、创造性。11 月 23 日，习近平总书记在主持中央政治局第二十八次集体学习时指出，坚持以人民为中心的发展思想，这是马克思主义政治经济学的根本立场。

以人民为中心的发展思想，最根本的是要让人民获得生产资料的使用权，谁掌握生产资料谁就掌握分配的主动权，让人民都能获得生产资料，那么人民的生活水平就可以自然而然得到提高。可能有人会说让人民都直接拥有生产资料操作上不可行，以前生产资料以实物形式存在的情况下，确实不太可行。但是现在生产资料主要是以资金的形式存在，就完全可行。在我们国家，中小企业完全可以成为人民（劳动者）联合起来的经营体，即马克思恩格斯所言的“自由人的联合体”，如果中小民营企业都能够跟国有企业一样顺利地

获得资金，那它们就可以发挥积极性、主动性、创造性，自己为自己创造财富。这些思想理念正在逐步地转化为政策实践。

2005 年，联合国最早提出了普惠金融的概念，是指“一个能够有效地、全方位地为社会所有阶层和群体，尤其是贫困、低收入人口提供服务的金融体系”。十八届三中全会首次将“发展普惠金融”提升为国家战略，在《推进普惠金融发展规划（2016—2020 年）》中提出要建立有利于普惠金融发展的体制、机制，要求国有银行当好普惠金融的“领头雁”。

中国央行行长易纲在 2018 年 10 月 14 日举行的 G30 国际银行业研讨会上首次对国企“竞争中性”原则表态道，为解决中国经济中存在的结构性问题，将加快国内改革和对外开放，加强知识产权保护，并考虑以“竞争中性”原则对待国有企业。

2018 年 10 月 19 日，有关领导在接受三家央媒联合采访时指出，“有些机构业务个人认为，给国有企业提供贷款是安全的，但给民营企业贷款政治上有风险”，批评那些为了所谓“个人安全”不支持民营企业发展的行为“在政治取向上”存在很大问题，强调“如果没有民营企业的发展，就没有整个经济的稳定发展；如果没有高质量的民营企业体系，就没有现代产业体系，支持民营企业发展就是支持整个国民经济的发展”，对民营企业，要强调四个“必须”：必须坚持基本经济制度、必须高度重视中小微企业当前面临的暂时困难、必须进一步深化研究支持中小微企业发展的政策措施、必须提高中小微企业和民营经济自身能力等。

十九届四中全会决议中要求：“营造各种所有制主体依法平等使用资源要素、公开公平公正参与竞争、同等受到法律保护的市场环境。”近年来，金融支持小微企业的任务不断加码，2019 年政府工作报告要求国有大型商业银行普惠小微企业贷款要增长 30%以上，2020 年增速任务提高到 40%，2021 年则在 2020 年基础上再增长 30%。并且明确以上任务对应的执行者为工农中建交五家国有大行。2021 年 1 月 21 日，有关领导在国务院促进中小企业发展工作领导小组第七次会议上指出：“要把握好政策的连续性、稳定性和可持续性，大力支持中小企业健康发展，金融机构要不断提升能力，做到敢贷、愿贷、能贷、会贷。”

真要贯彻以人民为中心的发展理念，让人民共享发展成果，关键核心不在于中央通过扶贫、通过转移支付等手段实施二次分配，也不在于一次分配当中提高劳动收入的比重，关键和核心是提高人民在劳动资料使用权方面的比重，也就是提高劳动主体在获取金融资源金融服务方面的比重。如何解决中小民营企业融资难、融资贵问题的实质是解决如何让人民平等地获得生产资料的使用权，进而获得收益权。这就要求金融资本的配置在宏观上必须向中小民营企业倾斜，必须有与其规模体量贡献相匹配的金融支持，也就必须有为之服务的金融机构。在具体微观操作层面，又必须发挥市场和政策性金融相结合的方式，充分利用银行的普惠金融、资本市场的新三板市场，财政的产业引导基金等方式，让资本的配置体现公平、公正、公开的原则，提高资源配置效率。

（三）结构上提高直接融资比重，支持科创

前文讲过工业革命发端于 18 世纪 60 年代英国中部，到 19 世纪 40 年代结束，经历了将近 100 年的时间。工业革命就是机器替代人工，以及工厂化、规模化的大生产替代手工作坊生产的一个过程。欧美发达国家是在那一时期完成工业革命，然后又用了近 200 年，创造了今天这个物质极大富足的现代社会，发展出了西方现代文明。西方在完成工业革命之后，就开始用他们的坚船利炮向我们发动了鸦片战争，由此开启了我们屈辱抗争的百年近代史。

帝国主义侵略是想要把我们变成他们的原材料产地和产品倾销地，我们何谈发展经济，只有我们在党的领导下取得了民族解放、民族独立，成立中华人民共和国，才具备了发展经济的条件，才开始了我们自己工业革命的进程，以机器替代人工，以规模化的工厂大生产替代手工作坊。这个进程一直持续到 2000 年才算结束，也就是说中国在 1949 年后到 2000 年前都处在工业革命时期，比西方晚了至少 200 年。中国完成工业革命后，被西方世界吸纳进 WTO，加入被西方发达国家掌控的资本主义经济体系，并迅速成长为世界工厂。这段时间，以银行为主导的间接融资体系对支持中国的工业化做出了

巨大的贡献。

但是工业化也带来了环境污染严重、行业产能过剩、企业毛利润降低等问题，甚至引来了西方的反倾销和贸易制裁，这就倒逼我们必须依靠创新引领发展，实现从低端制造业向战略性新兴产业的转型升级。这个升级的过程并不容易，虽然前一阶段我们用了市场换技术的策略，但是核心技术你是换不来也买不来的，西方国家不会轻易把高端技术转让给中国，他们希望的就是中国永远处于产业链的中低端，成为他们的加工厂。这一点从芯片事件，以及华为和联想发展路径的对比中，体现得淋漓尽致。

我们必须提高自主研发能力和科技创新能力，而创新即意味着风险，需要持续稳定的资本投入。高科技产业的资本投入主要靠两种方式：第一种是国家的产业政策和财政支出，这个我们国家一直在做，每年国家财政给符合国家产业政策的企业补贴金额有几千亿元。第二种是靠资本市场的风险投资，美国是这方面的代表，美国的高科技产业就是靠硅谷的科技创新，以及纳斯达克这个资本市场所带来的风险投资的支持，这是我们的短板。

中国的产业政策有没有效果？美国人用行动明明白白地告诉我们，中国的产业政策当然有效，要不然美国也不会公开抵制我们的 2025 计划，我们 2025 计划就是要用国家财政补贴这些高新技术产业。但是财政补贴也有它的缺点，那就是资金配置的效率低。但这也是不得已而为之，因为我们国家的风险投资体系一直没有发展起来，资本市场建设已 30 年，不但没有形成支持创新发展的机制，反而扭曲了整个社会的资产评估体系，成为制约我们这个国家创新能力建设的瓶颈。

根据国家统计局第二次研究与实验发展资源清查，全国研究机构数为 44891 个，其中企业科研机构 33840 个，占我国科研机构总数的 75%，集中了全国 69% 的科研人员，预计 2019 年科学研究与试验发展经费将达到 21842.5 亿元。企业、政府属研究机构、高等学校经费支出所占比重分别为 77.4%、13.7% 和 7.4%。[1]

我国的科研主体正在从独立科研院所向企业进行战略迁移，企业已经成

1 参阅中研产业研究院：《2020—2025 年中国科技中介行业全景调研与发展战略研究咨询报告》。

为我国科技成果转化与生产的主力军。

中国资本市场改革的重要方向就是调结构，一方面要向中小企业倾斜，另一方面要向科技型、创新型企业倾斜，让资本市场成为扶持中国战略性新兴产业升级的加速器。资本市场的改革一方面可以提高直接融资比重，提高资金使用效率，另一方面可以改善我国的科研体系的结构，让更多的科技型、创新型企业上市，就可以让更多的社会资金进入上市公司的科研机构当中，直接服务于产业升级，这样既提高了研发效率，又减轻了国家财政压力。

科技是第一生产力，金融是第一生产关系，二者完全可以统一在资本市场的直接融资当中。政府应当通过优化“反向挂钩”、税收、差异化监管等政策和退出机制，积极培育天使投资、创业投资等早期投资力量，探索完善投贷联动机制，加强对科技创新型中小微企业的融资支持。完善各层次资本市场之间更顺畅的转板机制，促进上市资源有效流动，不断提升资本市场针对中小企业的融资功能和定价能力。

三、中国金融体系改革的核心和关键

从以农业为主的自然经济，到以工业为主的商品经济，再到以信息技术产业为主的信息经济，不同的经济体系必须有不同的金融体系与之相适应。金融体系是由金融机构、金融市场、金融工具以及一系列显性或隐性规章制度安排构成的复杂系统，在社会化大生产的各个环节领域，如研发、生产、交换、分配等都涉及金融。资金是血液，金融体系就是以央行为心脏的血液循环系统，血液流到哪里，哪里才能活、才能生长。要调控肌体的生长，只有通过调控血液的流向才能够实现。

就中国目前阶段而言，要构建符合实体经济转型升级要求的金融体系，从制度的角度讲，需要完善金融法律体系，构建金融调控体系，健全金融监管体系，改革金融机构体系，建设金融市场体系。从内容的角度说，需要改革汇率制度、改革利率制度、改革货币发行制度，等等。可以说金融体系的改革是千头万绪，但是我们不能眉毛胡子一把抓，需要抓住主要矛盾，优先解决主要矛盾。按照上文讲的中国金融体系改革的思路和逻辑，中国金融体系再造，微观上要从计划向市场转变，提升金融资源配置的效率；宏观上要坚持以人民为中心，保证金融资源配置的公平；结构上要提高直接融资比重，支持科技创新，支持经济转型升级。这三个改革要求都可以通过多层次资本市场的改革和建设来实现，抓住多层次资本市场的改革和建设就是抓住了中国金融体系改革的牛鼻子。

直接融资（资本市场）和间接融资（银行体系）各有优劣，不能彼此否定，二者在总融资结构中的比重应当由一国实体经济的发展状况和发展阶段所决定。就我国而言，依靠土地、资源、劳动力等生产要素的大规模投入带动经济增长粗放式的发展方式已经无法持续，与之配套的以银行为主导的间接融资体系已经开始失效，用信贷投放来推动经济增长的做法其边际效用不断递减，我们必须转型为依靠科技研发、提升全要素生产率来实现可持续增长。我国当前正处于转方式、调结构的关键时期，战略性新兴产业刚刚起步，缺少稳定盈利，更加需要通过直接融资的股权投资进行支持。所以大力发展以直接融资为主的资本市场，构建能够适应国民经济结构优化和创新发展的要求，促进创新资本有效形成的金融资源配置体系，已经变得非常急迫。

（一）探索建设社会主义资本市场

应当承认，中国的股市在帮助国有企业解困，帮助大型民营企业融资方面做出了巨大的贡献，但是问题也很多。中国的 A 股市场之所以一直都是追涨杀跌，牛短熊长，无法做长期投资，最根本的原因就是前面所说的上市公司牌照化所带来的超额利润，大部分股票在发行上市的时候，价格虚高，早已失去了投资价值，只能成为来回炒作的筹码，所以 A 股市场永远是零级（上市公司原始股东）割一级（PE 投资机构），一级割二级（散户、股票基金），二级割自己（割肉）。

A 股市场扭曲的市场定价体系以及行政化的发审制度，除了影响整个资本市场发展之外，带来的更严重的后果是，中国的股权投资行业无法生存。一方面，过高的二级市场估值也抬升了一级市场估值，另一方面是上市的门槛过窄，能否过会的不确定性太高，这两方面导致中国的股权投资基本上已经被证伪，根本无法帮助投资人赚钱。中国整个股权投资行业从产生到现在，一直是在这种状况下艰难求生，股权投资行业发展不起来，怎么可能支持创新创业的项目？中国高新技术的创新创业企业既得不到银行的资金，也得不到股权投资机构的资金，谈何发展？谈何创业？所以中国整个经济的结构转型，新旧动能转换，就无从谈起。

资本市场应当是关联资金和实体经济的链接机制，也就是一套输送水资源的水利系统，而不仅仅是一个虚拟资产的炒作场，一个可以兴风作浪的蓄水池。我们之前资本市场的股票价格形成机制中，价格早已经脱离了其价值和实用价值，价格不再围绕价值上下波动，商品从形而下变成了形而上，完全变成了概念，变成了一种意识流，变成了资金炒作的筹码（代码）。

1949 年以后我们学习苏联，改革开放之后我们学美国，我们学它们，但是我们没有成为它们，我们是在学习它们经验的基础上，探索走出了一条中国特色社会主义道路。中国的资本市场建设，是改革开放之后的产物，我们一直以美国华尔街为榜样，一直以建设中国的纳斯达克为口号，这些年也确实在朝这个方向努力，但是美国的华尔街、美国的纳斯达克真的适合社会主义中国吗？显然不适合，所以我们看到了以美国为首的资本市场陷入了困境，产生了异化。

在党的十八大之后，中央另起炉灶，在两个交易所之外，推出了新三板，一方面是为了解决中小企业融资难问题，另一方面是为了探索社会主义国家到底应该建设一个什么样的资本市场，社会主义的资本市场应当如何与社会主义市场经济相匹配、相适应。可以说新三板是党中央在中国资本市场掀起的一场具有革命和历史意义的改革。

说新三板具有革命意义，是从它一开始的制度设计上就是针对 A 股市场的弊病而来，可以说是一场彻底的革命。在新三板推向全国之前（2013 年），中国 A 股市场发展 20 多年，依然存在着上市公司牌照化和投资者散户化的顽疾，这两个问题合在一起是导致中国资本市场熊长牛短的症结所在。经过近

30 年的发展，A 股市场已经形成了庞大的二级市场，积聚了大量的利益纠葛，绑架了广大中小散户，盘根错节，积重难返，不但大到不能倒，甚至已经大到没法改了。A 股市场的改革在当时已经是进退维谷：想要打破上市公司的牌照化，就要放开对 IPO 的行政控制，实施市场化的注册制，但这必然会冲击二级市场，担心二级市场崩盘，触发系统性金融风险，进而引发社会问题；如果控制上市公司数量，控制新股 IPO 节奏，又使得资本市场融资功能无法发挥，提高直接融资比重就会成为一句空话。

在这种情况下，中央政府再次启用了“双轨制”这个法宝，在中国资本市场“另起炉灶”，做增量改革。新三板的制度设计完全是针对 A 股的弊病而来，比如，A 股上市是由行政色彩浓厚的核准制，控制牌照数量和发牌照的节奏，新三板是市场化的“注册制”，打破上市公司的牌照属性；A 股投资者是几乎无门槛开户，而新三板从一开始就是要去散户化，要建设一个机构投资者市场，设定了很高的准入门槛；A 股主要是服务收入利润较高的大中型成熟企业和国有企业，而新三板主要服务创新型的中小企业和民营企业。这些设计就是为了尝试建立一个与 A 股市场几乎完全不同的资本市场。

说新三板具有历史意义，那是因为我们国家一直在探索建设有中国特色的社会主义市场经济体制，这是一种前无古人的伟大探索，那么中国特色社会主义市场经济体制应该匹配或者包含一种什么样的金融体系（包括银行体系和资本市场）？中国之前的 A 股市场是否与中国特色的社会主义市场经济体制相适应？如果不适应，那么应该建立一种什么样的资本市场来匹配、来适应？是照搬照抄美国的纳斯达克市场，还是要吸取诸多海外资本市场的经验和教训，并结合我国经济体制的实际情况，探索一条有中国特色的资本市场新路？答案不言自明。

新体制的探索既需要理论的不断创新，也需要实践的艰辛探索，新三板市场可以说是一场顶层设计和实践试错的结合，我们没有现成的案例可以参考，我们所看到的这几年新三板发展的现状与设计的初衷存在着一些落差，这就是实践探索或者说实践试错的一个必然过程。任何事物的成长，都需要经过一个痛苦的蜕变、迭代的过程，都需要经历否定之否定。经过前后 30 年的伟大探索，我们国家探索出了中国特色社会主义市场经济体制，并且在党的十九届四中全会上，将社会主义市场经济体制上升为社会主义基本经济制度，此时，建设一个与社会主义市场经济体制相适应的资本市场以及金融体系，必须且必要！

当然在双轨制之初，新设的市场肯定比较弱小，配套制度不完善，好处没有那么多，但毕竟在计划之外撕开了口子，为将来的发展打开了制度空间。任何的改革都不会是一帆风顺的，更何况新三板是一场相对彻底的改革，所以注定是一场“道阻且长”的“持久战”，每一步向前推进，都会面临着巨大的阻力和体制的障碍，都需要寻找迂回前进的小道。改革必须在承认、保护和转化既得利益的前提下（稳住存量），耐心地、谨慎地为自己争取发展空间（做大增量），不急不躁，迂回前进。我们再去看 1978 年之初的改革，体制外的市场经济也是面临着种种的困难，但经过二三十年的发展，我们顺利地从计划经济体制过渡到了社会主义市场经济体制，体制外的民营企业获得了极大的发展。所以新三板这个 A 股体制外的市场，是符合我们经济发展规律要求的新的生产关系，它就是资本市场的普惠金融，资本市场的改革开放，即使过程曲折，但只要假以时日，也必将发展成为可以促进中国实体经济发展的富有中国特色的资本市场，甚至成为中国资本市场的主流和主体。

那社会主义的资本市场应该是什么样子的呢？我们认为应该有以下几个特征：社会主义的资本市场应该是一个价值投资的市场而不是价格投机的市场，应该是一个具有流动性但却不是一个全民炒股、过度交易的市场，应该是一个对各类企业开放准入的市场而不是一个少数人的高端俱乐部，应该是一个兼顾公平与效率的市场，而不是完全由资本逻辑主导的市场。

新三板是一个崭新的资本市场，具有巨大的包容性，其本身就是一个多层次资本市场，各个层次之间既有区别又有联系，内部的每个层次都有自己的特点和差异化制度安排，同时新三板市场还需要照顾与 A 股市场和四板市场的制度衔接与合作。新三板市场既是整个多层次资本市场承上启下的轴心，又肩负着探索有中国特色资本市场的重任，这也就决定了其建设的复杂程度要远超 A 股市场。

新三板不能用建蓄水池的思路来设计、建设，不能将新三板建成另一个 A 股市场。新三板应该建成一整套包含江河湖泊、四通八达、星罗棋布的水利灌溉系统，而不是孤零零的大坝和蓄水池。新三板这套水利系统，必须通过其小额、快速、灵活的投融资机制，迅速地将巨额的超发货币化整为零，让大量的挂牌企业迅速通过低市盈率、低融资额的融资，来吸纳超发货币，从而让超发货币进入我国实体经济的汪洋大海。就目前新三板的挂牌企业数量，以及以精选层为代表的发行情况来看，新三板已经初步具备这样的条件：企业实现自动分层，发行市盈率低，融资额低，但是量大面广，资金直接进入实体经济。新三板市场在自身制度体系建设完善的基础上，再通过制度建设关联、汇通各地的四板市场，让其成为自己的分叉和支流，共同组成全国联通的水利系统，这应该是中国资本市场的建设思路和终极目标。有着这套水力系统，我们就不怕美国的金融战，即使华尔街掀起滔天巨浪，也能化它于无声、无形。

新三板一方面必须坚持把自己建设成为水利系统的定位，另一方面也必须能够对抗通胀，即有效地配置资金，让资金进入优质的实体经济，创造出新的价值，让资金回报跑赢 CPI。也就是让宝贵的水资源进入田地，长出庄稼，而不是进入臭水沟或者流入盐碱地。要确保这套水利系统的效率，在宏观上需要顶层设计，但是在微观上就必须通过市场机制来运行，要通过市场化机制来筛选优质企业，大量优质企业提供大量股票供给，才有可能吸纳资金，平衡资本市场的供需不平衡，压低发行市盈率，降低融资额。

新三板精选层的集中地有预期地市场化发行，可以降低发行市盈率以及二级市场市盈率，使得二级市场买入的股票也具有可以长期持有的投资价值，这样二级市场股民不用天天想着高抛低吸；一级市场的 PE 投资市盈率也会相应降低，即使发行不成功，企业仍然有投资价值。对于资金的所有者来说，通过投资新三板获得了跑赢通胀的收益率，资产得以保值增殖，对于这些资金的使用者即中小企业来说，获得了资金，增加了就业，发挥了人民群众的聪明才智，为社会创造了财富，同时，低市盈率也不会对企业原始股东造成过度激励，使得他们能够继续发奋努力经营企业，而不是想着套现走人。

新三板就是中国资本市场的改革开放。我们说改革开放，一是改革，二是开放，改革主要是指我们国家从计划经济体制向市场经济体制转变，开放是我们经济领域从一大二公、国有独占开始一方面向外资开放，一方面向民营企业开放。资本市场的改革是指由核准制向注册制转变，而注册制是从新三板开始实验的。资本市场的开放是指设立了新三板，资本市场股权融资开始向中小企业开放。中华人民共和国成立之后，我们前 30 年学苏联，后 30 年学美国，经过前后两个 30 年的学习、探索，成功地走出了中国特色社会主义道路。新三板市场建立之初，既需要向美国纳斯达克学习，也需要向 A 股市场学习，但新三板既不应该成为 A 股市场也不应该成为纳斯达克，而是要在这二者的基础上，超越、创新，建设成为与社会主义市场经济体系相适应的、中国特色社会主义资本市场。

（二）让资本市场成为金融基础设施

新三板从扩容之后，几年之内挂牌企业迅速增加到了 1 万多家，很多人开始批评说新三板的规模太大了，美国纳斯达克几十年、国外的资本市场几百年，才多少家上市公司？新三板简直是胡闹。这个观点是看到美国资本市场家数少，中国 A 股市场家数少，就想当然地认为资本市场上市公司不能够多。为什么一定要少？因为只有少才会涨。2005 年前美国股市一共有大约 7500 家上市公司，2010 年前只剩 5600 家。平均每年因为被兼并 / 破产 / 退市等的公司大概 400 家，平均每年 IPO 大约 150 家，结果就是平均每年上市公司数量降低 200—300 家。美国股市股票的供给在不断下降，而美联储却在不断地放水印钞，所有新增资金都堆到这些存量的股票里面，股票价格得以不断上涨。这样的资本市场，看似是为企业融资，实际上只是资本用来赚钱的工具，这些企业只是华尔街炒作的筹码道具。

中国的资本市场也要玩这样的套路吗？资本市场应该是成为一国的金融基础设施，还是成为少数人获益的高端俱乐部？社会主义中国必须将资本市场建设成为面向所有企业提供服务的金融基础设施，让大量的中小企业只要符合一定的条件，都可以享受到资本市场的服务，就像中小企业可以享受银行服务一样便捷。

新三板就是中国资本市场的普惠金融。资本市场是否应该成为金融基础设施，这涉及了一个公平与效率的理论问题。讲这个问题之前，我们来看一下银行体系里面的普惠金融。普惠金融用西方的经济学理论来讲，就是一个扯淡的事，在它们看来中小企业风险高，为其发放的贷款利率就必须高，这是正常的风险补偿。但是我们现在推的普惠金融，越是给中小企业的贷款利率越要低，这是明显违背西方金融学原理的。我们现在搞新三板，好像也是违背这个原理，把钱给这些创新能力、盈利能力都不如上市公司的中小企业，虽然牺牲了资金的使用效率。

其实不然，按照现在的上市融资情况，假设每家 IPO 企业平均融资规模在 10 亿元，每年上市 500 家，这就是 5000 亿元。精选层大都是中小企业，融资规模较小，假设每家融资在 1 亿元，在 A 股 IPO 的 5000 亿元，就可以让 5000 家企业拿到资金，而且这些钱是它们急需的，它们拿到资金肯定是立刻投到自己的生产当中去，创造价值，创造出就业和税收。但是上了创业板或者科创板的企业，每家拿到 10 亿元，很多企业三年五年花不完，然后就用这个钱干吗去了？要么买楼，要么买理财，反而扭曲了社会资金的合理配置，浪费了社会资源。就新三板来说，公平和效率并非矛盾的，将资金更多地投入新三板市场，既可以增加公平也能够提高资金的使用效率。

国家已经在银行体系强力推行普惠金融，不管银行愿意还是不愿意。国家设定了标准比例要求，普惠金融的存量和总量占比每年都要增长。新三板就是资本市场的普惠金融，新三板的建设完全可以借鉴这样的方案，国家要求新三板市场的融资规模和 A 股的融资规模挂钩，新三板融资必须占到 A 股融资的一定比例，并且要求比例逐年增长就行。用这个标准考核证监会，证监会再将这个指标分解给各大券商，要求各家券商帮助三板企业融资的比例要达到帮助 A 股企业融资的一定百分比。要用银行体系推行普惠金融的决心和力度来建设新三板市场，要从脱贫攻坚、从讲政治高度来建设新三板市场。

（三）重建市场估值机制，重新为中国资产定价

新三板要想发挥作用，重新定义资本市场，首先必须找到自己的定价之

锚，建立起自己的估值体系。只有这样，才真正标志着新三板市场由内而外、由表及里地成为一个独立市场，而不是定价和退出等最核心功能都依附于A股的预备市场。但是估值体系的形成需要建立在一定量的基础之上，包括一定规模的企业数量、投资者数量、交易数量等，通过市场的充分博弈才能逐渐形成共识。现在精选层的市场规模比较小，投资者门槛仍然相对较高，所以也不要急于一时。在一定量的基础上，再给这个市场一些时间，整个市场的估值体系会在逐渐摸索和试错的过程中建立起来。新三板在中国多层次资本市场中，处于承上启下的核心位置，新三板如果能够成功完成这步跨越，则将完成和体现出一个里程碑式的意义：

一方面新三板精选层的估值，犹如新三板在多层次资本市场中的地位一样，将成为整个中国资本市场的估值中枢，在其之上的主板市场、科创板、创业板，在其之下的创新层、基础层以及各地的四板市场，都将以新三板精选层的估值为参考，这样交易所上市公司的资产价格不至于被高估，创新层、基础层以及四板股权交易中心挂牌企业的资产价格不至于被低估。

另一方面，新三板精选层一旦能够重新为中国广大的创新创业型中小企业准确、合理定价，那么创新创业的中小企业在新三板上的估值，将会替代房地产，成为整个社会资产估值之锚和参照标准，甚至会带来整个社会价格体系，比如，人力资源成本等的重估和合理定价，社会的各种人力、财力、物力等资源才会得以有效、合理配置，才会人尽其才、物尽其用，发挥出最大的价值。

让我们想得更深远一点儿，新三板精选层成为中国资产的价格中枢，新三板市场的国际化，以及挂牌企业资产的国际化，也会为人民币国际化打下坚实的物质基础，成为人民币挑战美元霸权，变成国际储备货币的物质保障和坚强后盾。全球资产价格可以不再以石油美元为基础，而以“产业人民币”为基础，即以人民币币值的稳定与中国已经证券化了的产业资产为基础和保障。土地是财富之母，劳动是财富之父，资源和劳动相结合的产业才是我们这个地球和人类社会源源不断发展的动力，以产业资产为基础，形成全球的货币计价和结算体系，当然要比以石油资源为基础更加的合理和高效。

新三板重新定义中国资本市场，进而就可以重新定义中国的资产价格，这对于推动整个社会投融资的发展、金融体系的进步，促进社会资源的集约化合理利用，对于中国经济的稳定、健康发展，都将做出巨大的历史性贡献！只有完成这一步，我们才能说中国特色社会主义市场经济体系得以真正建立，才能为国家治理体系和治理能力现代化打下深厚的根基，为我们坚持和完善中国特色社会主义制度提供坚实的保障。

四、中国金融体系改革的初心和归宿：发展“国民融合”的混合所有制经济体系

党的十九大报告指出，“必须坚持和完善我国社会主义基本经济制度和分配制度，毫不动摇巩固和发展公有制经济，毫不动摇鼓励、支持、引导非公有制经济发展”。

两个“毫不动摇”是我国经济领域工作的一项长期大政方针，是对我国公有制经济和非公有制经济在经济社会发展中地位的充分肯定与阐述，是我国基本经济制度的内涵，是我们党对多年来发展社会主义市场经济的经验总结和概括。在这一方针的指导下，应该解放思想，大胆探索，不光应该思考公有制经济和非公有制经济的发展方式问题，更应该思考这两种所有制各自新的实现形式，以及如何融合、协同发展的问题。

我们知道这两种所有制形式的企业发展都存在问题，如何发展一种新的所有制实现形式，创造一种新型的经营主体，让这种新型的经营主体变得既有资源又有效率？能，这就是混合所有制企业。

党的十八届三中全会《决议》里提道：“国有资本、集体资本、非公有资本等交叉持股、相互融合的混合所有制经济，是基本经济制度的重要实现形式，有利于国有资本放大功能、保值增殖、提高竞争力，有利于各种所有制资本取长补短、相互促进、共同发展。”发展混合所有制经济，是新时代坚持公有制主体地位，增强国有经济活力、控制力、影响力的一个有效途径和必然选择；也是推动非公有制经济健康发展、激发非公有制经济活力和创造力

的一个有效途径和必然选择。但目前阶段，混合所有制的方向还主要是聚焦在国有企业改革方面，国有企业向民营资本开放，允许民营资本参股国有企业，对国有企业进行混合所有制改造。但我却认为当前阶段，更应该优先对民营企业进行混合所有制改造，让国有资本更多地投向优秀的民营企业，将国有企业资本的优势与民营企业效率的优势相嫁接。

民营企业的弊病：一是资金问题，二是管理问题，这都是困扰民营企业做大、做强、做长久的“老大难”问题。国有资本投资民营企业，当然可以解决资金问题，但是管理问题不解决也不行，这就需要有一套制度设计，既可以发挥二者优势，又能保证国有资产保值增殖、不流失，而且在运作过程中也不会产生腐败行为。实际上，这套机制是现成的，那就是新三板市场。新三板市场的制度设计可以很好地承载混合所有制改革的要求，让其成为混合所有制改革的试验田。

（一）新三板，打造混合所有制的生产力

新三板通过完善一系列的制度安排，证监会、全国股转公司以及会计师、律师、券商等专业中介机构都会时刻服务和监督企业，一方面帮助其科学发展合规运营，一方面防止其违法违规、规避风险。新三板所有挂牌企业的财务必须由会计师事务所审计，保证企业财务数据真实可信；律师不仅对挂牌公司历史沿革、高管、主要股东进行核查，还对公司三会一层（股东会、董事会、监事会、高管层）的运营保驾护航；券商要对其日常经营、重要信息披露进行督导，对是否存在大股东资金占用等行为进行核查。新三板挂牌企业在财务、法律、日常经营重大事项上有着外部机构的监督，企业的信息遵循真实、准确、完整的原则向社会充分披露，相对公开透明，违约成本很高，不再像银行信贷或财政补贴资金那样缺少社会的监督。

从企业的角度来看，新三板既可以解决民营企业的外部融资问题，也可以通过股权激励来解决企业内部的管理问题和发展动力问题，甚至可以解决企业的传承问题。企业挂牌新三板必须先进行股份制改造，建立起三会一层

的现代企业管理制度，完善公司的内控制度，其实质就是要将企业从“人治”变成“法治”，改变民营企业一言堂的局面，靠制度而不是靠老板个人来规范企业的管理，这是企业做大做强的基础。

新三板企业因为股权可以在市场流通和增殖，所以可以通过股权激励，将高级管理人才、市场营销人才、技术骨干的雇佣关系，转变为合伙、合作关系，来消除资本与劳动的对立关系。另外，新三板挂牌之后企业就成为公众公司，股东可以突破 200 人的限制，这就可以不断地汇聚各方掌握不同资源的人才进来做股东，一起做事业。

登陆新三板之后，企业股权结构可以从完全的家族持股，转变为家族股份、员工股份、战略投资者股份（既可以是国资也可以是民资）和公众投资者股份四个组成部分，而且具体的比例还可以随着企业发展的不同阶段而有所调整。这样企业就可以从一个家族企业变成一个开放的体系，成为一个可以吐故纳新的活的系统，成为股东、高管和员工展示个人才华、实现人生价值的平台，可以不断地融资（资本）、融才（人才）、融智（中介机构的服务）。这样的股权架构是国企还是私企还是集体企业？都不是。我认为这样的企业就是“自由人的联合体”，大家根据各自不同的爱好、特长、优势组合在一起，将是最有积极性和创造性的组织，也会成为未来社会最先进的社会组织。综上所述，民营企业经过股改挂牌新三板之后，从内部到外部都已经得到了质的改变，为迎接国有资本投资，实行混合所有制改革做好了充分的准备。

（二）国有创投，构建混合所有制的生产关系

我们国家已经开始从管资产向管资本转变，2016 年发布了《国务院关于促进创业投资持续健康发展的若干意见》（国发〔2016〕53 号），明确支持中央企业、地方国有企业、保险公司、大学基金等各类机构投资者投资创业企业和创业投资母基金。强化国有创业投资企业对种子期、初创期等创业企业的支持，支持具备条件的国有创业投资企业开展混合所有制改革试点，鼓

励国有创业投资企业追求长期收益。2018 年 7 月 30 日又专门发布了《国务院关于推进国有资本投资、运营公司改革试点的实施意见》（国发〔2018〕23 号），要求国有资本运营公司以资本为纽带、以产权为基础依法自主开展国有资本运作，将以前用行政手段进行的财政补贴转化为用市场化的基金形式对企业进行投资，增加使用透明度和市场化程度，以提高资金的使用效率，为国有资本的市场化运作做出了指导。国有创投为发展混合所有制提供了物质基础和制度保障。

国有创投的成立和运营的逻辑与做大做强国有企业的逻辑是一样的，在能源、航运、电信、金融、军工等关系国民经济命脉的行业，国有企业必须占主导地位，这对于提升国家能力保证社会利益最大化具有重要意义。但是必须明确国有创投的设立绝不能是以自身盈利为主要目的，绝不能是与民营创投机构争利，而是要以促进战略性新兴产业的发展、支持创新创业为出发点，应该具有更多的外部性。部分国有创投就应该做成政策性的创投机构。要相对明确地规定国有创投的投资领域和投资范围，让国有创投机构在种子期、初创期等一些民营私募股权投资不敢投、投不好的领域，发挥国有创投机构的先遣作用和引领作用，国家也应该探索在某些方面成为创新创业型企业的天使投资人。

当然国有创投也必然会面临与国有企业同样的效率问题、激励问题和腐败问题。土地是财富之母，必须实行公有制，但是可以通过联产承包责任制的形式，将使用权近乎平均地交给广大农民，因为土地具有不易损失性，不会流失。但是国有资本却非常容易损失，在国内还存在多种所有制结构以及与外国经济体经贸往来的情况下，如果投资失败、经营失败，就会造成国有资产流失，所以国有资本的使用，不能和土地一样，平均分配，必须建立筛选、考核机制，让最有才能的人、最有创造力的人，让有创新创业激情和能力的人联合起来，通过股权、债权的方式，来共同享有这些生产资料的使用权，让社会联合起来监督这些生产资料的使用效率，共同为社会创造价值、共享价值！

针对这些问题，一方面国家必须建立符合创投行业特点和发展规律的国有创业投资管理体制，完善国有创业投资企业的监督考核、激励约束机制；

另一方面，阳光是最好的杀毒剂，由于新三板市场都是公开透明的市场，企业的财务报告等相关信息以及重大事项都必须及时向社会公告，有无数的专业机构的专业人士会根据这些公开信息，对国有创投的投资、退出进行监督、质疑。国有资金投资于新三板市场的挂牌企业，总比财政补贴的过程以及银行信贷的过程要公开透明，所以这会从制度上减少甚至杜绝寻租和腐败现象的产生。

不久的将来，国家必将成为最大的股权投资机构，不管是国企还是民企，谁能更好地为社会创造价值，国家就会将资本投给谁。在这种情况下，是骡子是马，拉出来遛遛，允许能征善战的军官们（企业家们）在资本市场上直接募资征兵，市场根据其以往战绩和未来所要进行的战役决定为其分配多少兵力，并且未来兵力的使用情况都在社会的监督之下，即由市场来判断企业家有无生产组织能力，是否会有效率，由市场来决定谁能够获得资本，并由全社会监督资本的使用，而不是由权力决定，也不是由银行的内部人决定，这种方式会极大地提高资金的使用效率。

从国家的角度来看，新三板也为探索公有制的实现形式提供了更好的选择，为国有资产的保值增殖提供了更多更好的渠道。众多优质的新三板挂牌企业成为国有资本合格的投资标的之后，就可以将国有资本从仅仅局限于投资国企中解放出来，一方面国有资本投资挂牌企业可以补齐这些挂牌企业的融资短板，促进它们的快速发展，另一方面可以倒逼国有企业改善管理提高经营效率，这样国有资本的使用效率会得到极大的提升和改善，国有资本保值增殖将进入良性的发展轨道。

如此一来，我们国家就可以突破用所有制来划分企业性质的窠臼，走出“公私对立”的话语体系陷阱。未来的企业只有规模大小之分、发展快慢之分、科技强弱之分，而不应再有公私之分。这时候，新三板企业家的身份和作用也发生了转化，企业家将成为社会生产的组织者和发动者，选定创业的方向，利用他们的聪明才智和创新、合作精神，一方面组织起广大的劳动者，一方面加强与科技专家的合作，将他们的实验室研究和理论成果转换为技术和现实的生产力。企业家从原先语境里单纯追求利润增殖，并将此当作唯一目标的“人格化的资本”或者“资本的人格化”，变成了联结劳动、技术和资本的纽带，变成了带领员工致富、研发推广技术、让国有资本保值增殖的价值创造者和社会贡献者，成为最有信用、最具活力和创造力、最追求进步的社会群体。有了这样的制度设计，整个社会的生产要素都将被优化配置，整个社会的生产力将被充分激活，迸发出源源不断的持久活力。

只要牢牢把握住国家通过控制“金融”进而驾驭、利用资本这一关键，高效地配置资金，我们社会主义市场经济就可以尽情地让资本发挥作用，资本发挥作用越充分，对我们的国家建设越有利，对人民生活水平的提高越有利。古代是国家通过控制工商业来保证农业的顺利生产，以此保证经济基础不被瓦解，社会秩序不被冲击。现阶段国家要通过控制金融，来保证其为实体经济服务，以此保证社会经济的稳定健康发展。只要国家代表人民用好了金融，就可以理顺市场经济与我们的中国特色社会主义道路，实现中华民族伟大复兴。

参考文献

1. 马克思:《资本论》,人民出版社,2018 年。

2. 马克思、恩格斯:《共产党宣言》,人民出版社,2014 年。

3. 列宁:《帝国主义是资本主义的最高阶段》,人民出版社,2014 年。

4. 毛泽东:《毛泽东选集》,人民出版社,1991 年。

5. 中共中央文献研究室编:《毛泽东年谱》,中央文献出版社,2013 年。

6. 白玄:《千年最伟大的思想家马克思》,中央文献出版社,2000 年。

7. 内蒙轩:《马克思靠谱》,东方出版社,2016 年。

8. 习近平:《习近平谈治国理政》,外文出版社,2014 年。

9.[美] 本杰明·史华慈:《中国的共产主义与毛泽东的崛起》,陈玮译,中国人民大学出版社,2006 年。

10. 杨炳章:《从革命到政治:长征与毛泽东的崛起》,中国人民大学出版社,2006 年。

11.[美] 傅高义:《邓小平时代》,冯克利译,三联书店,2013 年。

12.[美] 陶涵:《蒋介石与现代中国》,林添贵译,中信出版社,2012 年。

13.[美] 布莱恩·克罗泽:《蒋介石传》,封长虹译,国际文化出版公司,2011 年。

14.[美] 黄仁宇:《从大历史的角度读蒋介石日记》,九州出版社,2008 年。

15.[美] 伯尔基:《马克思主义的起源》,伍庆、王文扬译,华东师范大学出版社,2007 年。

16. 甘阳:《通三统》,三联书店,2014 年。

17. 甘阳:《古今中西之争》,三联书店,2006 年。

18. 甘阳:《文明·国家·大学》,三联书店,2018 年。

19. 钱穆:《国史新论》,广西师范大学出版社,2005 年。

20. 钱穆:《中国历代政治得失》，九州出版社，2012 年。
21. 钱穆:《中国历史精神》，九州出版社，2012 年。
22. 钱穆:《中国文化史导论》，商务印书馆，1994 年。
23. 钱穆:《阳明学述要》，九州出版社，2010 年。
24. 管仲:《管子》，北方文艺出版社，2013 年。
25. 梁漱溟:《中国文化要义》，上海人民出版社，2018 年。
26. 翟玉忠:《国富新论》，中央编译出版社，2013 年。
27. 翟玉忠:《国富策：读管子知天下财富》，中国书籍出版社，2018 年。
28. 梁治平:《为政：古代中国的致治理念》，三联书店，2020 年。
29. 傅佩荣:《易经与人生》，东方出版社，2012 年。
30. 金克木:《文化的解说》，中国人民大学出版社，2010 年。
31. 李泽厚:《论语今读》，三联书店，2008 年。
32. 李泽厚:《中国近代思想史论》，天津社会科学出版社，2003 年。
33. 安靖如:《当代儒家政治哲学》，江西人民出版社，2015 年。
34. 赵汀阳:《没有世界观的世界》，中国人民大学出版社，2003 年。
35. 赵汀阳:《没有答案：多种可能世界》，江苏凤凰文艺出版社，2020 年。
36. 费孝通:《乡土中国》，人民出版社，2008 年。
37. 费孝通:《中国文化的重建》，华东师范大学出版社，2014 年。
38. 李学俊:《中国古代的社会主义》，知识产权出版社，2017 年。
39. 秦晖:《传统十论：本土社会的制度、文化及其变革》，山西人民出版社，2019 年。
40. 姚中秋:《世界历史的中国时刻》，海南出版社，2019 年。
41. 姚中秋:《道统与宪法秩序》，中央编译出版社，2017 年。
42. 陈来:《中华文明的核心价值》，三联书店，2015 年。
43. 张岱年、程宜山:《中国文化精神》，北京大学出版社，2015 年。
44. 许嘉璐:《中华文化的前途和使命》，中华书局，2017 年。
45. 杨宇立:《改革：中国做对的顺序》，中国发展出版社，2015 年。
46. 李鸿谷:《国家的中国开始：一场革命》，生活·读书·新知三联书店，2012 年。
47. 苏国勋:《社会理论与当代现实》，北京大学出版社，2005 年。
48. 苏国勋、张旅平、夏光:《全球化：文化冲突与共生》，社会科学文献出版社，2006 年。

49. 复旦大学发展与政策研究中心编:《全球化与中国发展》，上海人民出版社，2007 年。
50. 复旦大学思想史研究中心编:《中国之为中国：正统与异端之辨》，上海人民出版社，2012 年。
51. 复旦大学思想史研究中心编:《经学、政治与现代中国》，上海人民出版社，2007 年。
52. 龚鹏程:《中国传统文化十五讲》，北京大学出版社，2006 年。
53. 衣俊卿:《文化哲学十五讲》，北京大学出版社，2015 年。
54. 颜炳罡:《中国儒学的现代转化》，济南出版社，2020 年。
55. [美] 安乐哲:《儒学与世界文化秩序变革》，济南出版社，2020 年。
56. 王鸿生:《历史的瀑布与峡谷：中华文明的文化结构和现代转型》，中国人民大学出版社，2007 年。
57. 牟宗三:《政道与治道》，吉林出版集团，2010 年。
58. 白彤东:《旧邦新命：古今中西参照下的古典儒家政治哲学》，北京大学出版社，2009 年。
59. 毛文凤:《终极关怀：儒家形上睿智的现代走向》，江苏人民出版社，2009 年。
60. 张维为:《中国震撼》，中信出版社，2016 年。
61. 汪丁丁:《市场经济与道德基础》，上海人民出版社，2006 年。
62. 郑永年:《中国模式：经验与挑战》，中信出版社，2016 年。
63. 郑永年:《中国的文明复兴》，东方出版社，2018 年。
64. 郑永年:《再塑意识形态》，东方出版社，2016 年。
65. 林毅夫等:《北大国情报告》，中信出版社，2015 年。
66. 林毅夫:《从西潮到东风：我在世行四年对世界重大经济问题的思考和见解》，余江译，中信出版社，2012 年。
67. 厉以宁:《文化经济学》，商务印书馆，2019 年。
68. 潘维:《比较政治学：理论与方法》，北京大学出版社，2014 年。
69. 何中华:《社会发展与现代性批判》，社会科学文献出版社，2007 年。
70. 何中华:《重读马克思》，山东人民出版社，2009 年。
71. 金耀基:《从传统到现代》，法律出版社，2017 年。
72. 余英时:《中国近世宗教伦理与商人精神》，九州出版社，2014 年。

73. 金观涛:《历史的巨镜》，法律出版社，2017 年。
74. 金观涛、刘青峰:《中国现代思想的起源：超稳定结构与中国政治文化的演变》，法律出版社，2011 年。
75. 金观涛、刘青峰:《兴盛与危机：论中国社会超稳定结构》，法律出版社，2011 年。
76. 金观涛、刘青峰:《开放中的变迁：再论中国社会超稳定结构》，法律出版社，2011 年。
77. 金观涛、刘青峰:《中国思想史十讲》（上卷），法律出版社，2015 年。
78. 金观涛:《轴心文明与现代社会：探索大历史的结构》，东方出版社，2021 年。
79. 方绍伟:《持续执政的逻辑：从制度文化发现中国历史》，中国发展出版社，2016 年。
80. 庄忠正:《政治经济学批判：黑格尔与马克思》，北京古籍出版社，2018 年。
81. 靳书君:《全球化、现代化与马克思主义中国化的互动关系》，人民出版社，2012 年。
82. 萧武:《大路朝天：中国革命与中国道路》，中信出版集团，2018 年。
83. 江宇:《大国新路：中国道路的历史和未来》，中信出版集团，2019 年。
84. 张雷声:《马克思主义基本原理与当代中国》，经济科学出版社，2017 年。
85. 中共中央党史研究室:《中国共产党历史》，中共党史出版社，2011 年。
86. 鄢一龙等:《大道之行：中国共产党与中国社会主义》，中国人民大学出版社，2015 年。
87. 中共中央宣传部:《习近平总书记系列重要讲话读本》，学习出版社，2016 年。
88. 洪银兴:《中国特色社会主义政治经济学理论体系构建》，经济科学出版社，2016 年。
89. 王向明:《雄关漫道：马克思主义中国化的历史进程及其理论成果》，中国人民大学出版社，2015 年。
90.《中国特色社会主义政治经济学研究》重大项目课题组编:《理论·现实·方法：中国特色社会主义政治经济学研究》，经济科学出版社，2017 年。
91. 韩毓海:《一篇读罢头飞雪，重读马克思》，中信出版社，2014 年。
92. 韩毓海:《龙兴：五千年的长征》，中信出版集团，2019 年。
93. 胡鞍钢、王绍光、周建明、韩毓海:《人间正道》，中国人民大学出版社，2011 年。
94. 熊玠:《大国复兴：中国道路为什么如此成功》，湖北教育出版社，2016 年。
95. 李晓鹏:《从黄河文明到"一带一路"》，中国发展出版社，2015 年。

96. 温铁军:《八次危机：中国的真实经验 1949—2009》，东方出版社，2013 年。
97. 姜奇平:《分享经济：垄断竞争政治经济学》，清华大学出版社，2017 年。
98. 朱宗友:《中国文化自信解读》，经济科学出版社，2017 年。
99. 卫兴华:《社会主义初级阶段：理论与实践》，经济科学出版社，2017 年。
100. 张雷声:《马克思主义基本原理与当代中国》，经济科学出版社，2017 年。
101. 彭文生:《渐行渐远的红利：寻找中国新平衡》，社会科学文献出版社，2013 年。
102. 郑飞:《马克思与韦伯社会理论比较研究》，北京师范大学出版社，2019 年。
103. 刘先进:《经济发展的文化阐释：韦伯与马克思比较》，科学出版社，2018 年。
104. 洪银兴:《中国特色社会主义政治经济学理论体系构建》，经济科学出版社，2016 年。
105. 顾海良主编:《体系与结构：中国特色社会主义政治经济学六人谈》，经济科学出版社，2018 年。
106. 中央社会主义学院马克思主义理论教研部编:《马克思主义中国化研究》，中国言实出版社，2018 年。
107. 杨耕:《东方的崛起：关于中国式现代化的哲学反思》，北京师范大学出版社，2009 年。
108. 吴育林等:《当代中国价值问题与价值重构》，人民出版社，2014 年。
109. 叶启绩、谭毅等:《当代中国经济与社会主义意识形态互动发展研究》，人民出版社，2010 年。
110. 汪宗田:《马克思主义制度经济理论研究》，人民出版社，2014 年。
111. 时吴华:《金融国策论》，社会科学文献出版社，2015 年。
112. 文一:《伟大的中国工业革命》，清华大学出版社，2016 年。
113. 胡乐明等:《真实世界的经济学》，当代中国出版社，2002 年。
114. 刘润:《传统企业：互联网在踢门》，中国华侨出版社，2014 年。
115. 江涌:《道路之争：工业化还是金融化》，中国人民大学出版社，2015 年。
116. [美] 拉娜·弗洛哈尔:《制造者与索取者：金融的崛起与美国实体经济的衰落》，尹芳芊译，新华出版社，2017 年。
117. 绿法（国际）联盟研究院编著:《新时代下的中国金融使命》，中信出版集团，2018 年。
118.《径山报告》课题组:《中国金融改革路线图》，中信出版集团，2019 年。

119. 马慎萧:《资本主义金融化转型机制研究》，经济科学出版社，2018 年。
120. 欧阳彬:《全球金融危机与当代资本主义金融化研究》，对外经济贸易大学出版社，2015 年。
121. 张雄、鲁品越主编:《中国经济哲学评论 2018 · 金融化世界专辑》，社会科学文献出版社，2018 年。
122.［德］马克斯 · 韦伯:《新教伦理与资本主义精神》，苏国勋、覃方明、赵立玮、秦明瑞译，社会科学文献出版社，2010 年。
123.［德］马克斯 · 韦伯:《社会学基本概念》，杭聪译，北京出版社，2010 年。
124.［德］马克斯 · 韦伯:《儒教与道教》，洪天富译，江苏人民出版社，2003 年。
125.［德］马克斯 · 韦伯:《学术与政治》，王荣芬译，中央编译出版社，2018 年。
126.［意］维尔弗雷多 · 帕累托:《精英的兴衰》，宫维明译，北京出版社，2010 年。
127.［美］约瑟夫 · 奈:《论权力》，王吉美译，中信出版社，2015 年。
128.［英］哈耶克:《致命的自负》，冯克利、胡晋华等译，中国社会科学出版社，2000 年。
129.［英］哈耶克:《通往奴役之路》，王明毅、冯兴元等译，中国社会科学出版社，2000 年。
130.［英］哈耶克:《货币的非国家化》，姚中秋译，新星出版社，2007 年。
131.［奥］卡尔 · 门格尔:《经济学方法论探究》，姚中秋译，新星出版社，2007 年。
132.［英］大卫 · 麦克里兰:《意识形态》，孔兆政、蒋龙翔译，吉林人民出版社，2005 年。
133.［英］约翰 · B. 汤普森:《意识形态与现代文化》，高铦等译，译林出版社，2019 年。
134. 杨谦、李萍主编:《意识形态问题研究》，广西人民出版社，2018 年。
135. 陈亚杰:《当代中国意识形态的起源》，新星出版社，2009 年。
136.［美］利昂 · P. 巴拉达特:《意识形态：起源和影响》，张慧芝、张露璐译，世界图书出版社，2010 年。
137. 李艳艳:《美国互联网政治意识形态输出战略与应对》，社会科学文献出版社，2018 年。
138.［美］彼得 · F. 德鲁克:《后资本主义社会》，傅振焜译，东方出版社，2009 年。
139.［德］迪特 · 森格哈斯:《文明内部的冲突与世界秩序》，张文武等译，新华出版社，2004 年。
140.［德］伯尔尼德·哈姆、［加］拉塞尔·斯曼戴奇编《论文化帝国主义：文化统治的政治经济学》，曹新宇、张樊英译，商务印书馆，2015 年。
141.［法］托克维尔:《旧制度与大革命》，冯棠译，商务印书馆，2012 年。
142.［法］让·雅克·卢梭:《社会契约论》，李阳译，作家出版社，2016 年。
143.［德］卡尔·雅斯贝尔斯:《历史的起源与目标》，李夏菲译，漓江出版社，2019 年。
144.［美］彭慕兰:《大分流：中国、欧洲与现代世界经济的形成》，黄中宪译，北京日报出版社，2021 年。
145.［瑞士］罗曼·施图德:《大分流重探：欧洲、印度与全球经济强权的兴起》，王文剑译，上海人民出版社，2020 年。
146.［日］广井良典:《后资本主义时代》，张玲译，四川人民出版社，2021 年。
147.［法］米歇尔·波德:《资本主义的历史：从 1500 年至 2010 年》，郑方磊、任轶译，上海辞书出版社，2011 年。
148.［美］伊恩·莫里斯:《西方将主宰多久》，钱峰译，中信出版社，2016 年。
149.［美］斯蒂芬·卡尔博格:《韦伯的比较历史社会学今探》，张翼飞、殷亚迪译，上海人民出版社，2020 年。
150.［德］卡尔·洛维特:《韦伯与马克思以及黑格尔与哲学的扬弃》，刘心舟译，南京大学出版社，2019 年。
151.［德］马丁·摩根施特恩、［德］罗伯特·齐默尔:《哲学史思路：穿越两千年的欧洲思想史》，唐陈译，中国人民大学出版社，2009 年。
152.［美］梯利著、伍德补增:《西方哲学史》，葛力译，商务印书馆，1995 年。
153. 赵敦华:《西方哲学简史》，北京大学出版社，2001 年。
154. 关春玲:《当代西方哲学思潮》，东北林业大学出版社，2001 年。
155.［奥］路德维希·冯·米塞斯:《官僚体制·反资本主义的心态》，冯克利、姚中秋译，新星出版社，2007 年。
156.［美］阿尔伯特·赫希曼:《欲望与利益：资本主义胜利之前的政治争论》，冯克利译，浙江大学出版社，2015 年。
157.［英］艾伦·麦克法兰主讲，刘北成评议:《现代世界的诞生》，上海人民出版社，2013 年。

158.[美] 约瑟夫·R. 斯特雷耶:《现代国家的起源》，华佳、王夏、宗福常译，上海人民出版社，2011 年。
159.[美] 道格拉斯·C. 诺斯:《经济史上的结构和变革》，厉以平译，商务印书馆，1992 年。
160.[美] 道格拉斯·C. 诺斯:《制度、制度变迁与经济绩效》，杭行译，上海三联书店，2014 年。
161.[美] 包华石:《西中有东：前工业化时代的中英政治与视觉》，王金凤译，上海人民出版社，2020 年。
162.[西] 胡里奥·克雷斯波·麦克伦南:《欧洲文明如何塑造现代世界》，黄锦桂译，中信出版集团，2020 年。
163.[英] 约翰·霍布森:《西方文明的东方起源》，孙建党译，山东画报出版社，2009 年。
164.[英] 安东尼·吉登斯:《资本主义与现代社会伦理：对马克思、涂尔干和韦伯著作的分析》，郭忠华译，上海译文出版社，2013 年。
165.[美] 兹比格纽·布热津斯基:《大棋局：美国的首要地位及其地缘战略》，中国国际问题研究所译，上海人民出版社，2007 年。
166.[美] 塞格尔·亨廷顿:《变化社会中的政治秩序》，王冠华、刘伟等译，上海人民出版社，2008 年。
167.[美] 塞格尔·亨廷顿:《文明的冲突与世界秩序的重建》，周琪等译，新华出版社，2010 年。
168.[美] 弗朗西斯·福山:《历史的终结与最后的人》，陈高华译，广西师范大学出版社，2014 年。
169.[美] 弗朗西斯·福山:《政治秩序的起源》，毛俊杰译，广西师范大学出版社，2012 年。
170.[美] 沈大伟:《中国共产党：收缩与调适》，吕曾奎、王新颖译，中央编译出版社，2011 年。
171.[美] 约瑟夫·熊彼特:《资本主义、社会主义与民主》，吴良建译，商务印书馆，1999 年。
172.[英] 特里·伊格尔顿:《马克思为什么是对的》，李杨、任文科、郑义译，新星出版社，2011 年。

173.［美］罗伯特·L. 海尔布隆纳：《马克思主义赞成与反对》，马林梅译，东方出版社，2016 年。
174.［法］弗朗斯瓦·魁奈：《中华帝国的专制制度》，谈敏译，商务印书馆，2018 年。
175. 高德步：《西方世界的衰落》，中国人民大学出版社，2009 年。
176.［德］奥斯瓦尔德·斯宾格勒：《西方的没落》，江月译，湖南文艺出版社，2011 年。
177.［英］爱德华·卢斯：《西方自由主义的衰落》，张舒译，山西人民出版社，2019 年。
178.［英］尼尔·弗格森：《西方的衰落》，米拉译，中信出版社，2013 年。
179.［美］拉杰·帕特尔、［美］詹森·W. 摩尔：《廉价的代价：资本主义、自然与星球的未来》，吴文忠、何芳、赵世忠译，中信出版社，2018 年。
180.［美］鲁奇尔·夏尔马：《一炮走红的国家·探索下一个经济奇迹》，常世光译，中信出版社，2013 年。
181.［波兰］奥斯卡·R. 兰格：《政治经济学》，王宏昌译，商务印书馆，2017 年。
182.［法］古斯塔夫·勒庞：《乌合之众：大众心理研究》，冯克利译，广西师范大学出版社，2015 年。
183.［英］马丁·雅克：《大国雄心：一个永不褪色的中国梦》，豫宁、张莉、刘曲译，中信出版社，2016 年。
184.［加］贝淡宁：《贤能政治》，吴万伟译，中信出版社，2016 年。
185.［英］卡尔·波兰尼：《大转型：我们时代的政治与经济起源》，冯刚、刘阳译，当代世界出版社，2020 年。
186.［美］马克·格兰诺维特：《社会与经济：信任、权力与制度》，罗家德、王水雄译，中信出版集团，2019 年。
187.［美］罗伯特·赖特：《非零年代：人类命运的逻辑》，李淑珺译，上海世纪出版集团，2003 年。
188.［美］丹尼尔·贝尔：《资本主义文化矛盾》，严蓓雯译，人民出版社，2010 年。
189.［法］托马斯·皮凯蒂：《21 世纪资本论》，巴曙松译，中信出版社，2014 年。
190.［美］大卫·哈维：《资本社会的 17 个矛盾》，徐瑞宋译，中信出版集团，2016 年。
191.［美］泰勒·考恩：《大停滞？科技高原下的经济困境：美国的难题与中国的机

遇》，王颖译，上海人民出版社，2015 年。
192. 李筠:《西方史纲：文明纵横 3000 年》，岳麓书社，2020 年。
193. 朱邦造:《欧洲文明的轨迹》，江苏人民出版社，2018 年。
194. 刘擎:《刘擎西方现代思想讲义》，新星出版社，2021 年。
195.［英］约翰·麦克里兰:《西方政治思想史》，彭淮栋译，中信出版社，2014 年。
196.［德］海因里希·奥古斯特·温克勒:《西方的困局》，童欣译，中信出版集团，2019 年。
197. 朱谦之:《中国思想对于欧洲文化之影响》，山西人民出版社，2014 年。
198. 生民无疆:《包装出来的西方文明》，中国发展出版社，2012 年。
199. 诸玄识:《虚构的西方文明史：古今西方“复制中国”考论》，山西人民出版社，2017 年。
200. 胡钧:《论构建中国特色社会主义政治经济学的主线》，载《政治经济学评论》，2017 年第 3 期。
201. 张宇:《努力探索和完善中国特色社会主义政治经济学理论体系》，载《政治经济学评论》，2017 年第 2 期。
202. 洪银兴:《中国特色社会主义政治经济学的话语体系》，载《政治经济学评论》，2017 年第 3 期。
203. 卢映西:《资本主义的终结和社会主义的新生》，载《政治经济学评论》，2016 年第 4 期。
204. 顾钰民:《时代和实践——中国特色社会主义政治经济学的思想之母、理论之源》，载《福建师范大学学报》，2017 年第 2 期。
205. 周新城:《关于中国特色社会主义政治经济学的几点思考》，载《政治经济学评论》，2017 年第 3 期。
206. 高帆:《“政治经济学回归”与中国经济学说的选择逻辑》，载《政治经济学评论》，2016 年第 5 期。
207. 李民骐:《资本主义经济危机与中国经济增长》，载《政治经济学评论》，2016 年第 4 期。
208. 王生升:《危机与战争：金融帝国主义的前景》，载《政治经济学评论》，2016 年第 2 期。
209. 赵学军:《资本形成的中国道路》，载《经济学动态》，2017 年第 5 期。